Bushaltestelle

Erarbeitung in Einzelarbeit und Vergleich der Ergebnisse in Partnerarbeit

1. Erarbeitung: Du erhältst zu Beginn zwei oder mehr Aufgaben. In der ersten Phase bearbeitest du in Einzelarbeit die erste Aufgabe.
2. Vergleichen: Wenn du mit der ersten Aufgabe fertig bist, stehst du auf und gehst zur Haltestelle. Dort wartest du auf eine Person, die ebenfalls die erste Aufgabe bearbeitet hat. Sobald ihr zu zweit seid, sucht ihr euch einen Platz in der Klasse und vergleicht, korrigiert und ergänzt eure Ergebnisse gegenseitig. Danach setzt sich jeder wieder an seinen Platz.

Wiederholung der Phasen: Nun wird die zweite Aufgabe in Einzelarbeit bearbeitet. Danach stehst du wieder auf und gehst zur Haltestelle. Die Phasen wiederholen sich immer wieder.

 Kugellager

Vergleich und Vorstellungen von Ideen, Materialien, Meinungen, Hausaufgaben, Ergebnissen einer Einzelarbeit

1. Teilt euch in zwei Gruppen. Bildet dann einen inneren und einen äußeren Stuhlkreis. Jeweils ein Schüler aus dem Innenkreis und sein Gegenüber aus dem Außenkreis bilden Gesprächspartner.
2. Der Schüler aus dem Außenkreis stellt seine Fragen, der Schüler aus dem Innenkreis beantwortet sie.
3. Die Gesprächspartner wechseln, indem der Außenkreis sich einen Platz weiterbewegt. Jetzt stellt der Schüler aus dem Innenkreis seine Fragen und der Partner im Außenkreis beantwortet sie.
4. Der Platz- und Rollenwechsel wird zwei- bis dreimal wiederholt.

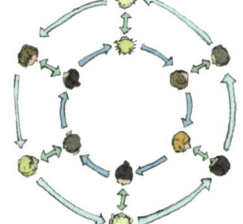

 Placemat

Zusammenführen von individuellen Gedanken als Gesprächsanlass, um zu einem Gruppenprodukt zu kommen

1. Ein Blatt wird in Felder eingeteilt. Jeder schreibt seine Ergebnisse zum Arbeitsauftrag in ein Außenfeld.
2. Diese Ergebnisse werden in der Gruppe besprochen.
3. In der Mitte wird anschließend das übereinstimmende Arbeitsergebnis notiert.
4. Die Gruppe stellt ihre Ergebnisse vor.

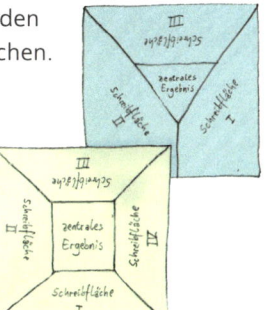

 Marktplatz

Austausch von Informationen und Meinungen

1. Geht im Raum umher, bis ihr ein Signal von der Lehrkraft bekommt.
2. Bleibt dann stehen und besprecht mit der Person, die euch am nächsten steht, eure Aufgabe oder Frage. Beim nächsten Signal geht ihr wieder weiter.
3. Wenn erneut das Signal erklingt, bleibt ihr wieder stehen und sprecht mit einer Person.

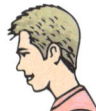

westermann

Durchblick

Geschichte 5|6

Autorinnen und Autoren:
Uwe Hofemeister
Martin Lücke
Ulrike Lüthgen-Frieß
Carmen Mucha

**Durchblick
Geschichte 5/6
Niedersachsen
Differenzierende Ausgabe**

Zu diesem Schülerband sind lieferbar:
Arbeitsheft, ISBN 978-3-14-**101636**-9
Lösungen zu Schülerband und Arbeitsheft, ISBN 978-3-14-**101639**-0

Vorbereiten. Organisieren. Durchführen.
BiBox ist das umfassende Digitalpaket zu diesem Lehrwerk mit zahlreichen Materialien und dem digitalen Schulbuch. Für Lehrkräfte und für Schülerinnen und Schüler sind verschiedene Lizenzen verfügbar. Nähere Informationen unter **www.bibox.schule**

Dieses Symbol verweist auf Aufgaben oder Seiten, auf denen der Erwerb von Medienkompetenz besonders gefördert wird.
Nähere Informationen unter **www.westermann.de/medienbildung**

westermann GRUPPE

© 2022 Westermann Bildungsmedien Verlag GmbH, Georg-Westermann-Allee 66, 38104 Braunschweig
www.westermann.de

Das Werk und seine Teile sind urheberrechtlich geschützt. Jede Nutzung in anderen als den gesetzlich zugelassenen bzw. vertraglich zugestandenen Fällen bedarf der vorherigen schriftlichen Einwilligung des Verlages. Nähere Informationen zur vertraglich gestatteten Anzahl von Kopien finden Sie auf www.schulbuchkopie.de.
Für Verweise (Links) auf Internet-Adressen gilt folgender Haftungshinweis: Trotz sorgfältiger inhaltlicher Kontrolle wird die Haftung für die Inhalte der externen Seiten ausgeschlossen. Für den Inhalt dieser externen Seiten sind ausschließlich deren Betreiber verantwortlich. Sollten Sie daher auf kostenpflichtige, illegale oder anstößige Inhalte treffen, so bedauern wir dies ausdrücklich und bitten Sie, uns umgehend per E-Mail davon in Kenntnis zu setzen, damit beim Nachdruck der Verweis gelöscht wird.

Druck A[1] / Jahr 2022
Alle Drucke der Serie A sind im Unterricht parallel verwendbar.

Redaktion: Dr. Alexander Fleischauer, Britta Naumann
Layout und Umschlaggestaltung: Druckreif! Sandra Grünberg, Braunschweig
Druck und Bindung: Westermann Druck GmbH, Georg-Westermann-Allee 66, 38104 Braunschweig

ISBN 978-3-14-**101633**-8

Tipps zur Benutzung des Buches

In diesem Buch findest du alles, was dir beim Lernen hilft und dir die Arbeit damit erleichtert:

- Auf den **Methoden**-Seiten lernst du Schritt für Schritt Methoden und Arbeitsweisen kennen. Eine Musterlösung verdeutlicht dir die Anwendung der Methode.

- Die Seiten **Durchblick aktiv** zeigen Möglichkeiten auf, Dinge auszuprobieren und in dieser Form Geschichte gemeinsam zu erleben.

- Auf den Seiten mit der Überschrift **Wissen und Können** am Ende des Kapitels findest du Arbeitsaufträge, die die Leitfragen der Auftaktseite wieder aufgreifen. Mit ihrer Hilfe kannst du dir die wesentlichen Inhalte des Kapitels nochmals erarbeiten. Über einen QR- oder Webcode wird dir eine Musterlösung angeboten.

Textquellen auswerten

Wir drucken mit Buchstaben

Leben im Mittelalter

Bei den Texten:
- Alle nicht besonders hervorgehobenen Texte haben wir, die Autorinnen und Autoren dieses Buches, geschrieben. Sie sind mit dem Buchstaben T markiert.
- Die farblich hinterlegten Texte sind Quellentexte.

T1 Die Handwerker

Im Römischen Reich sollten Frieden, ...

Bei den Aufgaben:
- Bei den Aufgaben mit dem Auswahl-Symbol kannst du gemeinsam mit deiner Lehrkraft entscheiden, welche Aufgabe du bearbeitest. Die drei Balken vor den Aufgaben geben dir einen Hinweis auf den Schwierigkeitsgrad, auf dem du das Lernziel erarbeiten möchtest.
- Für diese Aufgaben findest du im Anhang ab Seite 200 Hilfen zur Bearbeitung. Die Hilfen sollen dir die Lösung der Aufgabe erleichtern, dich unterstützen und fördern.
- Im hinteren Buchdeckel findest du eine Seite mit Bearbeitungshinweisen und -hilfen für die Arbeitsaufträge.
- Einige Aufgaben enthalten Vorschläge zum gemeinsamen Lernen. Die Erklärungen hierzu finden sich im vorderen Buchdeckel.

`Auswahl` **8** |‖
                ‖
                ‖

`Hilfe`

 *Bushaltestelle*

Am Rand:
- Unbekannte oder schwer verständliche Wörter sind im Text unterstrichen. Sie werden dir am Rand der jeweiligen Seite erklärt. Auf den Seiten 194–199 findest du noch weitere Worterklärungen.
- Auf den Seiten findest du verschiedene **Webcodes**. Diesen Code kannst du unter www.westermann.de/webcode eingeben und gelangst so zu interessanten Angeboten, wie z. B. Filmen, Hörszenen oder interaktiven Arbeitsblättern. Wenn du den QR-Code nutzt (z. B. mit einem QR-Code-Reader auf deinem Tablet), kannst du noch schneller darauf zugreifen.

Jungsteinzeit
Jungsteinzeit:

WES-101633-001
Film über den Kalender

Inhalt

Einführung in die Geschichte — 8

Geschichte – Zeit vor unserer Zeit 10
Epochen ordnen die Geschichte 12
Zeit erfassen und darstellen 14
Methode: Eine Zeitleiste anlegen 16
Wissen über das Leben vor uns 18
Durchblick aktiv: Wir sind der eigenen Geschichte auf der Spur .. 20
Familienleben im Wandel 22
Wissen und Können: Einführung in die Geschichte 24

Leben in ur- und frühgeschichtlicher Zeit — 26

Ersten Menschen auf der Spur 28
Entwicklung des Menschen 30
Alltag in der Altsteinzeit – Jagen und Sammeln 32
Durchblick aktiv: Wir arbeiten in der Steinzeitwerkstatt ... 34
Leben verändert sich 36
Alltag in der Jungsteinzeit 38
Erfindungen in der Jungsteinzeit 40
Rätsel der Jungsteinzeit 42
Ötzi – eine archäologische Sensation 44
Von der Steinzeit zur Metallzeit 46
Entdeckung eines neuen Metalls 48
Methode: Aus Sachquellen Informationen gewinnen 50
Wissen und Können: Leben in ur- und frühgeschichtlicher Zeit ... 52

Frühe Hochkulturen – Beispiel Ägypten — 54

Nil – längster Fluss der Erde 56
Pharao – Gott und Herrscher 58
Die ägyptische Gesellschaft 60
Vor 5000 Jahren – Bauern wirtschaften am Nil 62
Methode: Bildquellen auswerten 64
Arbeiten und Verwalten am Nil 66

Bilderschrift der Ägypter 68
Alltagsleben in Ägypten. 70
Durchblick aktiv: Wir spielen ein Rollenspiel. 72
Streik auf der Pyramidenbaustelle 73
Die wichtigsten Götter der Ägypter. 74
Totengericht 76
Pyramiden – Wohnungen für die Ewigkeit. 78
Grabkammern – versteckte Wohnungen 80
Wissen und Können: Frühe Hochkulturen – Beispiel Ägypten 82

Das antike Griechenland   84

Griechen – ein Volk, viele Stadtstaaten 86
Griechische Götterwelt 88
Olympische Spiele. 90
Alltag in der Polis Athen 92
Herrschaft in der Polis Athen 94
Hellenismus – die Welt wird griechisch 96
Das Erbe der Griechen 98
Durchblick aktiv: Wir holen die Antike in den Klassenraum 100
Wissen und Können: Das antike Griechenland 102

Das römische Weltreich   104

Von Dörfern zum Weltreich 106
Herrschaft in Rom 108
Weltreich durch Eroberungen. 110
Vom Bürgerkrieg zur großen Friedenszeit 112
Methode: Geschichtskarten auswerten. 114
Rom – Weltstadt der Antike 116
Leben in Rom. 118
Durchblick aktiv: Wir bauen eine römische Wasserleitung. 120
Sklaven – Basis der römischen Wirtschaft 122
Römisches Familienleben und Religion 124
Römisches Leben in der Provinz 126
Die Germanen – viele Stämme 128
Leben und Arbeit der Germanen 130
Begegnung von Römern und Germanen. 132
Wissen und Können: Das römische Weltreich. 134

Leben im Mittelalter — 136

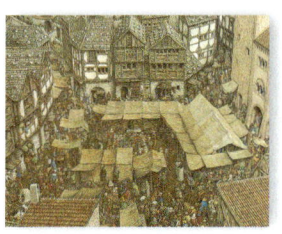

- Von Königen und Kaisern 138
- Macht und Herrschaft im Mittelalter 140
- Kaiser, Papst und Fürsten ringen um die Macht 142
- Menschen auf dem Land 144
- Leben auf den Burgen 146
- Leben im Kloster 148
- Stadtgründungen im Mittelalter 150
- **Methode:** Textquellen auswerten 152
- Menschen in der Stadt 154
- Handwerker und Zünfte 156
- **Durchblick aktiv:** Wir suchen nach Spuren des Mittelalters 158
- Die Stadt – ein Handelstreffpunkt 160
- Die Hanse – ein Städtebund 162
- **Wissen und Können:** Leben im Mittelalter 164

Erfindungen und Entdeckungen — 166

- Veränderung durch neues Denken 168
- Fortschritt durch neue Erkenntnisse 170
- **Durchblick aktiv:** Wir drucken mit Buchstaben 172
- Vom alten zum neuen Weltbild 174
- **Methode:** Historische Karten vergleichen 176
- Neue Handelswege 178
- Die Europäer entdecken neue Gebiete 180
- Motive für Entdeckungsreisen 182
- Eine indigene Hochkultur 184
- Zerstörung einer Hochkultur 186
- **Methode:** Textquellen vergleichen 188
- Die Folgen der Eroberungen 190
- **Wissen und Können:** Erfindungen und Entdeckungen 192

Anhang　　　　　　　　　　　　　　　　　　　　　　　　　　　　　　　　194

Worterklärungen 194
Hilfen 200
Textquellen 205
Bildquellen 208

Methoden erlernen – auf einen Blick

Eine Zeitleiste anlegen 16
Aus Sachquellen Informationen gewinnen 50
Bildquellen auswerten 64
Geschichtskarten auswerten 114
Textquellen auswerten 152
Historische Karten vergleichen 176
Textquellen vergleichen 188

Aktiv – auf einen Blick

Wir sind der eigenen Geschichte auf der Spur 20
Wir arbeiten in der Steinzeitwerkstatt 34
Wir spielen ein Rollenspiel 72
Wir holen die Antike in den Klassenraum 100
Wir bauen eine römische Wasserleitung 120
Wir suchen nach Spuren des Mittelalters 158
Wir drucken mit Buchstaben 172

Einführung in die Geschichte

M2 E-Roller mit Smartphone-Nutzung (Foto 2021)

M3 Prototyp eines fliegenden Autos (Foto 2018)

→ Was ist Zeit und wie wird sie erfasst?
→ Was ist eigentlich Geschichte?
→ Woher wissen wir, wie die Menschen früher lebten?
→ Was hat das heutige Leben mit der Vergangenheit zu tun?

M1 Fortbewegung zu verschiedenen Zeiten (heutige Zeichnung)

M1 Jungen in einer Klosterschule (Gemälde um 1400)

M2 Dorfschule vor über 120 Jahren (Gemälde)

Geschichte – Zeit vor unserer Zeit

T1 Vergangenheit – Gegenwart – Zukunft

Menschen denken in Zeiten: gestern – heute – morgen. Alles, was passiert ist, wird zur Geschichte. Die Zeit kann nicht angehalten werden, sie läuft immer weiter.
Wenn man auf die Uhr schaut, ereignet sich dies jetzt. Die Jetzt-Zeit nennen wir Gegenwart. Was vorher passiert ist, ist schon Vergangenheit, z. B. die letzte Unterrichtsstunde, der gestrige Tag, der Beginn dieses Jahres. Was später noch passieren wird, ist die Zukunft, z. B. die Anfertigung der Hausaufgaben, ein geplanter Schulabschluss, erwachsen werden. Menschen leben also immer zwischen drei Zeiten.

Historikerinnen/ Historiker: Menschen, die die Vergangenheit mit wissenschaftlichen Methoden erforschen.

T2 Schulfach Geschichte

Der Geschichtsunterricht beschäftigt sich mit der Vergangenheit, mit allem, was vor der Jetzt-Zeit passiert ist. Früher lernten Schülerinnen und Schüler im Geschichtsunterricht viel über wichtige Herrscher, über Kaiser oder Könige und ihre Reiche. Heute geht es auch darum, den Alltag der Menschen vor uns zu kennen und zu verstehen, warum die meisten Menschen damals so lebten und wie es zu Veränderungen der Lebensverhältnisse kam. Das erforschen Historikerinnen und Historiker. Viele ihrer Forschungsergebnisse und Erkenntnisse werden im Geschichtsunterricht dargestellt.

1 Finde drei Unterschiede zwischen einer Klosterschule und einer Dorfschule heraus (M1, M2).

Auswahl 2 I Erkläre die Begriffe Vergangenheit, Gegenwart und Zukunft, indem du zu jeder Zeitstufe die Beispiele aus dem Text aufschreibst (T1).
II Erläutere die drei Zeitstufen, indem du jeweils ein eigenes Beispiel zu den Begriffen Vergangenheit, Gegenwart und Zukunft auflistest (T1).
III Begründe, warum du in diesem Moment „zwischen den Zeiten" lebst (T1).

3 Erkläre, was Historikerinnen und Historiker untersuchen (T2).

4 Formuliere drei Fragen, auf die du im Geschichtsunterricht eine Antwort erhalten möchtest (T2).
Hilfe Stühletausch

M3 Schulklasse 1970 (Foto)

M4 Laptopklasse 2021 (Foto)

T3 Vergangenheit wird Geschichte

Die Geschichte der Erde und der Menschheit ist sehr lang. Menschliches Leben auf der Erde reicht mehrere Millionen Jahre zurück. Unzählige Ereignisse, Erfindungen, Entdeckungen, Erlebnisse oder Schicksale von Menschen fanden statt. Viele kleine und große Geschichten der Menschen geschahen gleichzeitig an unterschiedlichen Orten auf der Welt. Und manche Zufälle oder Ideen veränderten das Leben der Menschen. Wäre all das vor uns nicht passiert, würden wir heute nicht so leben, lernen und arbeiten, wie wir es kennen.

M5 Medien: Bücherregal und Laptop

5 *Auf Seite 8 findest du in M1 Bilder von Fortbewegungsmöglichkeiten der Menschen zu verschiedenen Zeiten. Ordne die Bilder von der ältesten bis zur modernsten Fortbewegung, indem du die Bilder in einer Tabelle in eine mögliche Reihenfolge bringst und die Nummern dazuschreibst.* Hilfe

6 *Vergleiche die Fotos der Schulklassen (M3, M4) sowie die verschiedenen Medien (M5).*
  a) *Benenne mindestens drei Veränderungen, die in der Schule stattgefunden haben. Gib auch Gründe an.*
  b) *Formuliere Vorteile und Nachteile des Lernens mit modernen Medien.*
  c) *Stelle dar, wie du dir das Lernen in der Schule in Zukunft vorstellst.* *Marktplatz*

– Metallzeit
– ...

– Erfindung der Schrift
– Hochkulturen entstehen

Urgeschichte   Frühgeschichte

10 000 v. Chr.   3 000 v. Chr.   2 500 v. Chr.   2 000 v. Chr.   1 500 v.

– Jäger und Sammler
– ...

M1 Einteilung der Geschichte in Epochen

Epochen ordnen die Geschichte

T1 Zeiträume erfassen

Um die lange Geschichte der Menschheit ordnen zu können, haben Historiker die Vergangenheit in große Zeitabschnitte eingeteilt. Diese Zeiträume, die manchmal mehr als Tausende von Jahren erfassen, heißen Epochen. Eine Epoche fängt nicht an einem bestimmten Tag an und hört nicht ab einem bestimmten Jahr auf. Die Epochen gehen ineinander über. Jede Epoche hat bestimmte Merkmale, die typisch für das Leben der Menschen damals sind.

Wie haben Geschichtsforscherinnen und Geschichtsforscher entschieden, wann und warum eine Epoche endet? Meistens waren es wichtige Veränderungen, Erfindungen oder Entdeckungen, die eine neue Zeitepoche begründeten.

M2 Arzt mit Pestmaske (Flugblatt von 1656)

 1 I❙❙ *Erkläre den Begriff „Epoche" (T1, M1).*
  II❙ *Begründe, warum Historiker die Zeit in Epochen darstellen (T1, M1).*
  III *Vermute einen Grund dafür, dass Epochen ganz unterschiedlich lang sind – von vielen Tausend Jahren bis zu einigen Hundert Jahren (T1, M1).*
2 *Zeichne die „Einteilung der Geschichte in Epochen" (M1) auf ein weißes Blatt im Querformat ab. Markiere dabei den Beginn und das Ende jeder Epoche sehr deutlich (M1).*

– Römisches Reich

– Industrielle Revolution
– Zweiter Weltkrieg
– ...

| 0 v. Chr. | 500 v. Chr. | Christi Geburt | 500 n. Chr. | 1 000 n. Chr. | 1 500 n. Chr. | 2 000 n. Chr. |

Antike — Mittelalter — Neuzeit

– Anfänge der Demokratie in Griechenland

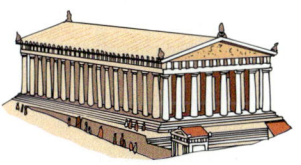

– Gründung von Städten
– Erfindung des Buchdrucks

T2 Zeiträume zeigen Veränderungen

Die Zeit, in der Menschen noch keine Schrift kannten, wird Urgeschichte genannt. Sie dauerte etwa von 2 500 000 bis 3000 Jahre v. Chr. Daran schließt sich die Frühgeschichte bis ca. 800 v. Chr. an. In dieser Epoche entwickelten die Menschen Schriftzeichen; Berufe und feste Siedlungen entstanden.

Bis etwa 500 Jahre n. Chr. wird der Zeitraum der Antike festgelegt, welcher für Mitteleuropa auch Altertum genannt wird. In dieser Zeit entstanden Herrschaftsordnungen für das Zusammenleben der Menschen, Wissenschaften, Künste und große Reiche.

Von ungefähr 500 bis 1500 Jahren nach Christus sprechen die Historikerinnen und Historiker vom Mittelalter, in welchem Könige und Kaiser, Papst und Kirche in Europa die Macht hatten.

Mit der der Erfindung des Buchdrucks und der Entdeckung Amerikas begann um 1500 die Neuzeit.

M3 Person mit Corona-Schutzmaske an einem Bahnhof (2021)

3 *Lege eine Tabelle zu den Epochen an. Schreibe die Merkmale jeder Epoche auf. Notiere auch dazu, wie viele Jahrhunderte jede Epoche umfasst (M1, T2).* Hilfe

4 *Ordne die Szenen M2 und M3 einer historischen Epoche zu. Beschreibe auch die Unterschiede.* Partnervortrag

5 *Nimm Stellung zu der Frage: Leben wir heute in einer neuen Epoche nach der „Neuzeit"? Welchen Namen würdest du unserer Zeit geben? Begründe deine Antwort, indem du mindestens ein typisches Merkmal „unserer Epoche" benennst.* Hilfe Kugellager

M1 Sonnenuhr am Braunschweiger Dom von 1716

M2 Sanduhr aus dem 18. Jahrhundert

M3 Zeitmessung beim Langstreckenlauf (Berliner Marathon 2016)

Zeit erfassen und darstellen

T1 Zeit messen

Die Zeit wurde nicht erfunden, sie war immer da und wird immer da sein. In der Vergangenheit lebten die Menschen jedoch Jahrtausende lang, ohne die Zeit genau zu erfassen. Sie richteten sich nach dem Stand der Sonne. So wussten sie, wann es dunkel oder Nacht wird. Die Menschen erkannten, dass die Tage im Laufe eines Jahres länger oder kürzer werden. Auch die Jahreszeiten beobachteten sie. Es gab in allen Völkern kluge Menschen, die den Sternenhimmel erkundeten. Sie fanden heraus, dass die Bewegung der Erde die Grundlage der Zeitmessung sein muss.

Einfache Geräte, mit denen die Zeit dargestellt oder ein Zeitraum gemessen werden konnte, wurden erfunden, z. B. die Sonnenuhr. Im Altertum gab es bereits genauere Zeitmessungen durch Wasseruhren oder Sanduhren. Im Mittelalter wurden an vielen Kirchtürmen Uhren angebracht, damit die Menschen pünktlich in die Kirche oder zur Arbeit kamen. Meist waren es Räderuhren mit Gewichtsantrieb. Die ersten Taschenuhren, die unabhängig vom Aufstellort oder von Getrieben zuverlässig liefen, konnten am Körper getragen werden. Sie wurden im 16. Jahrhundert erfunden.

Im Laufe der Geschichte wurden immer genauere Uhren entwickelt, z. B. Pendeluhren, mechanische Armbanduhren, batteriebetriebene Uhren oder Funkuhren. Heute gibt es die digitale Zeitanzeige, zum Beispiel auf dem Smartphones, die über das Internet gesteuert wird.

1 Vergleiche die dargestellten Methoden zur Erfassung von Zeit (M1, M2, M3).
 Partnervortrag

Auswahl 2 I Nenne grundlegende Beobachtungen der Menschen für die Zeitmessung (T1).
 II Beschreibe, wie sich die Zeitmessung entwickelte (T1).
 III Vermute, warum die Menschen immer genauere Geräte zur Zeitmessung erfunden haben (T1).

3 Berechne, wie viele Kilometer pro Stunde ein Sportler laufen muss, um den Marathon (42 km) in der angezeigten Zeit laufen zu können (M3).

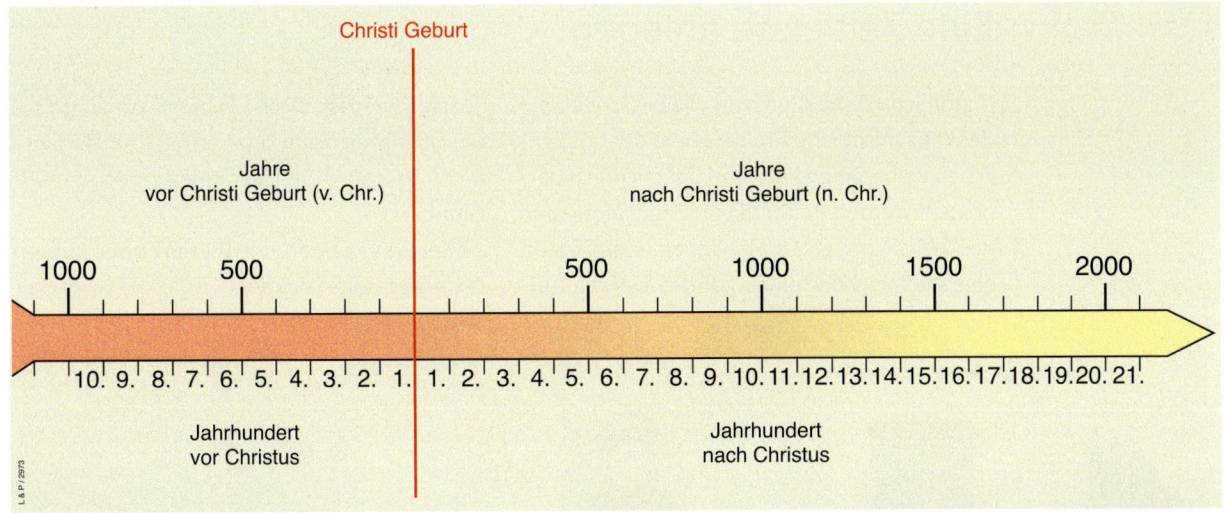

M4 Unsere Zeitrechnung

T2 Zeit einteilen durch Kalender

Mithilfe von Kalendern können die Jahre gezählt und ein Jahr aus 365 Tagen in Monate und Tage eingeteilt werden. Mit Kalendern kann die Zeit im Voraus geplant werden. Außerdem können vergangene Ereignisse in Kalendern festgehalten werden.

Im Laufe der Geschichte sind von verschiedenen Völkern unterschiedliche Zählweisen und Einteilungen der Jahre entwickelt worden. In großen Teilen der Welt gilt heute der Kalender, der als Ausgangspunkt für die Zählung der Jahre die Geburt Christi festlegt. Er wurde im 6. Jahrhundert nach Christi Geburt von der Kirche eingeführt.

Hierbei wird Zeitmessung in Jahre vor der Geburt Jesu („vor Christi Geburt", abgekürzt: „v. Chr.") und die Jahre nach Christi Geburt („nach Christi Geburt", abgekürzt: „n. Chr.") eingeteilt. Die Zählung der Jahrhunderte beginnt mit dem 1. Jahrhundert. Es dauerte vom Jahr 1 bis zum Jahr 99. Das 2. Jahrhundert beginnt im Jahr 100 und endet 199. Die Jahre von 1300–1399 bilden beispielsweise das 14. Jahrhundert. Das Jahr 1317 n. Chr. gehört somit zum 14. Jahrhundert. Und unser 21. Jahrhundert begann im Jahr 2000 und endet 2099.

Unser Kalender wird heute weltweit benutzt, auch wenn in manchen Regionen der Erde daneben andere verwendet werden.

> **Andere Kalender**
>
> Der jüdische Kalender beginnt mit dem Datum der Erschaffung der Welt. Dieses Ereignis fand nach jüdischem Glauben im Jahr 3761 v. Chr. statt. Die islamische Zeitrechnung dagegen beginnt mit der Flucht Mohammeds aus Mekka nach Medina im Jahre 622 n. Chr. Der islamische Kalender ist ein Mondkalender, deshalb weicht die Zählung der Jahre von unserem Kalender ab.

v. Chr./ n. Chr.:
Abkürzung für: vor/nach Christus. Das heißt, dass die beschriebene Zeit oder das angegebene Ereignis vor oder nach der Geburt von Jesus Christus stattgefunden hat.

Jahrhundert:
Abkürzung Jh., bezeichnet einen Zeitraum über einhundert Jahre. Dabei wird immer das vollendete Jahrhundert genannt.

WES-101633-001
Film über den Kalender

4 Nenne Gründe für die Einführung von Kalendern (T2, Infotext).
5 Erläutere die Grundlage für unsere christliche Zeitrechnung (T2, M4). 🚏 *Bushaltestelle*
6 Zeichne einen Zeitstrahl für die Zeit von 100 v. Chr. bis 100 n. Chr. (1 cm entspricht 10 Jahren).
Trage folgende Jahre und Zeiträume farbig ein (M4):
a) die zweite Hälfte des 1. vorchristlichen Jahrhunderts,
b) das Todesjahr von Julius Caesar, 44 n. Chr.,
c) das 7. Jahrzehnt des 1. Jahrhunderts n. Chr.

Eine Zeitleiste anlegen

Historische Zeitleisten sind wie ein Lineal, auf dem geschichtliche Ereignisse in der tatsächlichen Reihenfolge kurz und übersichtlich dargestellt werden. Mithilfe von Zeitleisten kann die Geschichte eines Menschen, einer Stadt, eines Volkes oder eines Landes einfach aufgezeigt werden. Deshalb muss zunächst die Geschichte gelesen oder erfasst werden, um wichtige Daten oder Veränderungen herauszufinden.
Zeitleisten können mit Bildern oder kurzen Texten gestaltet werden.

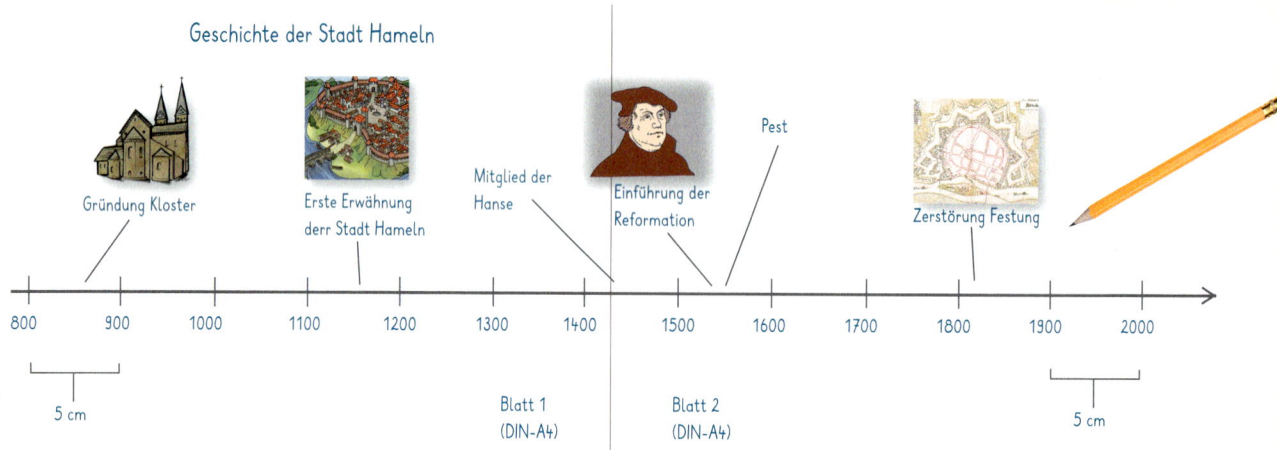

M1 Zeitleiste zur Geschichte eines Ortes – am Beispiel der Stadt Hameln

Schritt 1 •

Informationen sammeln
→ Entscheide dich für eine Stadt/einen Ort, deren Geschichte du darstellen möchtest.
→ Suche im Internet oder in Büchern nach Informationen über die Stadt, notiere dir wichtige Ereignisse mit Jahreszahlen und fertige evtl. Kopien von besonderen Bauwerken, Ereignissen oder Personen an.
→ Schreibe auf, über wie viele Jahrhunderte die Geschichte deiner Stadt verläuft, und fertige eine kleine Zeichnung (einen Entwurf) von der Zeitleiste an (wie M1). Lege auch deine Bilder zur Probe dazu!

Schritt 2 ••

Zeitleiste anlegen
→ Entscheide, ob die Zeitleiste in deiner Mappe angelegt oder im Klassenraum aufgehängt werden soll.
→ Überlege, wie viele Blätter oder Plakate (im Querformat) du für ein Jahrhundert benötigst. Ein Jahrhundert kann auf einem DIN-A4-Blatt z. B. 5 cm lang sein. Auf einem großen Plakat kann ein Jahrhundert z. B. 20 cm Länge haben.
→ Besorge dir Papier, Kleber und Stifte, mit denen du die Zeitleiste anlegen möchtest.

Schritt 3 •••

Zeitleiste gestalten
→ Klebe die Blätter im Querformat zusammen, zeichne in der (oberen) Mitte eine dicke, waagerechte Linie und teile diese durch senkrechte Striche in gleichmäßige Abstände ein. Darüber schreibst du anschließend die einzelnen Jahrhunderte (z. B. 10. Jh., 11. Jh., ... 20. Jh.).
→ Schreibe den Titel deiner Zeitleiste, (z. B. Geschichte der Stadt ...) wie eine Überschrift ganz oben über die Zeitleiste. Trage dann die wichtigsten Ereignisse mit Jahreszahl an den richtigen Stellen/Jahrhunderten ein. Klebe zum Schluss noch deine Bilder dazu.

Musterlösung (M1): Zeitleiste zur Stadt Hameln

Schritt 1 ●

→ Die Zeitleiste soll die Geschichte der Stadt Hameln an der Weser darstellen. Wichtige Ereignisse waren:

> **851:** Gründung eines Klosters
> **um 1100:** Entstehung von Fischersiedlung und Marktort an der Weser
> **1185:** erste Bezeichnung als Stadt Hameln
> **1268:** Herzog von Braunschweig übernimmt Macht
> **1284:** Auszug der „Hämelschen Kinder" (Rattenfänger)
> **1426:** Hameln als Mitglied der Hanse
> **1540:** Einführung der Reformation – Hameln wird evangelisch
> **1551:** Pest in der Stadt
> **1585:** berühmte Bauwerke entstehen (Weserrenaissance)
> **1625–1633:** „Dreißigjähriger Krieg" (Glaubenskrieg) bringt große Not
> **17. Jh.:** Fürsten aus Hannover übernehmen die Macht in der Stadt
> **1808:** Napoleon lässt Festungen in Hameln zerstören
> **ab 1830:** erste Industriebetriebe
> **1945:** Besetzung durch Amerikaner und Engländer
> **ab 1949:** wirtschaftlicher Aufschwung, BHW, Altstadtsanierung ...

→ Hamelns Geschichte umfasst ca. 1200 Jahre (12 Jahrhunderte).

• Schritt 2 ● ●

→ Ich entscheide mich für eine Zeitleiste in meiner Mappe.

→ Auf einem DIN-A4-Blatt im Querformat können Informationen zu fünf Jahrhunderten aufgeschrieben werden, wenn ein Jahrhundert 5 cm Länge hat. Also brauche ich zwei Bögen.

→ ... sowie Kleber, Stifte, Schere und Bildkopien.

Schritt 3 ● ● ●

→ Zunächst klebe ich zwei Bögen im Querformat aneinander, zeichne eine dicke Linie in die obere Mitte über die gesamte Länge und ziehe alle 5 Zentimeter einen ca. 1–2 cm langen senkrechten Strich durch die Linie, worüber ich die Jahrhunderte schreibe.

→ Den Titel „Geschichte der Stadt Hameln" schreibe ich über die Zeitleiste. Die Ereignisse schreibe ich über den waagerechten Strich und verbinde sie zusätzlich mit einem dünnen Strich mit den richtigen Jahreszahlen. Passende Bilder oder kleine Texte werden dazu aufgeklebt.

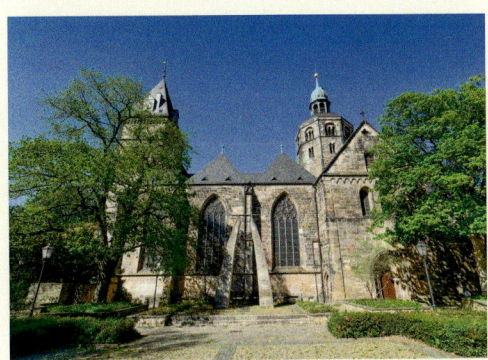 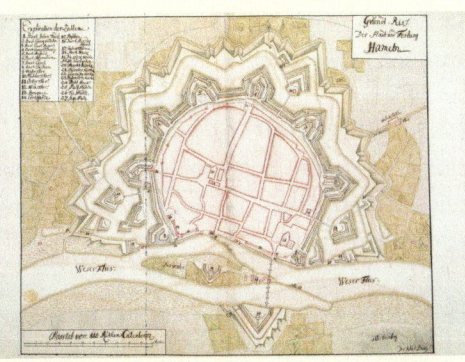

M2 Hameln: Münsterkirche am Ort der „Eigenkirche" (9. Jh.) und Festung (17. Jh.) – Bilder zum Aufkleben

1 Erstelle eine Zeitleiste zur Geschichte deiner Heimatstadt. Formuliere Fragen oder Erkenntnisse unter der Zeitleiste.

M1 Beispiele für Quellen in der Geschichtsforschung

Wissen über das Leben vor uns

T1 Geschichtliche Quellen

WES-101633-002
Interaktives Arbeitsblatt zu den Quellenarten

Alle Dinge, die aus der Vergangenheit übrig geblieben sind, werden in der Geschichtswissenschaft als historische Quellen bezeichnet. Warum heißen historische Gegenstände, wie z. B. altes Kinderspielzeug, so? Der Begriff soll zeigen, dass aus alten Gegenständen geschichtliche Informationen geschöpft werden können wie Wasser aus einer Flussquelle. So wissen Geschichtsforscherinnen und Geschichtsforscher aus Malereien, durch Berichte oder Fotos beispielsweise, dass viele Jahrhunderte lang Jungen und Mädchen mit ganz verschiedenen Sachen spielten.

T2 Verschiedene Arten von Quellen

Die Geschichtsforscher unterscheiden verschiedene Arten von Quellen: Sachquellen, Bildquellen, Textquellen oder mündliche Quellen. Sachquellen sind z. B. Ausgrabungsstücke wie Knochen, Werkzeuge, Waffen, Münzen, Kleidung, Schmuck, Alltagsgegenstände, Gräber, Bauwerke oder Denkmäler.
Bildquellen sind Höhlenmalereien, Gemälde, Zeichnungen, Fotos, Filme oder Plakate aus vergangenen Zeiten.
Textquellen sind alle schriftlichen Aufzeichnungen wie Handschriften, Inschriften, Briefe, Urkunden, Zeugnisse, Gesetzestexte, Rechnungen, Zeitungen oder Berichte.
Mündliche Quellen sind Befragungen (Interviews) oder Erzählungen von Menschen, die ein Ereignis oder eine Zeit persönlich miterlebt haben. Diese werden Zeitzeugen genannt. Häufig werden Berichte von Zeitzeugen aufgeschrieben oder als Ton- oder Film-Aufnahme festgehalten.

Zeitzeuge: jemand, der ein Ereignis vor Ort oder eine Zeit persönlich miterlebt hat

1. Erkläre, warum Gegenstände aus vergangenen Zeiten als historische Quellen bezeichnet werden (T1).
2. Ordne die Quellen in M1 nach Sach-, Bild- und Textquellen (M1, T2). Hilfe
3. Führe ein Zeitzeugen-Interview durch, indem du deinen ältesten Verwandten befragst (M2). Überlege dir vorher Fragen, z. B. zum Spielen in der Kindheit, zum Schulbesuch, zur Berufstätigkeit, zu besonderen Ereignissen …

M2 Zeitzeugeninterview

M3 Sraßenschilder in Hildesheim

T3 Spuren der Geschichte vor Ort

In alten Städten verraten Mauerreste, Stadttore, Plätze und Straßen, Kirchen und historische Gebäude viel über das Leben und Denken der Menschen in vergangenen Jahrhunderten. Straßenschilder weisen oft auf Berufsgruppen oder das Arbeitsleben hin. Inschriften an Häusern zeigen, was die Menschen glaubten oder was ihnen wichtig war.

M4 Hausfront mit Inschrift in Verden an der Aller

4 *Stelle dar, was die Straßenschilder über die Geschichte der Stadt Hildesheim aussagen (M3, T3). Think – Pair – Share*

wahl 5 I *Benenne die Art der Quelle in M4. Schreibe die Inschrift ab.*
II *Benenne die Art der Quelle in M4. Erkläre, was die Inschrift über das Denken und Glauben der Menschen verrät.*
III *Benenne die Art der Quelle in M4. Vermute, warum heute keine Inschriften mehr an Privathäusern angebracht werden.*

6 *Geh auf Spurensuche in deinem Heimatort. Fotografiere ein Straßenschild, eine Haus-Inschrift oder eine Tafel an einem Denkmal. Schreibe zu deinem Bild auf, welche geschichtlichen Informationen deine Quelle verrät (T3, M3, M4). Galeriegang*

Wir sind der eigenen Geschichte auf der Spur

Biografie ist die Beschreibung oder Zeichnung des Lebens einer Person. Das Wort kann auch mit „Lebenszeichnung" übersetzt werden.

Jeder Mensch hat eine eigene Geschichte, die im Laufe des Lebens geschrieben wird. Diese heißt auch Biografie.
Die ersten Jahre eurer Geschichte könnt ihr erforschen, wenn ihr eure Eltern befragt oder Fotos anguckt.

An nicht so lange zurück liegende Ereignisse oder Erlebnisse erinnert ihr euch sicher noch selbst. Einige davon waren besonders wichtig, weil sie große Veränderungen mit sich brachten oder einfach einmalig waren.
Vielleicht habt ihr selbst dazu schon einige Fotos oder Aufzeichnungen gemacht?

Du bist nach dem ersten Sturz einfach aufgestanden und sofort weitergefahren. Da mussten wir lachen.

M1 Fotoalbum ansehen

M2 Erinnerungen zu den Fotos

M3 Leporello – kleines Buch zur eigenen Biografie

Durchblick aktiv

20

Schritt 1 ●

Leporello basteln

→ Bastelt aus einem weißen oder hellen farbigen Tonkarton im DIN-A4-Format ein Leporello. Dazu knickt ihr den Bogen in Längsrichtung in der Mitte und schneidet am Knick sauber entlang. Nun habt ihr zwei Streifen mit knapp 30 cm Länge und 10,5 cm Höhe.

→ Jeden Papierstreifen knickt ihr nun in drei gleich große Felder von ca. 10 cm Breite und 10,5 cm Höhe.

→ Anschließend klebt ihr die beiden Streifen mit Tesafilm aneinander (nicht aufeinander), sodass ihr sechs Felder nebeneinander erhaltet. Diese Papierfelder sind nun eure „Seiten" für ein kleines Buch. Es besteht aus 6 Vorderseiten und sechs Rückseiten. Damit habt ihr 12 Seiten, für jedes Lebensjahr bis zum 12. Geburtstag eine Seite, die ihr gestalten könnt.

→ Wenn ihr die Seiten nun wieder zusammenlegt entsteht ein kleines Faltbuch – ein Leporello!

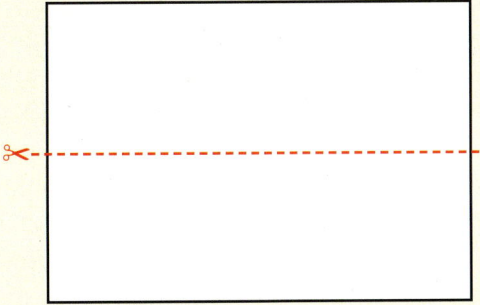

a) Tonkarton DIN A4 halbieren

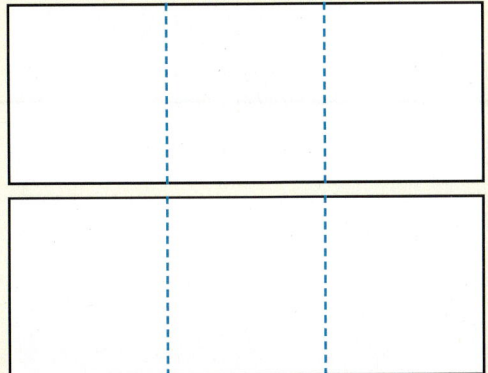

b) Beide Papierstreifen je zweimal knicken

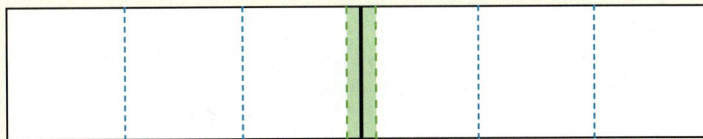

c) Beide Papierstreifen mit Tesafilm verbinden

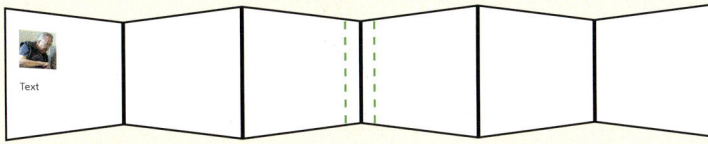

d) Leporello gestalten

Schritt 2 ●●

Fragen stellen und Informationen sammeln

→ Fragt eure Eltern oder Großeltern nach Fotos und besonderen Ereignissen aus allen Lebensjahren. Insbesondere zu euren ersten Lebensjahren – ungefähr bis zur Einschulung – müsst ihr gut zuhören: Wie war ich als Kleinkind? Was habe ich gelernt in dem Jahr? Welche besonderen Ereignisse haben stattgefunden? Welche Veränderungen oder Fortschritte gab es? Macht euch Notizen auf einem Blatt und sammelt Fotos dazu.

Schritt 3 ●●●

Leporello als kleine Biografie gestalten

→ Beschriftet die einzelnen Seiten eures Leporellos mit den Überschriften 1. Lebensjahr, 2. Lebensjahr … bis zum 12. Lebensjahr.

→ Gestaltet jede Seite nun mit den Informationen und Fotos, die ihr bekommen habt. Zu den Jahren ab eurer Einschulung könnt ihr sicher selbst etwas Besonderes oder Lustiges aufschreiben.

→ Malt noch etwas dazu!

→ Nun könnt ihr eure Leporellos euren Mitschülerinnen und Mitschülern zeigen oder daraus etwas vorlesen.

M1 Bäuerliche Großfamilie (16. Jh.)

M2 Arbeiterfamilie (19. Jh.)

Familienleben im Wandel

T1 Großfamilien

Viele Jahrhunderte lang lebten die meisten Menschen in Großfamilien auf dem Land. Drei bis vier Generationen wohnten zusammen. Dazu gehörten noch Mägde und Knechte. Sie waren Bauern und ernährten sich von dem, was sie durch die Landwirtschaft selbst erzeugten.

Nachdem die Städte entstanden waren, wohnten viele Familien in prächtigen oder einfachen Häusern aus Stein, Holz oder Fachwerk. In Großstädten wie Berlin entstanden im 19. Jahrhundert erste Mietskasernen, in denen manchmal drei Generationen in engen Wohnungen wohnten. Sie arbeiteten alle in Fabriken, die nach der Erfindung von Maschinen entstanden waren. Da die Männer wenig verdienten, mussten auch die Frauen und Kinder schwere Industriearbeit verrichten. Trotzdem reichte das Geld kaum, um die Miete zu bezahlen. Zur gleichen Zeit gab es auch sehr wohlhabende Bürger. Die Väter waren z. B. Kaufleute oder Beamte des Königs. Sie verdienten genug Geld für eine schöne Wohnung für die Großfamilie. Auch hübsche Kleidung und die Schulbildung der Kinder konnten sie sich leisten.

Magd: angestellte Frau, die grobe Arbeiten in Haus und Hof verrichtete

Knecht: Arbeiter in einem landwirtschaftlichen Betrieb

T2 Kleinfamilien

Im vergangenen 20. Jahrhundert wurden immer mehr Mietwohnungen oder Einfamilienhäuser für zwei bis drei Generationen gebaut. Immer häufiger lebten die Großeltern nicht mehr mit in der Familie, sondern allein. Wenn sie sich selbst nicht mehr versorgen konnten, bekamen sie einen Platz im Pflegeheim. Denn weil nun mehr Frauen eine Ausbildung machten, um berufstätig zu sein, konnten sie sich nicht mehr um die eigenen Eltern kümmern. Die Großeltern brauchten sich oft auch nicht mehr um die Kleinkinder zu kümmern, seitdem es Kindergärten für alle Kinder gab. So ist es bis heute.

M3 Bürgerliche Familie (19. Jh.)

M4 Kleinfamilie (1950)

M5 Kleinfamilie (heute)

M6 Großfamilie (heute)

T3 Vielfalt und Offenheit

Heute ist das Familienleben in Deutschland sehr vielfältig. Es gibt Kinder, die mit ihren Eltern aufwachsen. Andere leben nur mit ihrer Mutter oder mit ihrem Vater zusammen, die sich dann als Alleinerziehende um das Kind oder die Kinder kümmern. Wenn sich Eltern scheiden lassen und anschließend einen anderen Partner oder eine andere Partnerin finden, bekommen auch die Kinder eine neue erwachsene Bezugsperson. Wenn diese aus einer früheren Beziehung ebenfalls Kinder mitbringen, entsteht eine sogenannte Patchwork-Familie.
Es gibt auch Kinder, die mit zwei Müttern oder mit zwei Vätern zusammenleben.
Manche Kinder wachsen auch bei ihren Großeltern auf.

M7 Patchwork-Familie (heute)

M8 Familie mit zwei Vätern (heute)

1. *Beschreibe, was eine Großfamilie und eine Kleinfamilie ist (T1, T2, M1–M8).*
2. *Vergleiche das Leben einer Arbeiterfamilie mit einer bürgerlichen Familie im 19. Jahrhundert (T1, M2, M3). Stühletausch*
3. *Erläutere zwei Gründe für die Veränderungen im Zusammenleben von Familien (T1, T2, M1–M4).*
4. *I Nenne verschiedene heutige Familienformen (T3, M5, M6, M7, M8).*
   II Beschreibe verschiedene heutige Familienformen (T3, M5, M6, M7, M8).
   III Arbeite die historische Entwicklung der Familienformen vom 16. Jahrhundert bis heute heraus (T1–T3, M1–M8).

Einführung in die Geschichte

1. Vergangenheit – Gegenwart – Zukunft

I Ordne den Bildern ①–③ die Begriffe VERGANGENHEIT – GEGENWART – ZUKUNFT zu.
II Erkäre die Begriffe VERGANGENHEIT – GEGENWART – ZUKUNFT anhand der Bilder ①–③.
III Verfasse einen kurzen Text, in dem du erläuterst, wie die Zukunft zur Gegenwart und die Gegenwart zur Vergangenheit wird.

M1 Fortbewegungsmittel (1–3)

2. Zeiteinteilung

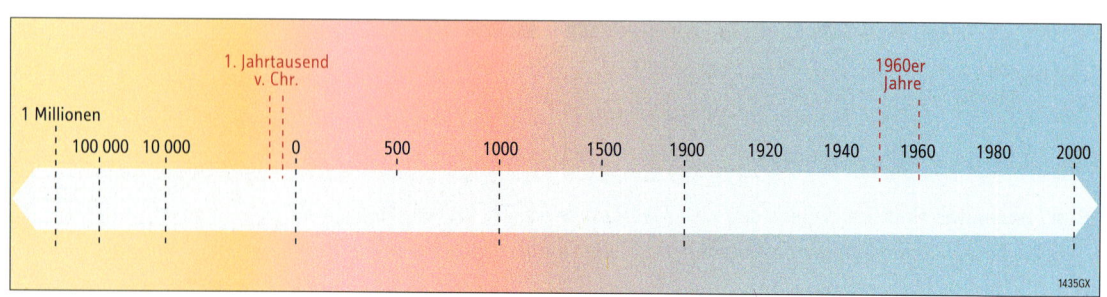

M2 Zeitleiste

I Nenne mindestens drei Fehler in der Zeitleiste M2.
II Erkläre, wie man mit der Zeitleiste arbeitet und wozu sie dient.
III Lege eine Zeitleiste deines Lebens an, in der mindestens fünf wichtige Daten eingetragen sind.

3. Epochen

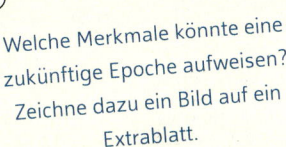

⑥ Welche Merkmale könnte eine zukünftige Epoche aufweisen? Zeichne dazu ein Bild auf ein Extrablatt.

▊▊ Ordne die Epochen-Begriffe URGESCHICHTE, FRÜHGESCHICHTE, ANTIKE, MITTELALTER, NEUZEIT den Bildern ①–⑤ zu.
▊▊ Nenne typische Kennzeichen der einzelnen geschichtlichen Epochen, die du auf den Bildern ①–⑤ erkennen kannst (vgl. S. 12/13).
▊▊ Stelle anhand der Bilder ①–⑤ die Entwicklung von einer Epoche zur folgenden Epoche dar.

4. Quellen

▊▊ Benenne die Art der historischen Quelle, indem du den Text abschreibst und die Lücken füllst.
*Die vorliegende historische Quelle ist eine _____ von dem Maler _____ .
Der Titel lautet „_____".
Die Quelle kann der Epoche _____ zugeordnet werden.
Der Künstler stellt dar, wie Kinder _____ . Dabei fällt (mir) auf _____ .*

▊▊ Stelle die Art der historischen Quelle, den „Künstler" und die Epoche fest. Beschreibe drei Kinderspiele. Formuliere, welche Unterschiede dir zu heutigen Kinderspielen auffallen.

▊▊ Stelle die Art der historischen Quelle, den „Künstler" und die Epoche fest. Erkläre, welche Spiele heute nicht mehr gespielt werden, und stelle Vermutungen an, warum sich Kinderspiele verändert haben.

M3 „Kinderspiele" von Pieter Breughel d. Ä., 1560

Leben in ur- und frühgeschichtlicher Zeit

Vor 4600 Mio. Jahren: Entstehung der Erde

M2 Werkzeuge aus Stein sind das Hauptmerkmal der Steinzeit (heutiges Foto).

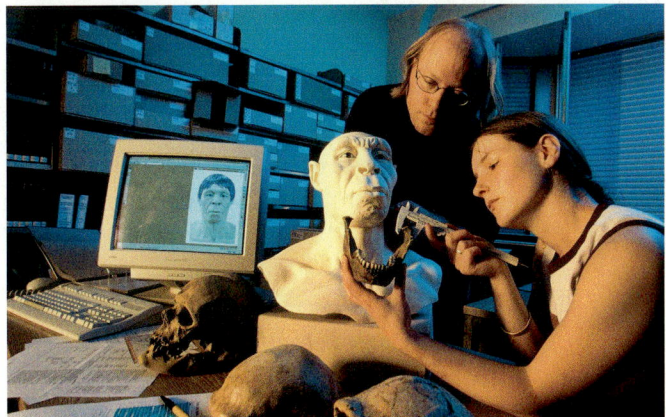

M3 Wissenschaftliche Vermessung von Schädelfunden (heutiges Foto)

→ Wonach sucht die Archäologie?
→ Wie lebten die ersten Menschen?
→ Warum wurden aus umherziehenden Jägern und Sammlern sesshafte Bauern?
→ Was änderte sich durch die Nutzung von Metallen?

M1 Entstehung unseres Planeten und des Lebens auf der Erde (heutige Zeichnung)

Lucy:
ein Vormensch, lebte vor 3,2 Millionen Jahren in Afrika (heute Tansania). Sie hatte ein kleines Gehirn und war nur 1,10 m groß. Die Hände waren dazu geeignet, Werkzeuge herzustellen und zu benutzen. Die Archäologen nannten ihren Fund „Lucy".

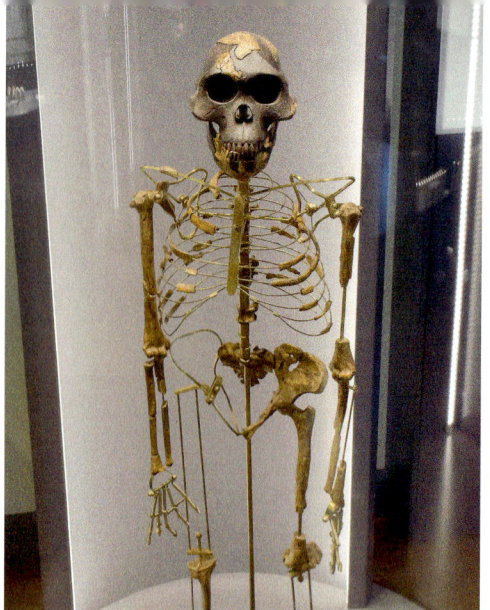

M1 Lucy – Skelett eines Vormenschen, 1974 in Ostafrika gefunden (Rekonstruktion)

M2 Ausgrabungsarbeit eines Archäologen

Ersten Menschen auf der Spur

T1 Menschen am Ende der Erdgeschichte

Viel älter als der Mensch ist die Erde. Wie sie genau entstand, weiß man nicht ganz bestimmt. Forscher gehen jedoch davon aus, dass die Erde durch eine Explosion von Stoffen im Weltall entstand. Das war vor ungefähr fünf Milliarden Jahren. Irgendwann bildete sich im Wasser das erste Leben in Form winziger Zellen, aus denen sich weitere Lebewesen im Wasser und auf dem Land entwickelten. Erst nach den Pflanzen und Tieren entwickelten sich die Menschen.

T2 Wissen über die Menschen

WES-101633-201
Film über die Arbeit von Archäologen

Woher wissen wir etwas über die ersten Menschen, die auf der Erde gelebt haben? Sie haben keine Aufzeichnungen, Schriftstücke, Fotos oder Gegenstände zurückgelassen. Alles, was wir heute über unsere Vorfahren wissen, haben Archäologen herausgefunden. Sie suchen im Boden nach den Überresten menschlichen Lebens und finden Spuren. Das können Skelette oder einzelne Knochen, Werkzeuge oder Alltagsgegenstände, Wohnhöhlen oder Gräber sein.

So haben Wissenschaftler herausgefunden, dass es menschliche Wesen erst viel später gab als Pflanzen und Tiere, nämlich erst seit ungefähr drei Millionen Jahren.
Die ältesten Skelette von unseren menschlichen Vorfahren haben Achäologinnen und Archäologen in Ostafrika gefunden. Das ist ein Hinweis darauf, dass die Geschichte der Menschheit wahrscheinlich dort ihren Ursprung hatte.

1 *Berichte, wie sich das Leben auf der Erde vom ersten Leben bis zum Vormenschen entwickelt hat. Beachte dabei auch die Zeitangaben (T1, M1 S. 26/27).* Hilfe

Auswahl 2 *I Zähle mindestens fünf Spuren auf, nach denen Archäologen suchen (M1, M2, T2).*
  II Beschreibe die Arbeit eines Archäologen (M1, M2, T2).
  III Erkläre, warum die Arbeit der Archäologen so wichtig ist (M1, M2, T2).

3 *Formuliere Fragen für ein Interview mit einem Archäologen (T2). Erkundigt euch auch, ob es in eurer Stadt einen Archäologen gibt, den ihr in eure Schule zum Gespräch einladen könnt.*
  Think – Pair – Share

T3 Erdschichten – Methode zur Altersbestimmung

Um das Alter von Funden oder Knochen bestimmen zu können, nutzen Archäologen verschiedene Methoden.

Bei Ausgrabungen können die Wissenschaftler durch die Tiefe der Lage eines Fundstückes in der Erde dessen ungefähres Alter bestimmen. Je tiefer nämlich die Erdschicht liegt, in der z. B. ein Werkzeug gefunden wird, desto älter ist der Gegenstand. Denn durch nachwachsende Pflanzen, die wieder zu Erde werden, bilden sich neue Schichten über den alten.

T4 Die C-14-Methode

Ein komplizierteres Verfahren zur Altersbestimmung von Ausgrabungsstücken ist die C-14-Methode. Jedes Lebewesen enthält nämlich in seinem Körper Kohlenstoffatome (C-14), die radioaktive Strahlung abgeben. Diese Strahlung können Wissenschaftler heute messen. Wenn ein Lebewesen gestorben ist, wird die Strahlung geringer. Innerhalb von 5730 Jahren halbiert sich die Strahlung. Diese Zeitspanne heißt in der Wissenschaft Halbwertszeit. Wenn ein Skelett also nur noch halb so viel Strahlung wie ein lebender Mensch aufweist, ist es ungefähr 5730 Jahre alt. Mit neuesten Techniken kann man diese radioaktive Strahlung fast 100 000 Jahre lang nachweisen.

T5 Rekonstruktions-Methode

Oft finden Forscher nur einzelne Teile von Schädeln. Sie können sich aber eine bessere Vorstellung vom ganzen Kopf eines Menschen machen, wenn sie die fehlenden Teile durch künstliche Schädelknochen ersetzen. Diese werden vorher durch Computerberechnungen bestimmt. Mit anderen Programmen können

M3 Altersbestimmung aufgrund der Lage in Erdschichten (heutige Zeichnung)

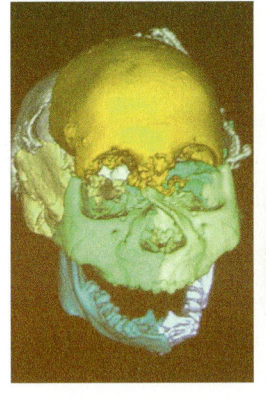

M4 Schädel von Moora und das rekonstruierte Gesicht der Moorleiche (heutige Zeichnung)

die Wissenschaftler dann das ganze Gesicht wie ein Foto darstellen. Diese Methode heißt Rekonstruktion.

Schädel von Moora:
Moorleiche, die bei Uchte (Niedersachsen) gefunden wurde. Moora lebte um 650 v. Chr. und wurde nur ca. 18 Jahre alt. Daneben ist das rekonstruierte Gesicht zu sehen.

Rekonstruktion: Wiederherstellung/Wiederaufbau

---

wahl 4
- I Beschreibe die Rekonstruktion des Schädels von Moora (T5, M4).
- II Erläutere die Möglichkeiten der Altersbestimmung der Moorleiche (T3, T4, T5, M4).
- III Beurteile die Genauigkeit der unterschiedlichen Methoden zur Altersbestimmung (T3, T4, T5, M3, M4)

5 Stell dir vor, zwei Knochen werden nach der C-14-Methode untersucht (T4). Ein Knochen strahlt kaum, der andere strahlt sehr stark. Begründe, welcher Knochen älter ist.

6 Recherchiere zu einer der dargestellten Methoden und präsentiere deine Informationen (T3, T4, T5, M3, M4). *Partnervortrag*

M1 Entwicklungsstufen des Menschen (heutige Zeichnung)

Entwicklung des Menschen

T1 Formung von Körper und Geist

Die Entwicklung des Menschen begann vor ca. sieben Millionen Jahren in Afrika. Zunächst entwickelten sich die kleineren **Vormenschen**, die Ähnlichkeit mit Menschenaffen hatten. Sie gingen schon auf zwei Beinen, konnten aber noch nicht sprechen. Auch Werkzeuge stellten sie noch nicht her.

Aus ihnen entstanden vor etwa drei Millionen Jahren die **Urmenschen**, die bereits einzelne Laute erzeugten. Sie nutzten Feuersteine als einfache Werkzeuge.

Weil sie immer mehr Aufgaben mit Körpereinsatz, Kopf- und Handarbeit zum Überleben in der Natur lösen mussten, vergrößerten sich Körper und Gehirn. Aus ihnen entwickelte sich der aufrecht gehende **Frühmensch**. Bei diesen Menschen wurden schon ein herausgebildeter Sprechmuskel und große Mahlzähne festgestellt. Sie lebten vor etwa 1,5 Millionen bis vor 40 000 Jahren. Mit ihnen begann die Steinzeit, weil sie für ihre Alltagsarbeit verschiedene Steinwerkzeuge benutzten.

T2 Vom Altmenschen zum Jetztmenschen

Neandertaler: Knochen und Steinwerkzeuge dieser Menschen wurden 1856 von Archäologen im Neandertal bei Düsseldorf gefunden. Diese Menschenart lebte vor ca. 130 000 Jahren und starb vor ca. 40 000 Jahren aus.

Aus den Frühmenschen bildeten sich in Europa die noch größeren **Altmenschen** heraus, zu denen auch der Neandertaler gehörte. Die Altersbestimmungen der Überreste ergaben, dass die Altmenschen bereits Sprachlaute nutzten.

Wechselndes Klima, wilde Tiere, Nahrungssuche, Feindschaften untereinander forderten die Menschen immer wieder heraus. So entwickelten sich – parallel zu den Altmenschen – in Afrika die **Jetztmenschen** vor etwa 100 000 Jahren. Sie verständigten sich durch eine Sprache, konnten schon mit Pfeil und Bogen jagen und Fallen stellen für Tiere. Außerdem lebten sie in größeren Gruppen. Sie bewohnten bereits Höhlen oder Hütten und teilten Arbeiten untereinander auf. Einige dieser Jetztmenschen wanderten im Laufe der Jahrhunderte aus Afrika über Asien nach Europa, weil sie bessere Lebensbedingungen suchten. Diese Jetztmenschen sind unsere Vorfahren.

1 *Stelle die Entwicklungsstufen des Menschen dar, indem du zu den einzelnen Menschentypen die Merkmale Körperbau, Gang, Sprache, Werkzeuge und Lebensweise vergleichst (T1, T2, M1).* Hilfe

2 *Gib die Gründe für die Weiterentwicklung des Menschen an (T1, T2).*

Faustkeil Schaber Speerspitze Sichel Dolch

M2 Werkzeuge und Waffen zum Überleben

T3 Stein – wichtigstes Werkzeug der Zeit

Die Frühmenschen lernten bereits, Werkzeuge und Waffen aus Steinen herzustellen. Deshalb wird diese Epoche auch Altsteinzeit genannt. Ein wichtiges Werkzeug war der Faustkeil, der meistens aus Feuerstein hergestellt wurde. Damit konnten die Menschen viele Tätigkeiten verrichten, die für ihr Überleben in der rauen Natur notwendig waren. Sie konnten mit dem Faustkeil Tiere töten, Fell von der Haut trennen, Holz bearbeiten, Pflanzen, Früchte und Fleisch schneiden. Es gab aber auch Werkzeuge aus Holz oder Knochen, wie z. B. den Speer oder eine Nadel. Diese Erfindungen sowie weitere Spuren ihres Zusammenlebens sind die ersten kulturellen Leistungen der Menschheit.

Altsteinzeit: früheste Epoche der Menschheitsgeschichte von ungefähr 2 000 000 bis ungefähr 9000 Jahre v. Chr.

kulturell/Kultur: von lat. „cultura", bezeichnet alles, was vom Menschen selbst geschaffen wurde – im Gegensatz zu dem, was unverändert in der Natur vorkommt

---

Mit Fingerspitzengefühl

Ein einzigartiger Fossilienfund aus Südafrika hat sich als möglicher neuer Urahn des Menschen entpuppt. Das zeigt die Untersuchung der zwei Millionen Jahre alten Skelettüberreste, darunter der ältesten vollständig erhaltenen Hand.
[Das Lebewesen] habe seine Hände zwar noch zum Klettern auf Bäumen nutzen können, gleichzeitig aber über die „Fähigkeit des menschlichen Präzisionsgriffs" verfügt.
... Die Hand weise einen prägnant langen Daumen und diverse weitere ... Kennzeichen auf, die für das Fertigen von Werkzeugen aus Stein nötig sind. ... Mit diesem Befund rücken die Fachleute auch jener Zeit näher, aus der die ältesten dokumentierten Steinwerkzeuge stammen: Vor rund 2,6 Millionen Jahren wurden sie hergestellt, aber bisher ist unklar, wer die Schöpfer waren.

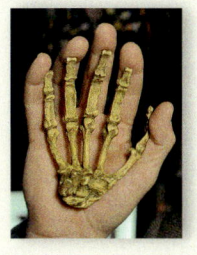

M3 Zeitungsbericht (Auszug) über einen neuen Skelettfund 2011

---

3 Begründe, warum die Steinzeitmenschen Werkzeuge und Waffen aus Stein zum Überleben brauchten, indem du auch beispielhafte Tätigkeiten aufschreibst (T3, M2).

4 Erkläre, warum die Wissenschaftler die erste große Epoche der Menschheitsgeschichte „Steinzeit" nennen (T1, T3, M2). *Bushaltestelle*

wahl 5 I Beschreibe genau, was die Wissenschaftler in Südafrika gefunden haben (M3).
II Erkläre, welche Erkenntnis die Forscher aus dem Fund in Afrika ableiten (M3).
III Ordne den Skelettfund (M3) in die Entwicklungsstufen des Menschen ein (T1, T2, M1, M3).

6 Stelle dar, warum Werkzeuge und Waffen erste „kulturelle Leistungen" darstellen (T3, M2).

M1 Leben in der Altsteinzeit (heutige Zeichnung)

Alltag in der Altsteinzeit – Jagen und Sammeln

T1 Zusammenleben in Gruppen

Die Menschen lebten in Gruppen von ungefähr 20–30 Personen zusammen. Sie wohnten in Höhleneingängen oder in einfachen Hütten aus stabilen Zweigen oder großen Knochen, die sie mit Fellen überzogen. Doch auf der Suche nach Nahrung oder nach wärmeren Gebieten blieben sie nicht lange an einem Ort. Sie wanderten wilden Tierherden hinterher. Oder sie brachen wieder auf, wenn sie nicht mehr genügend Nahrung fanden. Weil die Menschen immer unterwegs waren, werden sie Nomaden genannt.

WES-101633-202
Hörszene zur Jagd in der Steinzeit

T2 Aufgabenteilung

In den Gruppen gab es vermutlich eine klare Aufgabenteilung. Kräftige junge Menschen gingen auf die Jagd. Sie erlegten Tiere mit Pfeil und Bogen, Bumerang oder Speer. Manchmal fingen sie Tiere auch in Fallgruben, z. B. Wildpferde, Rentiere, Wisente oder Bären.
Schwächere oder ältere Menschen in der Gruppe sammelten Beeren, Nüsse, Pilze, Wurzeln, Pflanzen, Insekten und Vogeleier zum Essen. Sie fertigten aus Fellen warme Kleidung. Geschickte Menschen stellten aus den verschiedenen Körperteilen der erlegten Tiere zum Beispiel Werkzeuge, Behälter, Schnüre, Schmuck oder Spielzeug her.
Kinder übernahmen sicher Arbeiten, für die sie noch nicht so viel wissen oder Kraft aufbringen mussten, z. B. Brennholz sammeln, Feuer bewachen, Wasser holen, Holz schnitzen.

T3 Feuer – wichtig zum Überleben

Vermutlich hatten die Menschen das Feuer durch einen Blitzeinschlag kennengelernt. Später schafften sie es, mit Feuersteinen einen Funken zu entfachen. Damit entzündeten sie eine Flamme an trockenen Gräsern. Feuer wurde für das Leben in der Natur unverzichtbar. Es spendete Wärme, war eine Lichtquelle in der Dunkelheit, diente zum Garen von Nahrungsmitteln und vertrieb wilde Tiere. Das Feuer durfte nicht ausgehen.

1 *Nenne die Gründe für das Nomadenleben in der Altsteinzeit (T1).*
2 *Erkläre die Bezeichnung „Jäger und Sammler" für die Menschen der Altsteinzeit (T1, T2, M1).*
   Marktplatz

T4 Bedeutung der Tiere

Die Tiere lieferten den Menschen alles, was sie zum Überleben brauchten. Nicht nur ihr Fleisch war wertvolle Nahrung, sondern auch alles andere konnten die Menschen weiterverarbeiten.

M2 Rentier

Verwendung	Körperteile
Kleider	
Schnüre	
Nahrung	
Nähnadeln	
Kämme	
Nähgarn	
Zelte	
Schuhe	
Werkzeuge	
Behälter	

M3 Verwertung eines Rentiers

WES-101633-203
Interaktives Arbeitsblatt zur Verwendung der Jagdbeute

3. **I** Nenne typische Aufgaben in der Altsteinzeit (T2, M1).
   II Arbeite heraus, wie die Aufgaben in der Altsteinzeit geteilt wurden (T2, M1).
   III Begründe die Aufgabenteilung der Menschen in der Altsteinzeit (T2, M1).
4. Stelle die Bedeutung des Feuers für die Menschen in der Altsteinzeit dar (T3).
   Bushaltestelle
5. Übertrage die Tabelle M3 auf ein Blatt. Ordne den Gegenständen in der linken Spalte die Körperteile des Tieres zu, aus denen sie gemacht wurden (M2).
6. Erkläre, warum die Tiere für die Menschen früher so wichtig waren (T4, M1, M2, M3).
7. Wenn du dir vorstellen möchtest, wie lange die Altsteinzeit schon her ist, führe folgendes Experiment durch: Miss einen Bindfaden von 10 cm Länge ab. Stell dir vor, das ist die Zeit von Christi Geburt bis heute – also ca. 2000 Jahre. Rechne jetzt aus, wie lang der Bindfaden für 600 000 Jahre sein muss, und wickele einen so langen Bindfaden von einer Garnrolle ab. Lege ihn dann neben das 10-cm-Stück. Was stellst du fest?

M1 Malerei in der Höhle von Lascaux in Südfrankreich (etwa 17 000 Jahre alt)

Wir arbeiten in der Steinzeitwerkstatt

Aus der Altsteinzeit gibt es in vielen Höhlen noch Felszeichnungen, z. B. in Südfrankreich oder in Nordspanien. Oft wurden Jagdszenen an die Wände gemalt. Forscher vermuten, dass sie als Zauberei gedacht waren. Die Menschen wollten damit vielleicht ihr Jagdglück beschwören. Oder sie wollten Unglücksfällen bei der Jagd vorbeugen. Die Bilder könnten auch jungen, unerfahrenen Männern von den Situationen, Gefahren und Geheimnissen der Jagd erzählen.

Du kannst selbst zum Steinzeitkünstler werden, indem du Höhlenmalereien auf große Packpapierbögen abmalst.

Höhlenmalerei

Schritt 1 •
Materialien vorbereiten
→ Besorge dir große braune Packpapierbögen/-rollen. Vielleicht musst du einige Bögen zusammenkleben. Die Fläche kannst du auch gemeinsam mit Mitschülerinnen und Mitschülern gestalten.
→ Als Farben holst du dir Reste von Dachziegeln oder Ziegelsteinen und zerreibst diese in einem alten Topf zu rotem Staub. Genauso zerreibst du schwarze Holzkohlen und weiße Tafelkreide jeweils in einem eigenen Gefäß. Gib zu jedem Farbpulver in kleinen Mengen schrittweise Wasser, bis eine zähflüssige Farbmasse entsteht. Wenn du diese Möglichkeiten nicht hast, nimm deinen Tuschkasten.
→ Lege dir auch Bleistifte, Radiergummi sowie Pinsel bereit.

Schritt 2 ••
Künstlerisch gestalten
→ Zeichne einzelne Jagdmotive (vgl. M2).
→ Male dann mit den Farben Rot, Schwarz und Weiß deine Jagd- oder Tiermotive auf das Packpapier. Gestalte auch den Hintergrund.
→ Wenn die Malerei trocken ist, knittere die Bögen zusammen und streiche sie wieder glatt. Sie sehen dann faltig wie Felsen aus.

Schritt 3 •••
Werke präsentieren
→ Hänge deine Höhlenmalerei im Klassenraum auf.
→ Erkläre, was du gemalt hast und warum.
→ Wenn auch deine Mitschülerinnen und Mitschüler ihre Malereien aufgehängt und erklärt haben, sieht es in eurem Klassenraum aus wie in einer Höhle – besonders im Dunkeln im Schein einer Taschenlampe.

1 *Schaue dir in Büchern oder im Internet Höhlenmalereien an und male sie nach.*

M2 Schülerinnen und Schüler arbeiten in der Steinzeitwerkstatt.

Herstellung eines Faustkeils

Der Faustkeil war das wichtigste Werkzeug in der Altsteinzeit. Er war ein zweiseitig bearbeitetes Steingerät. Faustkeile hatten eine runde Basis. Die gegenüberliegende Seite war spitz und scharf. So konnten die Steinwerkzeuge gut in die Hand genommen werden, um mit der scharfen Spitze zu arbeiten.

Schritt 1 ●
Materialien bereitlegen und Arbeitsplatz vorbereiten
→ Besorge dir in einer Mineralienhandlung Feuersteine. Suche dir im Garten oder in der Natur einen harten Schlagstein. Auch dicke Arbeitshandschuhe und eine gut sitzende Schutzbrille brauchst du, damit du dich nicht verletzt oder Splitter in die Augen bekommst.
→ Suche dir einen geeigneten Platz zum Arbeiten: eine Werkbank, einen robusten Holztisch oder lege auf deinen Schultisch ein großes Küchenbrett und darunter Zeitungen.

Schritt 2 ●●
Handwerklich arbeiten
→ Schlage nun mit dem Schlagstein wie mit einem Hammer vom Feuerstein einzelne Stücke ab, sodass scharfe Kanten entstehen.
→ Bearbeite den Feuerstein so, dass er unten kugelig bleibt und nach oben immer spitzer wird.
→ Besorge dir fingerdicke Äste oder Holzleisten. Probiere aus, ob oder wie du mit deinem Feuerstein schneiden kannst. Vielleicht musst du ihn noch mehr schärfen.

Schritt 3 ●●●
Werkzeug im Einsatz zeigen
→ Zeige deinen Mitschülerinnen und Mitschülern, wie du mit deinem altsteinzeitlichen Werkzeug arbeiten kannst.
→ Vergleicht die Formen miteinander und findet heraus, warum einzelne Feuersteine besser schneiden als andere.

Durchblick aktiv

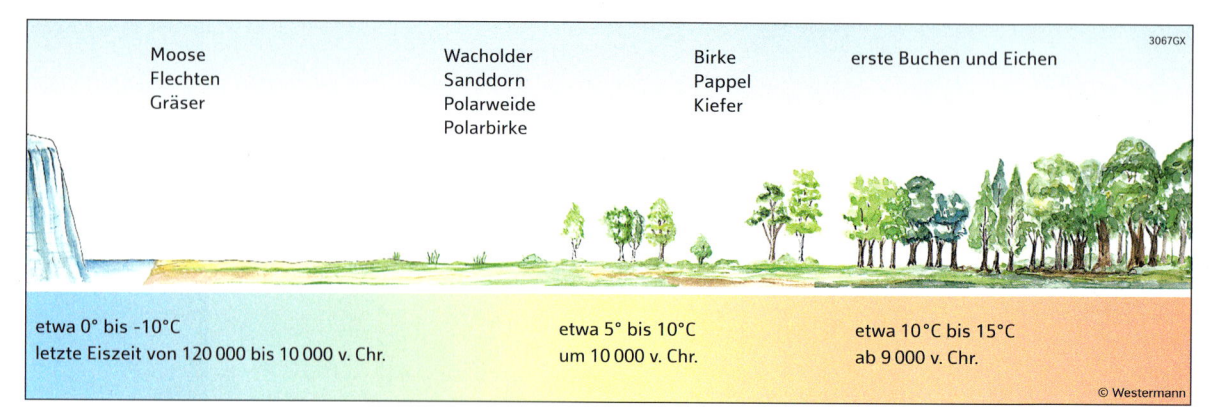

Moose	Wacholder	Birke	erste Buchen und Eichen
Flechten	Sanddorn	Pappel	
Gräser	Polarweide	Kiefer	
	Polarbirke		

etwa 0° bis -10°C — letzte Eiszeit von 120 000 bis 10 000 v. Chr.
etwa 5° bis 10°C — um 10 000 v. Chr.
etwa 10°C bis 15°C — ab 9 000 v. Chr.

M1 Veränderungen in der Pflanzenwelt

Leben verändert sich

T1 Wandel der Natur

Vor etwa 10 000 Jahren endete die letzte Eiszeit in Europa. Das Klima wurde wärmer. Von Asien bis Mitteleuropa schmolzen gewaltige Eisflächen. Große Laubwälder breiteten sich aus, in denen viele Arten von Beeren, Früchten, Nüssen und Pilzen wuchsen. Große Tiere, wie das Wollnashorn oder das Mammut, starben aus. In den Wäldern lebten jetzt Tiere, welche die Wärme brauchten, z. B. Auerochsen, Steinböcke, Wildschweine, Rehe, Hasen sowie kleinere Tier- und Vogelarten. Das Nahrungsangebot der Natur wurde reichhaltiger. Die Menschen mussten nicht mehr ständig auf Nahrungssuche gehen.

T2 Ackerbau

Irgendwann beobachteten die Menschen, dass aus essbaren Samen von Gräsern wieder neue Pflanzen wuchsen. Vielleicht hatte jemand die letzten Körner als Wintervorrat in einem Erdloch aufbewahrt und erlebt, dass im Frühjahr daraus neue Pflanzen wuchsen. Danach nutzten die Menschen ihr Wissen und wählten die Getreidesorten aus, die dicke Körner hatten und kräftig wuchsen. Aus diesen züchteten sie immer bessere Pflanzen. Damit begann der Ackerbau. Für die Menschen wurde es nun notwendig, an einem festen Ort zu bleiben, damit sie das Korn anbauen, ernten und trocken aufbewahren konnten. Aus den Getreidekörnern mahlten sie Mehl, welches sie zu Brei oder Brot verarbeiteten.

Aus herumziehenden Jägern und Sammlern wurden schließlich sesshafte Ackerbauern. Die Menschen blieben nun an einem Ort, wo sie wohnten und arbeiteten.

T3 Viehzucht

Die Menschen begannen auch, Wildtiere einzufangen. Sie fütterten und pflegten sie. So wurden aus wilden Ziegen, Ochsen oder Schweinen schließlich Haustiere. Durch die Viehzucht hatten die Menschen Fleisch, Felle, Wolle oder Milch. Auch Hunde lebten in der Jungsteinzeit schon bei den Menschen. Diese hatten sich aus gezähmten Wölfen entwickelt.

1 *Nenne die klimatischen Veränderungen vor ca. 10 000 Jahren und stelle deren Folgen dar (T1, M1, M2). Think – Pair – Share*

2 *Erkläre, warum aus herumziehenden Jägern und Sammlern sesshafte Ackerbauern und Viehzüchter wurden (T2, T3, M1).*

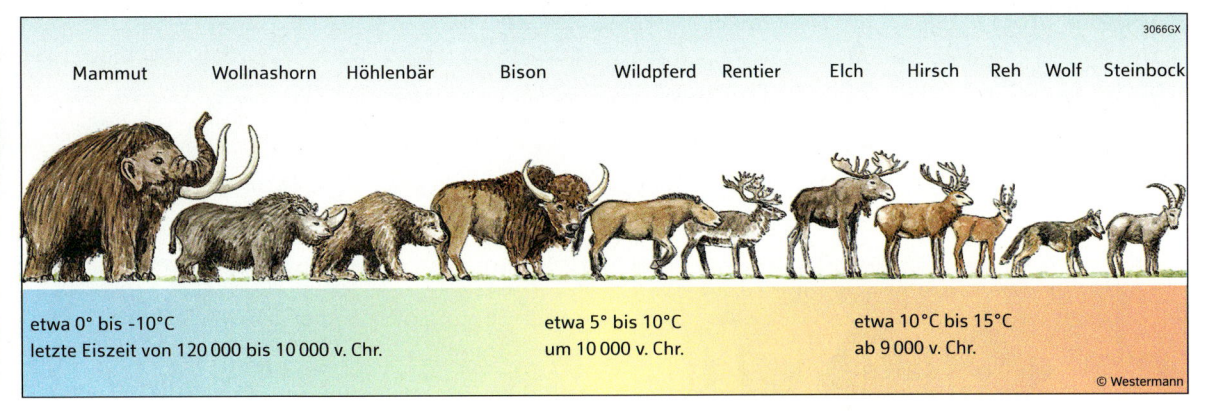

| Mammut | Wollnashorn | Höhlenbär | Bison | Wildpferd | Rentier | Elch | Hirsch | Reh | Wolf | Steinbock |

etwa 0° bis -10°C
letzte Eiszeit von 120 000 bis 10 000 v. Chr.

etwa 5° bis 10°C
um 10 000 v. Chr.

etwa 10°C bis 15°C
ab 9 000 v. Chr.

M2 Veränderung in der Tierwelt

T4 Leben in Häusern und Dörfern

Als die Menschen sesshaft wurden, schlossen sich mehrere Familien zu Dorfgemeinschaften zusammen. Die 20–40 Meter langen Häuser wurden aus Holz gebaut. Ein Gerüst aus dicken Pfosten trug das tief liegende Dach. Die Wände bestanden aus Holzgeflecht, das mit Lehm verstrichen war. Die Dächer wurden mit Zweigen, Gras oder Stroh gedeckt. Es gab Räume zum Wohnen, einen Vorratsspeicher und einen Stall. Ungefähr 20 Menschen und viele Tiere lebten in einem Wohnstallhaus zusammen. Die Menschen waren nun vor Hitze und Kälte, aber auch vor Stürmen, Unwettern und wilden Tieren geschützt. In den Siedlungen und konnten sie sich gegenseitig helfen. Häufig wurden die Siedlungen auf waldfreien Anhöhen oder an Flüssen errichtet.

Auch durch das Abholzen von Wald entstanden Flächen zur Anlage von Dörfern. Ab ca. 6000 v. Chr. siedelten Ackerbauer und Viehzüchter auch in Mitteleuropa an festen Orten. Diese neue Lebensform leitete die Jungsteinzeit ein.

> **Neolitische Revolution:**
>
> Während die Jäger und Sammler der Altsteinzeit auf der Suche nach Nahrung als Nomaden umherwanderten, um sich zu versorgen, ließen sich die Menschen der Jungsteinzeit als Ackerbauern und Viehzüchter an einen festen Ort nieder. Dieser **grundlegende Wandel in der Lebensweise** der Menschen wird als Revolution, also bedeutende Umwälzung, bezeichnet. Neolithisch bedeutet jungsteinzeitlich.

Jungsteinzeit:
Epoche der Menschheitsgeschichte von ca. 9000–3000 v. Chr.

M3 Pfostenlöcher einer Siedlung der Jungsteinzeit auf einem Luftbild

3 Stelle die Entstehung der Viehzucht dar (T3, M2).

4 I Nenne Vorteile des Wohnens in festen Häusern (T4, M3).
   II Vergleiche die Sesshaftigkeit (T2, T3, T4) mit dem Nomadenleben (S.32/33). Beschreibe dafür die Veränderungen von der Altsteinzeit zur Jungsteinzeit in den Bereichen Wohnen, Arbeiten, Gemeinschaft (T2, T3, T4, M1, M2, M3). Hilfe
   III Begründe, warum der Wechsel vom Nomadenleben zur Sesshaftigkeit einer der wichtigsten Schritte in der Menschheitsgeschichte war (T1–T4, M1, M2, M3).

M1 Leben in einer jungsteinzeitlichen Siedlung (heutige Zeichnung)

Alltag in der Jungsteinzeit

T1 Vorteile der Sesshaftigkeit

Mit der Sesshaftigkeit verbesserte sich das Leben für die Menschen in der Jungsteinzeit. Sie hatten durch Ackerbau und Viehzucht meistens genug zu essen, z. B. Getreide, Fleisch und Milch. Auch Vorräte wie Mehl, getrocknete Beeren, Nüsse konnten angelegt werden. Die Menschen waren in ihren Häusern geschützt. Die Siedlung war ein sicherer Platz zum Leben. In der Dorfgemeinschaft konnten sich die Menschen besser unterstützen und um Kinder, Alte und Kranke kümmern.

T2 Arbeitsteilung: der Beruf des Bauern

Die Arbeit in der Dorfsiedlung musste verteilt werden. Jeder musste Aufgaben übernehmen. Dabei erlernten oder entdeckten die Menschen ihre besonderen Fähigkeiten. Die Spezialisierung auf landwirtschaftliche Arbeiten, wie die Vorbereitung der Äcker, das Aussäen, die Ernte und das Dreschen des Getreides, aber auch die Zucht und Pflege des Viehs, brachte schließlich den wichtigen Beruf des Bauern hervor.

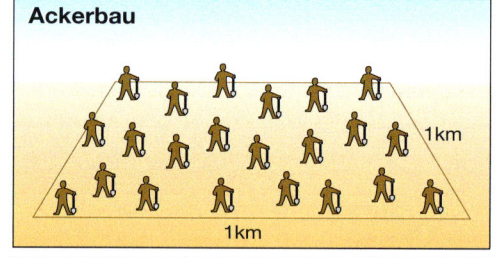

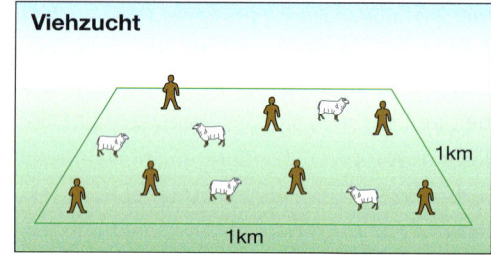

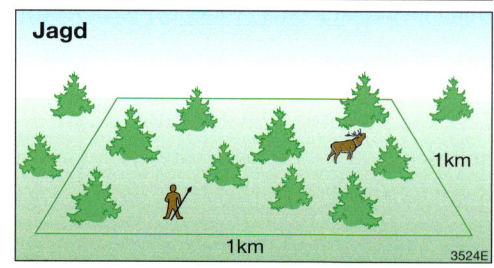

M2 Anzahl der Menschen, die von einem Quadratkilometer ernährt werden können

1. Stelle vier Vorteile der Sesshaftigkeit dar (T1, M1, M2).
2. Erkläre, warum sich in der Jungsteinzeit der Beruf des Bauers entwickelte (T2).
3. Gestalte eine schriftliche Erzählung aus der Sicht einer Person aus M1 über das Leben in der Jungsteinzeit (T1, T2, M1). Stühletausch Hilfe

T3 Entwicklung weiterer Berufe

Nicht alle Mitglieder der Dorfgemeinschaft wurden in der Jungsteinzeit für Ackerbau und Viehzucht gebraucht, um das tägliche Überleben zu sichern. So hatten sie Zeit, ihre besonderen Fähigkeiten zu nutzen. Für das Zusammenleben waren nämlich viele handwerklichen Arbeiten notwendig, aus denen sich im Laufe der Zeit weitere Berufe entwickelten. Einige Menschen stellten Werkzeuge und Waffen aus Holz, Steinen und Lederriemen her. Andere waren stark genug, das Holz für den Hausbau zu bearbeiten. Wieder andere verarbeiteten den Lehm für die Hauswände oder deckten die Dächer auf geschickte Weise mit Stroh. Manche Menschen entwickelten die Fähigkeit, Backöfen oder Töpferöfen zu bauen, Gefäße aus Ton zu formen oder Körbe aus Reisig zu flechten. Sie lernten, Mehl zu mahlen und Brot zu backen, Felle zu Kleidung und Schuhen zu verarbeiten, aus Wolle Fäden zu spinnen, Stoffe aus Wollfäden zu weben, Schmuck aus Steinen, Muscheln oder Knochen zu fertigen sowie Zäune oder Wege zu bauen. Auch Tiere wurden abgerichtet. Der Hund half beim Jagen oder Hüten der Herde. Rinder zogen den Pflug durch den Acker.

Getöpfertes Gefäß (Keramik) aus der Jungsteinzeit

M3 Leistungen der Viehzüchter: vom Wildtier zum Haustier

4. I Nenne zehn verschiedene Tätigkeiten in der Jungsteinzeit (T2, T3, M1, M2, M3).
   II Erkläre, wie es in der Jungsteinzeit zur Arbeitsteilung kam (T2, T3, M1, M2, M3).
   III Erläutere, wie Arbeitsteilung und Berufe das Leben in der steinzeitlichen Gesellschaft veränderten (T1, T2, T3, M1, M2, M3).
5. Überlege und stelle die Arbeitsschritte zur Herstellung eines Keramikgefäßes dar (T3, M1).
6. Beschreibe die Veränderungen bei der Zucht vom Wildtier zum Haustier (M3). **Hilfe**
   👥 Partnervortrag

M1 Steinbohrer aus der Jungsteinzeit mit durchbohrten Axtköpfen (Rekonstruktion)

Die Sichel wurde aus Holz und geschliffenen Feuersteinklingen mit Birkenpech zusammengesetzt. Damit konnten die Menschen die Kornähren schneiden, anstatt diese auszureißen.

M2 Sichel aus der Jungsteinzeit (Rekonstruktion)

Erfindungen in der Jungsteinzeit

T1 Technische Geräte

Da die Menschen nicht mehr täglich für ihr Überleben sorgen mussten, konnten sie sich Gedanken machen: Wie lassen sie sich die schwere Arbeit beim Fällen von Bäumen, beim Bestellen der Felder, beim Hausbau erleichtern?

Neben ersten Werkzeugen wie Steinbeilen und Sicheln entwickelten kluge Köpfe z. B. einen Steinbohrer. Damit konnten Löcher durch Steine gebohrt werden. Es dauerte ungefähr 70–100 Stunden, bis ein glattes, rundes Loch mithilfe von feinem Sand, Wasser und einem Röhrenknochen durch einen vier Zentimeter dicken Stein gebohrt worden war. Durch das Loch wurde ein Holzstiel gesteckt. So entstand eine Axt zum Fällen von Bäumen.

Nachdem die Menschen herausgefunden hatten, wie man aus einem Klumpen Schafwolle aus kleinen Strähnen dünne, feste Fäden drehen oder spinnen konnte, erfanden sie den Webstuhl. Um eine obere Querstange spannten sie dicht nebeneinander die Kettfäden. Mit einer Holznadel führten sie dann einen langen Schussfaden durch die gespannten Kettfäden, und zwar so, dass diese abwechselnd oben und unten lagen. So konnten feste Stoffe zur Fertigung von Decken oder Kleidung hergestellt werden.

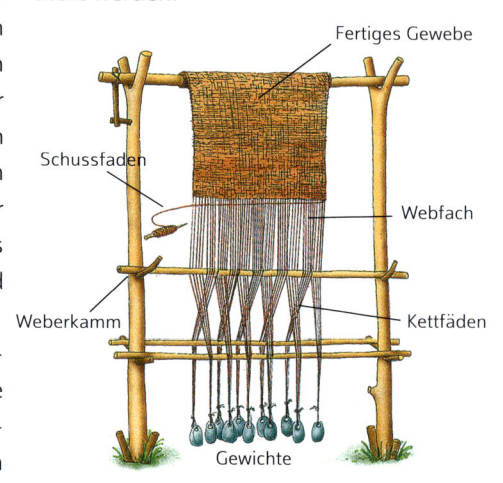

M3 Webstuhl aus der Jungsteinzeit

Leben in ur- und frühgeschichtlicher Zeit

M4 Hakenpflug aus der Jungsteinzeit (Rekonstruktionszeichnung)

M5 Räder und Wagen aus der Jungsteinzeit (Rekonstruktion)

T2 Der Pflug

Um den Ackerboden bearbeiten zu können, wurde von den Menschen der Jungsteinzeit der Hakenpflug entwickelt. Von einem Tier wurde eine dicke Astgabel mit ihrer kurzen Seite durch die harte Erde gezogen, während ein Mensch die lange Seite des Astes in die Erde drückte. Dadurch entstanden Furchen, die den Boden auflockerten. In die Erdrinnen konnten dann auch die Getreidekörner gleichmäßig ausgesät werden.

T3 Erste Fahrzeuge

Um Waren über weite Strecken transportieren zu können, erfanden die Menschen vor etwa 5000 Jahren Räder und Wagen. Um die schweren Gefährte leichter und schneller bewegen zu können, setzten sie Zugtiere ein.

Nach neuesten historischen Erkenntnissen fertigten die Menschen aus Baumstämmen, die sie in Scheiben sägten, ihre Räder. Wagen mit solchen Rädern konnten bis zu 500 kg schwere Waren oder Materialien transportieren.

1. *Begründe, warum die Menschen in der Jungsteinzeit neue, hilfreiche Erfindungen machten (T1).*
2. *Nenne typische Werkzeuge und technische Geräte der Jungsteinzeit (T1, M1, M2, M3).*
3. *Vermute, warum die Menschen in der Altsteinzeit noch keinen Steinbohrer oder Webstuhl erfanden (T1, M1, M2, M3).* *Think – Pair – Share*
4. I *Erkläre, wie ein technisches Gerät oder ein Fahrzeug aus der Jungsteinzeit funktioniert (T1–T3, M1–M5).*
   II *Stelle die Vorteile eines Steinbohrers, eines Webstuhles, eines Hakenpfluges oder eines Wagens dar (T2, T3, M4, M5).*
   III *Beurteile, welche Bedeutung die Erfindungen der Jungsteinzeit für die Entwicklung der Menschheit hatten (T1–T3, M1–M5).*
5. *Stell dir vor, du benutzt als jungsteinzeitlicher Mensch zum ersten Mal einen Wagen, z. B. um Holzstämme aus dem Wald zu transportieren. Schreibe eine kurze Erzählung auf.*
6. *Nenne zehn technische Geräte oder Erfindungen, die dein Leben erleichtern.*
   Kugellager

M1 Megalithanlage bei Osnabrück

Rätsel der Jungsteinzeit

T1 Bauwerke aus Stein

Die ältesten Bauwerke in Europa sind riesige Anlagen aus großen, unbehauenen Steinblöcken, Megalithe genannt. Sie wurden etwa in der Zeit von 6000–2000 Jahren v. Chr. errichtet. In England stehen aus dieser Zeit große Kreise aus Megalithen mit Toren, wie z. B. bei Stonehenge. In Frankreich gibt es an manchen Orten noch lange Reihen aus riesigen Hinkelsteinen, den sogenannten Menhiren. Und auch in Niedersachsen finden sich erhaltene Steintische, Dolmen, die aus 300 kg schweren Steinblöcken bestehen.

Der Bau solcher Anlagen musste gut organisiert werden. Dazu benötigten die Menschen bautechnische Kenntnisse und mussten die Arbeitsschritte gut planen. Für die Ausführung waren viele starke Arbeiter nötig.

T2 Bedeutung der Steinanlagen

Kultstätte: geheiligter, oft landschaftlich-markanter Ort, an dem Gottheiten verehrt wurden

Wissenschaftlerinnen und Wissenschaftler vermuten, dass einige große Steinanlagen aus der Jungsteinzeit als Kultstätten errichtet wurden. In den kreisförmig angelegten Bauwerken aus Megalithen verehrten sie vielleicht die Sonne. Durch bestimmte Öffnungen zwischen den Steinen fielen nämlich die Strahlen zur Sommer- und Wintersonnenwende genau in die Mitte des Kreises. So konnten sie wie mit einem Kalender den richtigen Zeitpunkt zur Aussaat des Getreides bestimmen.

1. *Nenne Arten von Großsteinbauten mit Fachbegriffen und Fundstellen (T1, M1).*
2. *Beschreibe, was die Menschen wissen und können mussten, um Großsteinbauten zu errichten (T1, T2, M1).*
3. *Formuliere die Vermutung der Wissenschaft zur Bedeutung der Großsteinbauten (T2, M1).*
   Think – Pair – Share

M2 Der Bau eines Großsteingrabes (heutige Zeichnungen und Foto des heutigen Zustands)

T3 Gräber der Jungsteinzeit

Archäologinnen und Archäologen fanden in manchen Steinanlagen auch Grabkammern mit Überresten mehrerer Personen. Vielleicht waren es die Anführer oder die Ältesten einer Gemeinschaft gewesen. Da die Menschen offenbar große Achtung vor ihren Toten hatten, sollten sie möglicherweise in den Gräbern geschützt werden. Außerdem fanden die Forscher Grabbeigaben wie Steinbeile, Messer, Schmuck sowie Tongefäße mit Nahrung.

Die Toten wurden häufig auf einer Seite liegend ins Grab gelegt. Das Gesicht schaute dabei in Richtung der aufgehenden Sonne. Viele Tote wurden auch mit angewinkelten Beinen und Armen bestattet. Sie saßen also in der Hocke. Es wurden auch gefesselte Tote gefunden. Vielleicht wollten die Menschen verhindern, dass die Toten wieder ins Leben zurückkehrten.

Über den Glauben der Menschen in der Jungsteinzeit können nur Vermutungen angestellt werden: Stellten sie sich ein Leben nach dem Tod vor? Hatten sie Angst vor bösen Geistern? Wollten sie die Götter gnädig stimmen?

4 Beschreibe die wichtigsten Arbeitsschritte beim Bau eines Großsteingrabes (T3, M2).
5 Formuliere, welche Menschen in der Jungsteinzeit begraben wurden (T3).
6 Nenne mögliche Gründe für die Bestattung von Toten in der Jungsteinzeit (T3).
7 I Zähle die Grabbeigaben und ihre Alltagsfunktion auf (T3).
　II Vermute, warum die Grabbeigaben den Toten mitgegeben wurden (T3).
　III Arbeite heraus, worauf die Vermutungen zum Glauben der Jungsteinzeitmenschen basieren (T3).
8 Erkläre, warum die Steingräber ein typisches Kennzeichen der Jungsteinzeit sind (T2, T3, M1, M2). Marktplatz

WES-101633-204
Erklärvideo zu Ötzi

M1 Mumienfund im Eis der Ötztaler Alpen (Foto 1991)

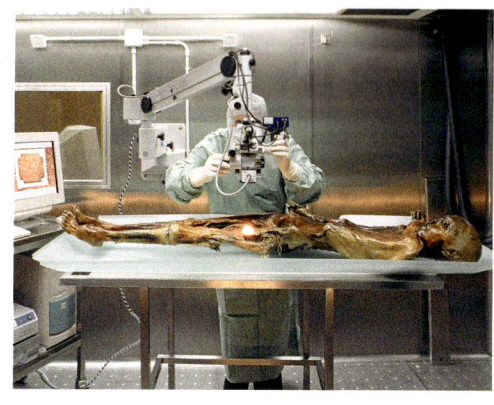

M2 Untersuchung der Gletscherleiche in einem Labor (Foto 2010)

Ötzi – eine archäologische Sensation

T1 Gletschermann im ewigen Eis

Im Jahre 1991 fanden Wanderer in den Ötztaler Alpen/Südtirol im Gletschereis auf 3200 m Höhe eine Leiche. Schnell stellten Ärzte und Wissenschaftler fest, dass der Gletschermann der älteste komplett erhaltene Körper ist, der je außerhalb eines Grabes entdeckt wurde. Der Mann, der ungefähr 1,60 Meter groß und 50 kg schwer war, ist offensichtlich direkt aus dem Leben gerissen worden. Er trug nämlich Alltagskleidung und eine Ausrüstung für eine längere Tour. Wohin war er unterwegs? Und warum ist er dabei umgekommen?

WES-101633-205
Hörszene zu Ötzi

M3 Rekonstruktion des Ötzi: So könnte er ausgesehen haben.

a) Dolch
b) Axt
c) Köcher mit Pfeilen
d) Behälter aus Birkenrinde
e) Dolchscheide aus Bast

1 *Erkläre, warum Ötzi eine Sensation – also ein ganz besonderer Fund – ist (T1, M1, M2, M3).*
Placemat

2 *Suche im Atlas, wo man Ötzi fand, und nenne größere Orte in der Nähe (T1, M1).*

3 *Ordne die Bezeichnungen der Ausrüstungsgegenstände a) – e) den Bildern 1–5 zu und schreibe dazu, wofür Ötzi die Werkzeuge oder Waffen brauchte (T1, M2).*

4 *a) Nenne mindestens vier Kleidungsstücke, die Ötzi trug (M3).*
b) Vermute, warum er diese angezogen hatte.

Leben in ur- und frühgeschichtlicher Zeit

T2 Ötzis Geheimnis auf der Spur

Die Wissenschaftler untersuchten den Körper und die Gegenstände des Gletschermannes gründlich. Dabei machten sie viele interessante Entdeckungen, die etwas über Ötzis Lebenssituation und die Gründe für seinen Tod verraten.

a) Der Gletschermann trug einen Dolch mit einer Feuersteinklinge sowie eine Dolchscheide aus Gräsern bei sich, die typisch für die Jungsteinzeit waren. Das Beil hatte jedoch eine Klinge aus Metall, nämlich aus purem Kupfer. Ab 3500 v. Chr. wurde Kupfer von Menschen in den Zentralalpen in Kupfererzbergen abgebaut und z. B. zur Waffenherstellung verarbeitet.
Wie alt muss die Leiche also ungefähr sein? Wann hat Ötzi ungefähr gelebt?

b) Man weiß heute, dass die wertvollen Kupferbeile nur von Kriegern oder Anführern einer Sippe getragen wurden.
Welche Rolle spielte Ötzi in seiner Gemeinschaft?

c) Im Magen der Leiche fanden die Wissenschaftler Korn, Fleisch und Gemüse.
Was sagt das über die Ernährungsweise des Mannes aus?

d) Die Zähne des Gletschermannes waren sehr abgewetzt, seine Gelenke waren abgenutzt, seine Blutgefäße verkalkt.
In welchem Lebensalter befand sich der Mann?

e) Auf dem Rücken, am Knie, an den Beinen und Füßen besaß der Körper Tätowierungen in Form von Strichbündeln, die mit Holzkohle angebracht worden waren. Forscher wissen heute, dass Tatoos nicht nur als Schmuck, sondern auch zur Behandlung von Krankheiten dienten.
Was sagen die Tätowierungen über den Gesundheitszustand des Eismannes?

f) Ötzi trug eine einfache Steinscheibe aus hellem Marmor an einem Lederriemen um den Hals – vielleicht als Talisman. Am Riemen hingen außerdem weitere Lederbänder, die möglicherweise Ersatz- oder Reparaturmaterial waren.
Mit welchen Gedanken oder Vorstellungen verließ der Mann wohl seine Heimat?

g) Ein länglicher Fellköcher aus Rehhaut enthielt 14 Pfeile, wovon nur zwei eine Feuersteinspitze hatten. Auch der Bogen war noch nicht fertig.
Wie gründlich oder lange hatte Ötzi wohl seine Wanderung über die Berge geplant? Wie war er aufgebrochen?

h) In einem Birkenrinden-Gefäß befanden sich frisch gepflückte junge Ahornblätter.
Zu welcher Jahreszeit ist der Eismann also unterwegs gewesen?

i) Erst zehn Jahre nach dem Fund entdeckten Forscher in Röntgenbildern eine Pfeilspitze aus Feuerstein zwei Zentimeter tief im linken Schulterbereich. Außerdem hatte er an einer Hand eine nicht verheilte Schnittwunde.
Wie starb Ötzi?

M4 Fragen zu dem Gletschermann

5 Stell dir vor, du willst als Geschichtsforscher Ötzis Geheimnis mit den Hinweisen aus M4 auf die Spur kommen. Nutze auch den Webcode in der Randspalte.
- I Suche dir drei Fragen aus. Begründe deine Antworten, die du findest.
- II Begründe deine Antworten auf die Fragen a) – i).
- III Recherchiere mithilfe der vorliegenden Informationen Antworten auf die Fragen und gestalte einen Bericht für die Zeitung über den Gletschermann, in welchem du auch deine Vermutungen über die Gründe für seine Wanderung und seinen Tod formulierst (T1, T2, M1–M4).

WES-101633-206
Website über die Gletschermumie Ötzi

① Erzgänge werden mit Feuer und Wasser rissig gemacht; danach werden die Brocken herausgeschlagen.
② Die Brocken werden weiterzerkleinert und erzhaltige Gesteine von anderen getrennt.
③ Die Erzbrocken werden in Körben gesammelt und nach oben transportiert

M1 Abbau von Erzen im Bergwerk um 1700 v. Chr. (heutige Zeichnung)

Von der Steinzeit zur Metallzeit

T1 Metalle als Werkstoff

Um 7000 v. Chr. fanden die Menschen beim Schlagen von Gestein heraus, dass im Stein glänzende Schichten enthalten waren. Das waren Metalle. Sie erhitzten diese sogenannten Erze mit Feuer, bis flüssiges Metall, nämlich Kupfer oder Zinn, aus dem Gestein herausfloss. Wenn das Metall kalt wurde, nahm es wieder eine feste Form an. Nach dieser Entdeckung schmolzen die Menschen metallhaltiges Gestein in einfachen Schmelzöfen bei sehr hohen Temperaturen. Das flüssige Metall gossen sie in Formen und ließen es erkalten. Diese Metallstücke ließen sich später schmieden, nachdem sie erneut erhitzt worden waren. Im weichen Zustand konnte das Metall mit dem Hammer bearbeitet und dadurch geformt werden. So entstanden Metallklingen, Schmuck, Nägel, Töpfe, Räder etc.
Danach schlugen die Menschen gezielt Erze aus Höhlen oder unter der Erde heraus. Damit begann der Bergbau.

WES-101633-207
Interaktives Arbeitsblatt zu einem Bergwerk in der Metallzeit

T2 Bronzezeit

Schnell erkannten die Menschen, dass Metallwerkzeuge den Steinwerkzeugen überlegen sind. Metall lässt sich besser formen. Metallgegenstände können schneller in großen Mengen und in gleicher Größe hergestellt werden. Klingen aus Metall können auch besser geschärft werden. Wenn ein Metallgegenstand kaputtgeht, kann man ihn einfach einschmelzen und neu formen.

Für Waffen war das Metall Kupfer jedoch zu weich. Die Menschen fanden heraus, dass Mischungen aus einem Teil Zinn und neun Teilen Kupfer ein neues, sehr hartes Metall ergeben: Bronze. Dieses Metall setzte sich zur Herstellung von Alltagsgegenständen, Werkzeugen und Waffen durch. Deshalb wird die Zeit nach der Jungsteinzeit auch Metall- oder Bronzezeit genannt.

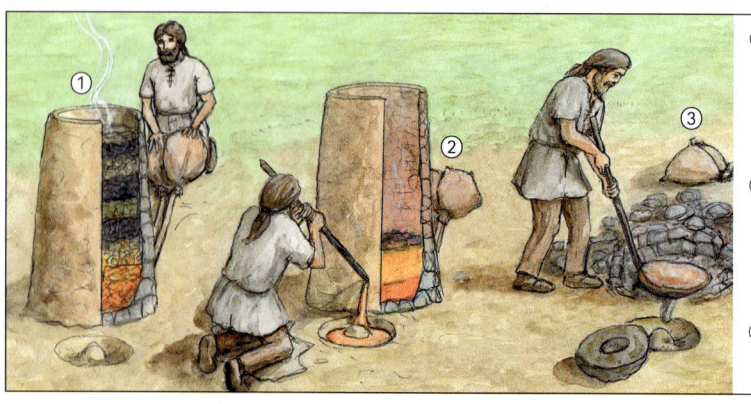

① Der Ofen wird mit Kupfererz und Holzkohle gefüllt, das Feuer mit einem Blasebalg angefacht.
② Flüssiges Kupfer (ca. 1 100 °C) setzt sich ab, Abstechen der Schlacke (Rückstände)
③ Kupfer wird entnommen.

M2 Kupferschmelzofen (heutige Zeichnung)

M3 Beruf des Schmieds (heutige Zeichnung)

M4 Werkzeuge, Schmuck und Waffen aus der Bronzezeit

T3 Entstehung neuer Berufe

Die Menschen, die das Metall verarbeiten, wurden zu Spezialisten. Sie waren angesehene Leute. Denn der Abbau des Erzgesteins, das Herausschmelzen der Metalle und die Verarbeitung von Kupfer und Zinn erforderten viel Wissen, Können und Erfahrung. So entstanden weitere Berufe: Bergleute, Schmelzer, Köhler, Kupfer- und Bronzegießer, Schmied. Diese Berufsgruppen konnten deshalb nicht noch für den Lebensunterhalt sorgen. Die Arbeit in der Landwirtschaft, beim Hausbau oder für das tägliche Wohl mussten nun andere für sie übernehmen. Dafür besaßen die Menschen einer Dorfgemeinschaft durch das Können der Spezialisten nun bessere Werkzeuge, nützliche Haushaltsgegenstände und wirksamere Waffen.

Gießer: fertigen Gussformen aus Sand oder Erde an und gießen flüssiges Metall (Schmelze) hinein; sind die Werkstücke abgekühlt, entfernen sie die Formen

T4 Entwicklung des Handels

Durch bessere Anbaumethoden und Werkzeuge erwirtschafteten die Bauern mehr Getreide oder andere Ackerfrüchte, als sie selbst brauchten. Auch die Schmiede stellte mehr Dinge her, als in der Dorfgemeinschaft nötig waren. So konnten die Menschen mit den Erzeugnissen, die sie übrig hatten, Handel betreiben. Metallgegenstände waren sehr begehrt und wertvoll. Es gab noch kein Geld, aber Waren aus anderen Siedlungen. Darum tauschten die Menschen überschüssige Erzeugnisse gegen Dinge aus benachbarten Dörfern ein. So entstand der Beruf des Händlers. Wichtige Handelsstraßen wurden angelegt, damit die Händler auf befestigten Wegen ihre Wagen ziehen konnten. Sie lernten andere Gegenden kennen und erfuhren dabei Neuigkeiten. Bei der Durchreise fanden sie Schutz in fremden Siedlungen.

1. Erkläre, wie Erz aus einem Bergwerk gewonnen wurde (T1, M1). **Hilfe**
2. Stelle in vier Schritten dar, wie aus Kupfererz z. B. eine Messerklinge hergestellt wurde (T1, M2, M3). **Hilfe**
3. Benenne drei Vorteile von Metallwerkzeugen gegenüber Steinwerkzeugen (T2).
4. Erläutere, was Bronze ist (T2).
5. Begründe, warum Historiker mit der Metallzeit von einem neuen Zeitalter sprechen (T1–T4).
   Placemat
6. Erkläre, wie der Handel entstand (T4).
7. I Nenne vier neue Berufe, die in der Metallzeit entstanden, und stelle ihre Aufgaben dar (T1, T3, T4, M1, M2, M3).
   II Formuliere zwei Vorteile einer Spezialisierung am Beispiel eines Berufes (T1, T3, T4, M1, M2, M3, M4).
   III „Die Arbeitsteilung erleichterte das Leben." Nimm Stellung zu dieser Aussage und begründe dein Ergebnis (T3, T4, M3).
8. Diskutiert Vor- und Nachteile der Berufstätigkeit des Händlers gegenüber anderen Berufen (T4).

M1 Werkzeuge und Waffen aus der Eisenzeit

M2 Eisenhelm mit Goldverzierung (4. Jh. v. Chr.)

Entdeckung eines neuen Metalls

T1 Beginn der Eisenzeit

Über 2000 Jahre blieb Bronze ein wichtiger Werkstoff. Beim Gebrauch verbogen Waffen und Werkzeuge allerdings recht schnell. Um 800 v. Chr. entdeckten die Menschen beim Bergbau ein anderes Metall: Eisen. Es war härter und haltbarer als Kupfer, Zinn oder Bronze. Wie alle Metalle wurde Eisen aus erzhaltigem Gestein herausgeschmolzen. Dann goss man es in Formen. Schmiede verarbeiteten die Eisenstücke weiter. Sie erhitzten das Eisen über einem Holzkohlefeuer, bis es glühte. Dann brachten sie das weiche Metall durch Hammerschläge in die gewünschte Form. So entstanden aus Eisen viele nützliche Alltagsgegenstände wie Messer, Klingen, Sicheln, Hämmer, Beile, Räder, Ketten, Schalen. So erleichterten auch scharfkantige und harte Eisenpflüge die Arbeit auf den Feldern.

Eisengegenstände zur Verteidigung, wie Schwerter und Dolche, waren stichfester als Bronzewaffen. Eisenhelme boten einen guten Schutz im Kampf.

Eisenwaren waren auch wertvolle Handelsgüter. Im Tausch gelangten die Menschen an andere wertvolle Waren wie Stoffe, Keramik, Silberschmuck, Wein.

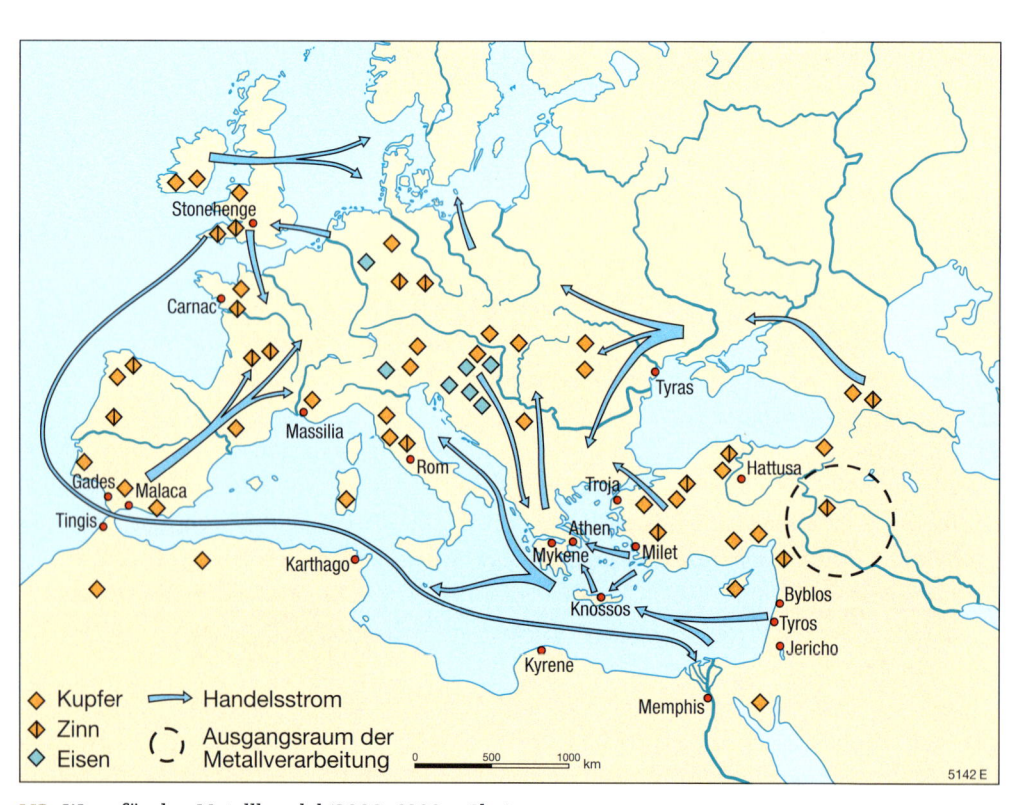

M3 Wege für den Metallhandel (3000–6000 v. Chr.)

M4 Grab eines keltischen Fürsten, entdeckt in Hochdorf bei Stuttgart (Rekonstruktion)

T2 Kelten: Ein Volk in der Eisenzeit

In einigen Gebieten des heutigen Deutschlands siedelten in der Eisenzeit, ab dem 5. Jh. v. Chr., die Kelten. Sie lebten in großen Stammesverbänden. Diese Gemeinschaften wohnten oft weit verstreut voneinander. Meist wurden sie von einem Fürsten angeführt. Die Kelten glaubten an Götter. Sie hatten auch schon Priester: die Druiden. Diese wichtigen Persönlichkeiten kannten bereits medizinische Heilkünste. Manche beherrschten auch die Sternenkunde. Außerdem übernahmen die Druiden Aufgaben als Richter oder Erzieher und überwachten Opferfeiern für die keltischen Götter. Die Kelten versenkten z. B. kunstvoll hergestellte Bronzefiguren in Flüssen, Seen oder Mooren. Vermutlich glaubten sie an ein Leben nach dem Tod.

Hoch angesehene Kelten wurden in Grabkammern unter Hügeln begraben. In ihren Gräbern befinden sich neben kunstvoll angefertigten Waffen, Schmuckstücken und Werkzeugen aus Eisen oder anderen Metallen auch Ess- und Trinkgefäße mit Nahrungsresten. Auch kunstvolles Zaumzeug der wertvollen Reittiere gaben die Kelten einigen Verstorbenen mit ins Grab.

Druiden:
Wichtigste Gruppe in der keltischen Gesellschaft, da sie Wissende und Religionsführer waren.

WES-101633-208
Hörszene zu den Glaubensvorstellungen der Kelten

1. Nenne fünf Gegenstände aus Eisen und zeichne diese dazu (T1, M1, M2).
2. Erkläre, wie aus Eisenerz ein Eisenschwert hergestellt wurde (T1).
3. Betrachte die Karte M3. Schau dir an, was die Zeichen (links unten) bedeuten. Nimm deinen Atlas zur Hand.
   I   Gib an, in welchen heutigen Ländern der „Ausgangsraum der Metallverarbeitung" liegt.
   II Finde heraus, welche Metalle im heutigen Deutschland vorkamen und in welches europäisches Land die Menschen aus dem heutigen Deutschland ihre Metallerzeugnisse brachten.
   III Benenne drei heutige Länder Europas, von denen besonders viele oder weite Handelsströme ausgingen. Formuliere eine Vermutung für den Grund.
4. Schreibe einen „Steckbrief" zur Lebensweise der Kelten (Zeit, Raum, Gemeinschaften, Anführer, Religion, ...) (T2, M4).
5. Liste sieben Gegenstände auf, die du in der Grabkammer des Fürsten erkennst (M4).
6. Denke dir in der Rolle eines Druiden eine religiöse Ansprache bei der Versenkung einer Bronzefigur im Moor aus (T2). *Partnervortrag*

Aus Sachquellen Informationen gewinnen

Sachquellen sind Gegenstände aus vergangenen Zeiten, die bis heute mehr oder weniger gut erhalten sind. Aus diesen Quellen können Informationen über die Entstehung und Verwendung abgeleitet werden. Außerdem verraten Sachquellen, was die Menschen alles schon wussten, besaßen oder konnten, um die Dinge herzustellen. Sachquellen werden auch gegenständliche Quellen genannt. Je weiter Forscher in die Vergangenheit zurückgehen, desto schwieriger ist es, solche Quellen zu finden.

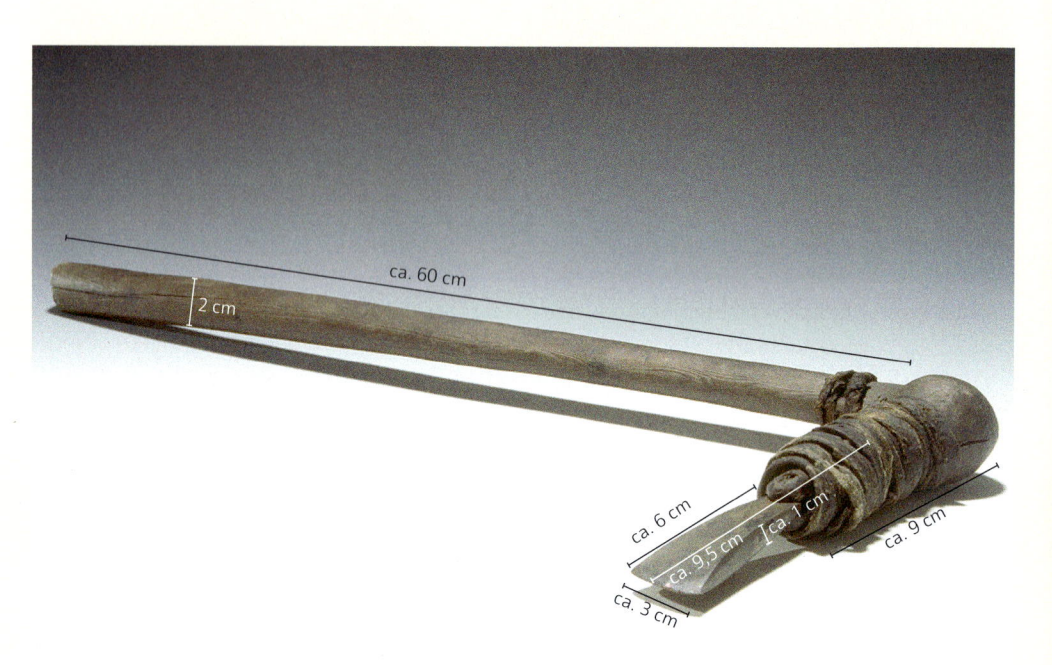

M1 Die Kupfer-Axt, die bei Ötzi gefunden wurde (Nachbildung)

Schritt 1 ●
Sachquelle beschreiben
→ Betrachte die Sachquelle genau.
→ Benenne den Gegenstand.
→ Beschreibe das Aussehen des Gegenstandes genau (Form, Größe, Materialien, …).

Schritt 2 ●●
Sachquelle untersuchen
→ Kläre oder vermute, aus welcher Zeit/ Epoche der Gegenstand vermutlich stammt. Begründe deine Feststellung.
→ Ermittle, wer den Gegenstand benutzte.
→ Stelle fest, wozu der Gegenstand gebraucht werden konnte (Funktion).

Schritt 3 ●●●
Sachquelle einordnen
→ Stelle fest, was die Quelle über die Lebensweise der Entstehungszeit verrät. (Was besaßen, wussten und konnten die Menschen? Wie arbeiteten und lebten sie? Wie nutzten sie die Natur? Wie war das Klima? Welche Probleme hatten sie?)
→ Vermute, welche Bedeutung der Gegenstand für den Besitzer hatte.
→ Überprüfe, ob es heute noch solche Gegenstände gibt oder durch welche Werkzeuge, Geräte oder Maschinen sie abgelöst wurden.

Musterlösung zu M1:

Schritt 1 •

→ ... genaue Betrachtung von allen Seiten.
→ Die Sachquelle ist die vollständig erhaltene Axt, die der Gletschermann Ötzi bei sich trug, als er in den Bergen unterwegs war.
→ Die Axt besteht aus einem ca. 2 cm dicken, rechtwinkligen Holzstiel. Die lange Seite, der Griff, misst ca. 60 cm, das kurze Stück ca. 9 cm. Das offene Ende der kurzen Seite ist gespalten; im Spalt steckt eine glänzende Kupferklinge. Mit einer Schnur aus Leder ist das Holz mit der Klinge stramm umwickelt und am Stil festgebunden worden. Die Gesamtlänge der Klinge beträgt ca. 9,5 cm. Das sichtbare Ende der Klinge ist ungefähr 6 cm lang, ca. 3 cm hoch und 1 cm stark. Am Stiel ist die Klinge dick und stumpf. Außen dagegen ist sie scharfkantig – fast wie ein Messer.

Schritt 2 ••

→ Die Axt muss aus der Metallzeit stammen, da die Klinge aus Kupfer ist. Damit ist der Gegenstand über 5000 Jahre alt, denn die Zeit der Kupfergewinnung begann in Mitteleuropa ungefähr 4000 v. Chr.
→ Der Gegenstand wurde von einem Mann benutzt, der ihn mit auf Wanderschaft über die Alpen nahm.
→ Ötzi konnte mit der Axt Bäume fällen, um Feuerholz zu haben. Auch eine Höhle oder ein Loch in der Erde konnte er mit der Axt freischlagen. Die Axt konnte genauso zur Verteidigung gegen angreifende Tiere oder Menschen dienen.

Schritt 3 •••

→ Die Sachquelle verrät, dass die Menschen vor ca. 5000 Jahren Metall gewinnen, schmieden und daraus Werkzeuge oder brauchbare Waffen herstellen konnten. Es gab offensichtlich Menschen, die gute Handwerker waren. Sie verarbeiteten das Holz der Bäume, z. B. zum Hausbau, mit Äxten.
→ Für den Besitzer war die Axt ein wichtiger Gegenstand, der ihm Sicherheit gab. So konnte er allein zurechtkommen. Dass er eine Axt besaß, deutet auf eine höhere Stellung hin.
→ Heute wird Holz immer noch mit einer Axt gespalten. Ansonsten gibt es zum Fällen und Zerkleinern von Bäumen große Maschinen.

M2 Sachquellen: Aus Mammutstoßzahn geschnitztes Wildpferd (ca. 40 000 Jahre alt); Tongefäß (ca. 5000 Jahre alt); keltischer Zeremonienhelm aus Eisen, Bronze, Gold, Silber und Korallen (ca. 2300 Jahre alt)

1 *Suche dir eine Sachquelle aus M2 aus und ermittele geschichtliche Informationen, indem du schrittweise, wie auf S. 50 beschrieben, vorgehst.*

Leben in ur- und frühgeschichtlicher Zeit

1. Archäologie

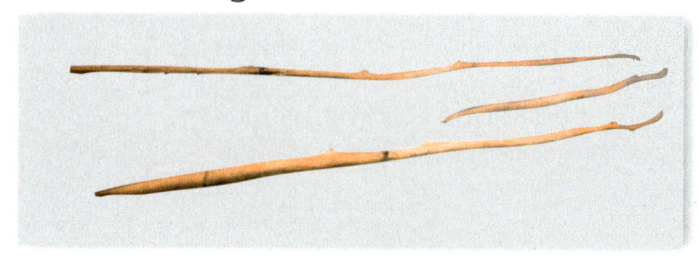

M1 Speere – Fund bei Schöningen. Im ehemaligen Braunkohletagebau fanden Archäologen 1994 in zehn Meter Tiefe Pferdeknochen und mehrere Holzspeere. Die hohe Handwerkskunst, mit der die ca. 400 000 Jahre alten Waffen hergestellt wurden, ließ die Forscher erstaunen.

Aussagen zu den Schöninger Speeren
1. Die Archäologen fanden bei Schöningen Schriftquellen.
2. Die Funde stammen von den Urmenschen.
3. Die Knochen stammen wahrscheinlich von Wildpferden.
4. Die Pferde waren wahrscheinlich bei Kriegshandlungen zusammengebrochen.
5. Die Menschen hatten die toten Pferde begraben.
6. Das Material der Speere lässt auf die Eisenzeit schließen.
7. Die Funde zeigen, dass die Menschen gute Tierzüchter waren.
8. Die Speere beweisen, dass die Menschen Werkzeuge geschickt benutzten.

I Finde die falschen Aussagen heraus.
II Berichtige die falschen Aussagen.
III Schreibe den Bericht mit vielen richtigen bzw. korrigierten Aussagen weiter.

M2 Achtung! Fehler!!

2. Altsteinzeit

I Erkläre die Situation und den geschichtlichen Zeitraum.
II Gib die historische Epoche an und erläutere, was die Menschen zum Überleben brauchten.
III Ordne die Szene einem Zeitalter zu. Vergleiche die Situation der Menschen damals mit dem heutigen Leben (Wohnen, Einrichtung, Wärme, Licht, Gemeinschaft, Alltagsgeräte, Kleidung, …).

M3 Heutige Zeichnung

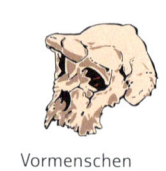

Vormenschen	Einfache Werkzeuge aus Stein	Bessere Werkzeuge und Waffen	Jäger und Sammler
7 000 000	2 000 000	700 000	600 000	500 000	400 000	200 000	100 000

Altsteinzeit

Wissen und Können

3. Jungsteinzeit

M4 Wortbausteine

Klima | zucht | Sess
Acker | werke | Hand
Er | bau | findungen
Wald | stein | rodungen
Groß | | haftigkeit
| veränderung | Vieh
| gräber |

I. Schreibe aus den Wortbausteinen (M4) richtige Begriffe auf, welche die Merkmale der Jungsteinzeit darstellen. Ordne sie den Bildern ①–⑧ zu.

II. Erkläre die Veränderungen von der Altsteinzeit zur Jungsteinzeit, indem du zu den Bildern ①–⑧ jeweils einen Satz schreibst. Du kannst dazu auch die Begriffe aus den Wortbausteinen (M5) nutzen.

III. Betrachte die Bilder ①–⑧: Nimm Stellung zu der Aussage „Der Übergang von der Altsteinzeit zur Jungsteinzeit war ein ganz großer Schritt in der Geschichte der Menschheit".

4. Nutzung von Metallen

① Nachdem die Menschen erzhaltiges Gestein entdeckt hatten,

② Für den Abbau des Erzes, für das Herausschmelzen, das Gießen oder Schmieden

③ Aus Metallen konnten die Menschen bessere Werkzeuge, Waffen oder Schmuck anfertigen,

④ Da die neuen Berufsgruppen keine Zeit mehr für die Landwirtschaft hatten,

⑤ Der Tauschhandel konnte entstehen,

ⓐ tauschten sie ihre Produkte bei den Bauern gegen Nahrungsmittel oder andere Waren ein.

ⓑ schmolzen sie Metalle durch Erhitzen aus den Gesteinsbrocken heraus.

ⓒ weil Bauern durch die Arbeitsteilung in der Siedlung mehr ernteten als die Dorfgemeinschaft benötigte.

ⓓ entwickelten sich neue Berufe.

ⓔ da das Material viel härter, haltbarer und formbarer war.

I. Verbinde die Satzanfänge ①–⑤ mit den richtigen Satzenden ⓐ–ⓔ und schreibe die Aussagen ab.

II. Verbinde die Satzanfänge ①–⑤ mit den richtigen Satzenden ⓐ–ⓔ und schreibe die Aussagen ab. Schreibe hinter jede Aussage zu den in Gold markierten Begriffen zwei-drei Beispiele auf.

III. Verbinde die Satzanfänge ①–⑤ mit den richtigen Satzenden ⓐ–ⓔ und schreibe die Aussagen ab. Stelle die Folgen des Tauschhandels für die Menschen dar.

M5 „Glänzende Zeiten" – Menschen entdecken das Metall

Jetztmenschen | Ackerbau und Viehzucht in Europa | Jungsteinzeit | Bronzezeit

10000 | 8000 | 6000 | 4000 | 2000 | Christi Geburt

WES-101633-209
Lösungen zu Wissen und Können

Wissen und Können

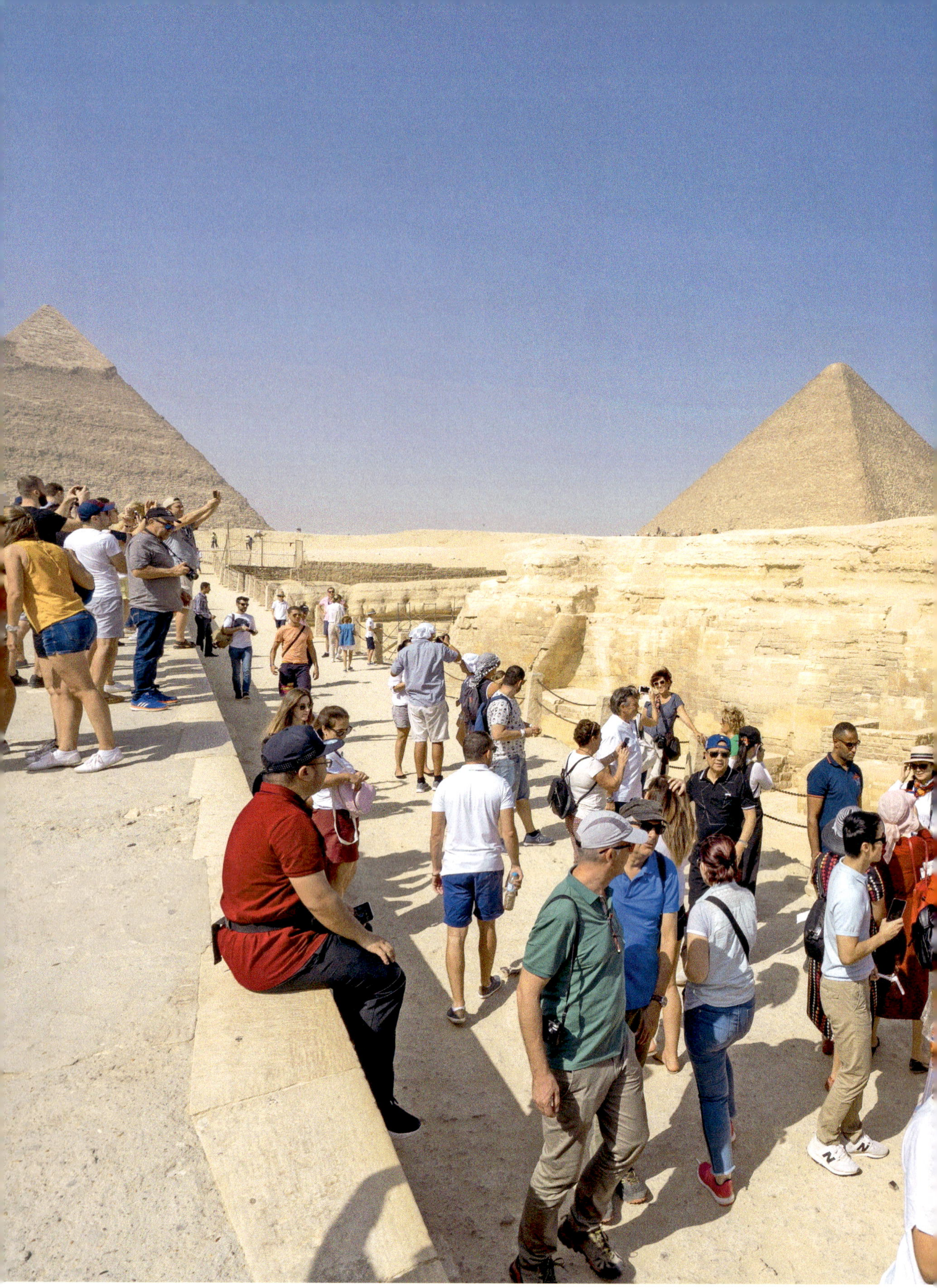

Frühe Hochkulturen – Beispiel Ägypten

M2 Pharao Ramses III. regierte bis 1156 v. Chr. (Steinrelief in Theben, Ägypten)

M3 Alltagsleben am Nil (heutige Zeichnung)

→ Warum entstand am Nil eine Hochkultur?
→ Wie lebten und wirtschafteten die Menschen am Nil?
→ Wie wurde Ägypten regiert?
→ Woran glaubten die Menschen im alten Ägypten?

M1 Pyramiden und Monument der Sphinx (gebaut um 2500 v. Chr.) in Gizeh, Ägypten (aktuelles Foto)

M1 Der Nil – Fluss durch die Wüste, Afrika (Satellitenaufnahme)

Nil – längster Fluss der Erde

T1 Von der Quelle bis zur Mündung

Der Nil ist mit ungefähr 6700 Kilometern der längste Fluss der Welt. Aufgrund seiner Größe gilt er als Strom – so werden Flüsse genannt, die mindestens 500 km lang sind. Der Nil umfasst mit seinen Ufern ein Einzugsgebiet von bis zu 100 000 km². Seine Quellen liegen in Ostafrika. Von dort fließt er in Richtung Norden durch die Wüstenlandschaft Afrikas. Unterwegs bildete der Nil noch vor 1000 Jahren gefährliche Stromschnellen, die heute durch Stauungen befahrbar sind. An den Ufern war das Land fruchtbar. Wenn im Frühjahr das Hochwasser zurückging, blieb Nilschlamm zurück. Der Schlamm bildet guten Boden mitten in der Wüste.
Zum Mittelmeer fächert sich der Nil wie eine Hand auf, bevor er im Mittelmeer mündet. Das wird Delta genannt. Am Nil siedeln seit vielen Tausend Jahren Menschen.

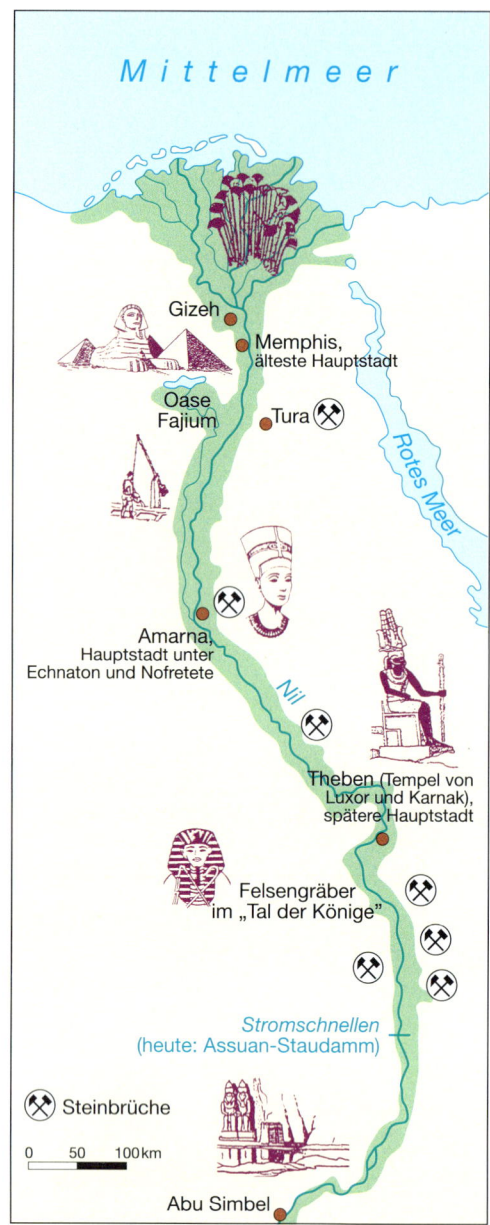

Oase: Wasserstelle in einer Wüste – ermöglicht Pflanzenwachstum

M2 Eine Karte des Nils

T2 Gemeinsam wirtschaften

In der fruchtbaren Flussoase des Nils lebten Menschen, um dort zu pflanzen und zu ernten. Sie bildeten Gruppen, die sich gegenseitig unterstützten. Bewässerungssysteme ließen sich z. B. gemeinsam besser bauen. Weil die Siedlungen größer wurden, entwickelte sich ein Verkehrssystem am und auf dem Fluss. Landwirtschaft, Handel und Bauwerke entstanden. Daraus wurden später Städte.

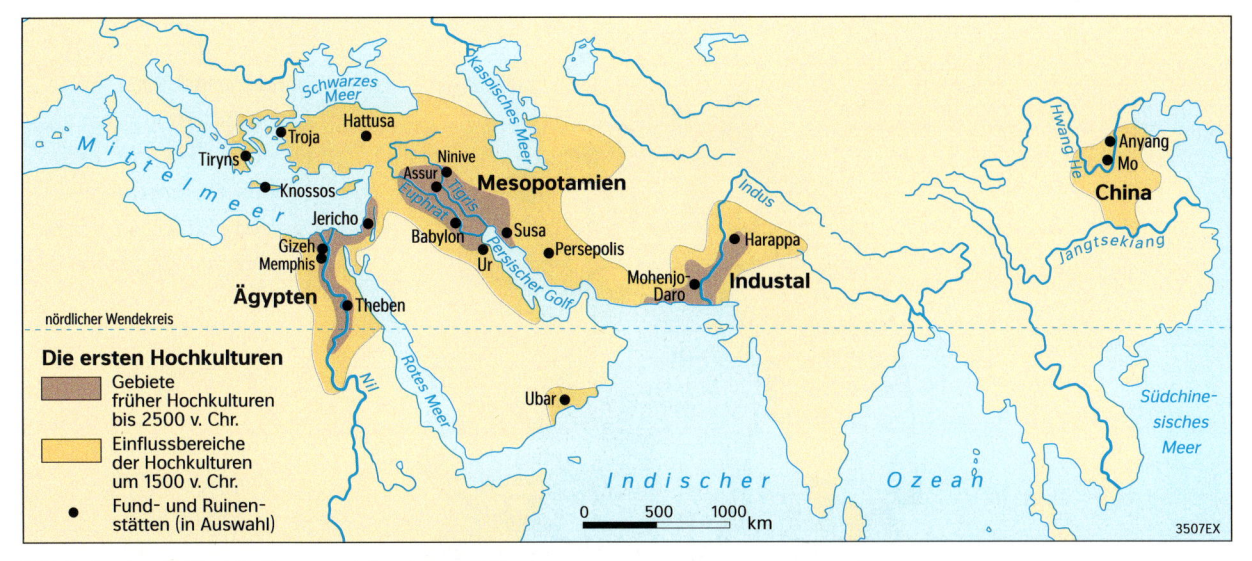

M3 Bedeutende Hochkulturen entstanden an Flüssen

T3 Aus Gemeinschaft entsteht Kultur

Auch an einigen anderen großen Flüssen bildeten sich vor etwa 6000 Jahren Gemeinschaften, die eine gemeinsame Kultur entwickelten. Sie brauchten Regeln und die Menschen mussten sich miteinander verständigen. So entstand die Schrift. Diese Form des Zusammenlebens an Flüssen wird Stromtalkultur genannt. Flüsse sind wie Lebensadern, die die Menschen versorgen. Sobald die Menschen sich die Arbeit durch verschiedene Berufe aufteilen, Wissenschaften, Kunst und Bauwerke entstehen, es eine Religion, Verwaltung und Gesetze gibt sowie sich eine Art Regierung bildet, wird dieses Zusammenleben Hochkultur genannt. Sie zeichnet sich dadurch aus, dass sie für ihre Zeit sehr fortschrittlich ist.

> *Sei gegrüßt, Nil, der aus der Erde herauskommt ..., um Ägypten zu ernähren; von Re erschaffen, um alle Durstigen zu beleben. Der Gerste schafft und Emmer entstehen lässt.*
> *Ist er träge, dann [verarmt] jedermann. Wenn er steigt, dann ist das Land in Jubel, dann ist jeder Bauch in Freuden. Herr der Hoheit, der alles Gute bringt, der den Herden das Futter bringt ... der die Speicher füllt und die Scheunen weit macht, der den Armen Besitz gibt. Der Bäume wachsen lässt, der das Schilf hervorbringt durch seine Kraft.*

M4 Der ägyptische Dichter Cheti über den Nil (um 1300 v. Chr.)

1 *a) Beschreibe den Verlauf des Nils (M1, M2).*
   b) Vergleiche M1 und M2.
2 *Erläutere den Begriff Flussoase am Beispiel des Nils (T1).*
3 *Nenne Flüsse und ihre geografische Lage, an denen Stromtalkulturen entstanden (M3).* Hilfe
4 *Erarbeite den Begriff Stromtalkultur, indem du einen Artikel für ein Kinderlexikon verfasst (T3).* Stühletausch
5 *Erkläre den Begriff Hochkultur (T2, T3).*
6 I *Stelle mit deinen Worten dar, wovon der Dichter Cheti berichtete (M4).*
   II *Begründe, warum Cheti den Fluss wie eine lebendige Person beschrieb.*
   III *Erörtere mithilfe der Aussage Chetis und deinem Wissen über die Wasserschwankungen, wie abhängig das Leben am Nil vom Wasserstand war.*

> Zeichen der Herrschaft und Macht eines ägyptischen Pharaos:
>
> A: Der Krummstab als Hirtenstab zum Hüten: Oberster Hirte seines Volkes
> B: Peitsche (Geißel): Machtzeichen für richterliche Gewalt
> C: Kopf eines Geiers: Wappentier Oberägyptens (von Assuan bis Atfih – südlich von Kairo)
> D: Kobrakopf: Schlange, Machtsymbol und Wappentier Unterägyptens (Mündungsdelta bis Kairo)
> E: Götterbart: künstlicher Bart zum Umhängen als Machtzeichen
> F: Königliche Kopfbedeckung in königlich blau-goldenen Streifen

M1 Pharao Tutanchamun regierte 1332–1323 v. Chr. (Eingeweidesarg aus Gold, um 1323 v. Chr.)

Pharao – Gott und Herrscher

T1 König mit grenzenloser Macht

Ein Pharao galt bei den Ägyptern als Stellvertreter des Sonnengottes auf Erden. Deshalb war er gleichzeitig Herrscher und oberster Priester. Der Pharao hatte uneingeschränkte Macht über Land und Menschen. Seine Befehle waren Gesetz.

Mithilfe moderner wissenschaftlicher Methoden wissen wir heute einiges über das Leben der ägyptischen Pharaonen. Beispielsweise entdeckte und erforschte der britische Archäologe Howard Carter 1922 das Grab des jung verstorbenen Pharao Tutanchamun im Tal der Könige bei Luxor. Die Mumie Tutanchamuns ist bis heute gut erhalten. Die Forschungsergebnisse offenbarten beispielsweise, dass der Pharao unter der kostbaren Goldmaske zu Lebzeiten hervorstehende Zähne und eine Fußbehinderung hatte.

1. *Beschreibe das Aussehen des Eingeweidesargs des Tutanchamun (M1).*
2. *Ordne die Machtsymbole dem Bild des Pharaos zu (M1).*
3. *Begründe die uneingeschränkte Macht eines Pharaos (T1).*

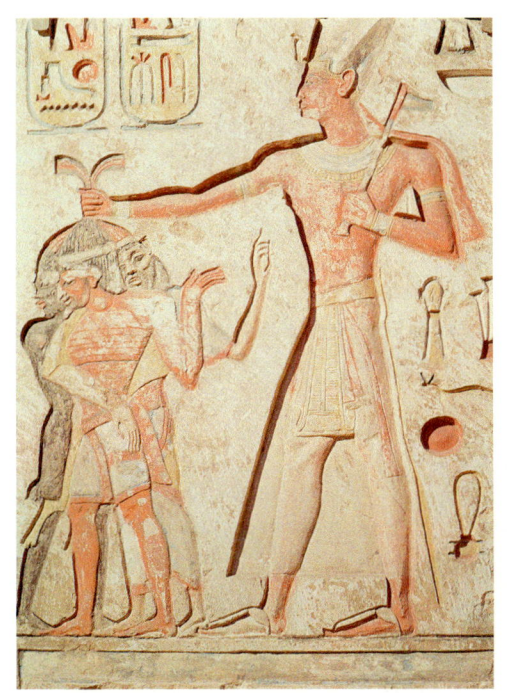

M2 Relief des Pharaos Ramses II. (Regierungszeit 1279–1213 v. Chr.). Das Relief stellt den Sieg Ramses' über seine Feinde dar.

M3 Skulptur der Pharaonin Hatschepsut (Regierungszeit 1479–1458 v. Chr.). Sie ließ sich in ihren Statuen als Mann darstellen.

T2 Ein Pharao regiert

Pharao bedeutet übersetzt „Großes Haus". Der Begriff stammt von den Griechen. Die Ägypter sagten auch „Hoheit", „seine Majestät" oder „Herr beider Länder". Damit waren Ober- und Unterägypten gemeint. Der Pharao herrschte über sein Volk. Als Sohn des Sonnengottes sprach er allein mit den Göttern. Er stand für „maat" – die göttliche Wahrheit. Er garantierte Gerechtigkeit in seinem Reich. Dabei unterstützte ihn ein Wesir, der höchste Beamte. Weil der Pharao allein über Krieg und Frieden entschied, aber auch, welche Arbeiten im Reich verrichtet werden mussten, welche Bauwerke gebaut oder wie die Nahrungsmittelvorräte organisiert wurden, brauchte er viele Bedienstete, die seine Befehle weitergaben und überwachten.

Beamter: arbeitet für den Staat – hier den Pharao – und ist ihm verpflichtet

T3 Herrscherfamilien

Die Familien der Pharaonen herrschten lange Zeit nacheinander – Söhne beerbten ihre Väter. Wenn ein Amt auf ein Familienmitglied übergeht, nennt man das eine Dynastie. Allerdings gab es auch Phasen in den 5000 Jahren ägyptischer Geschichte, in denen Teile der Kultur zerstört waren und neu entwickelt werden mussten. Bisher ist nur eine Pharaonin bekannt. Ihr Name war Hatschepsut. Sie regierte von 1479 bis 1458 v. Chr. nach dem Tod des Thutmosis II. Auch sie trug die typischen Machtzeichen – sogar den Bart zum Umhängen. Unter Hatschepsut hatte das Land 20 Jahre Frieden und der Handel blühte. Die Regierung durch eine weibliche Pharaonin verstieß jedoch gegen die göttlichen Gesetze.

4 *Erkläre, warum Hatschepsut in Männerkleidung regierte (T1, T3, M1, M3).* Hilfe

5 I *Stelle dar, was das Wort Pharao bedeutet und woher der Name stammt.*
II *Erkläre, welche und wie der Pharao seine Befehle im Reich umsetzen ließ (T1, T2).*
III *Begründe die Pracht des Sarges und der großen Tempelbauten der Pharaonen (M1, T3).*

Die ägyptische Gesellschaft

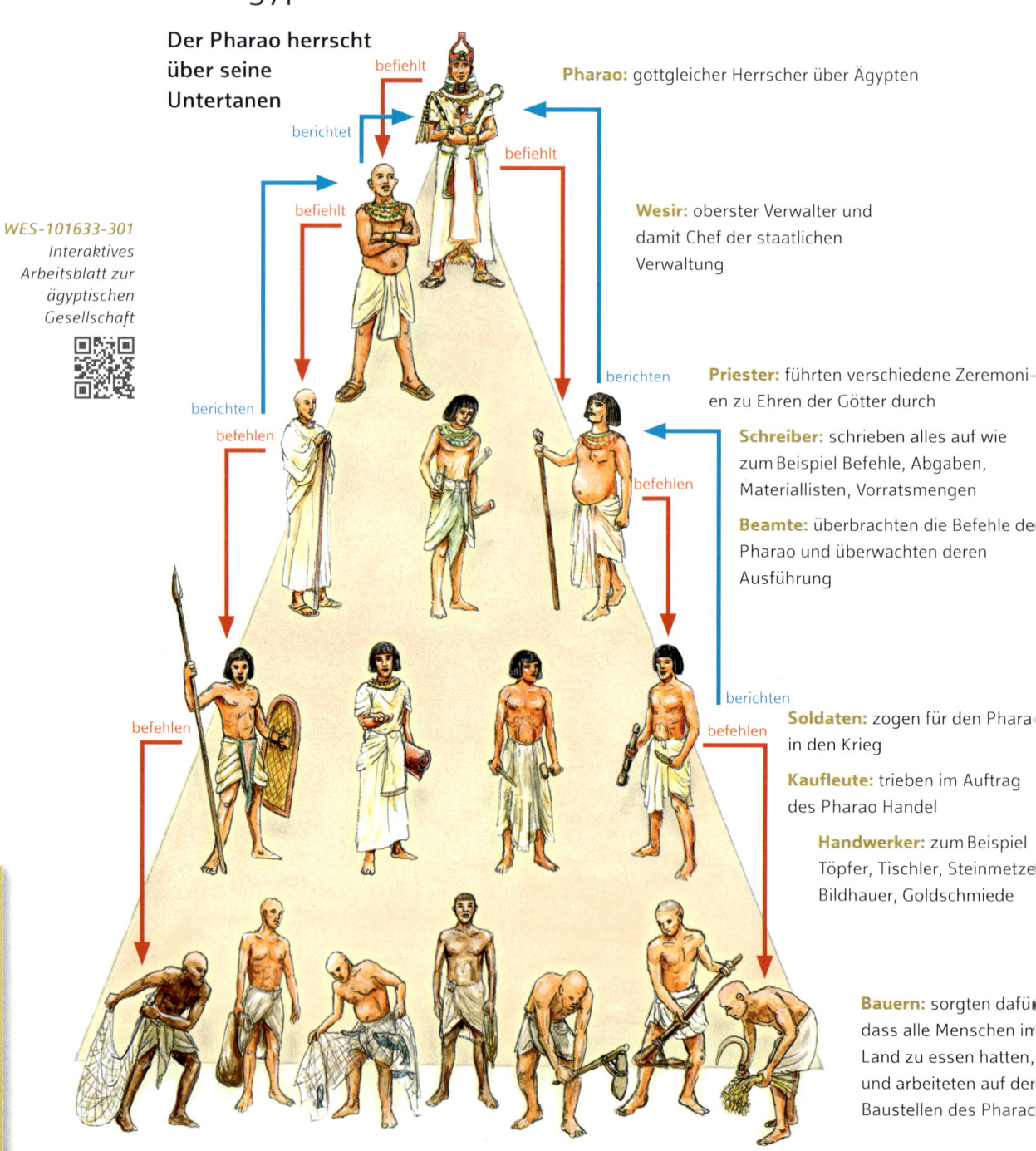

Der Pharao herrscht über seine Untertanen

Pharao: gottgleicher Herrscher über Ägypten

Wesir: oberster Verwalter und damit Chef der staatlichen Verwaltung

Priester: führten verschiedene Zeremonien zu Ehren der Götter durch

Schreiber: schrieben alles auf wie zum Beispiel Befehle, Abgaben, Materiallisten, Vorratsmengen

Beamte: überbrachten die Befehle des Pharao und überwachten deren Ausführung

Soldaten: zogen für den Pharao in den Krieg

Kaufleute: trieben im Auftrag des Pharao Handel

Handwerker: zum Beispiel Töpfer, Tischler, Steinmetze, Bildhauer, Goldschmiede

Bauern: sorgten dafür, dass alle Menschen im Land zu essen hatten, und arbeiteten auf den Baustellen des Pharao

WES-101633-301
Interaktives Arbeitsblatt zur ägyptischen Gesellschaft

M1 Gesellschaftspyramide: Der Aufbau der ägyptischen Gesellschaft. Die meisten Menschen gehörten zur untersten Schicht. Je bedeutender die gesellschaftliche Stellung, desto weniger Menschen gehörten dieser Schicht an.

Auswahl 1

I *Beschreibe die unterschiedlichen gesellschaftlichen Gruppen, indem du auf die Kleidung und Werkzeuge in der Abbildung eingehst (M1).*

II *Beschreibe mithilfe der Pfeile und Beschriftung den Aufbau und die Aufgabenverteilung in der ägyptischen Gesellschaft (M1).*

III *Erkläre den Begriff Gesellschaftspyramide (T1, M1).*

M2 Abgabe von Lebensmitteln unter der Aufsicht von Beamten (Wandmalerei aus einem Grab, um 1500 v. Chr.)

M3 Bauern werden von Beamten geschlagen (Steinrelief, um 2300 v. Chr.)

T1 Rechte und Pflichten

So wie der Pharao oberster Herrscher, Kriegsherr, Richter und stellvertretender Gott auf Erden war, so hatten auch alle anderen Gesellschaftsmitglieder im alten Ägypten ihre Rechte, Aufgaben und Pflichten. Die Ägypter glaubten, dass ihnen mit ihrer Geburt ihr Platz in der Gesellschaft zugeordnet wurde. Die gesellschaftliche Stellung wurde vererbt. Rechte hatten vor allem die oberen Gesellschaftsschichten wie die Beamten oder die hohen Priester.

Das ägyptische Reich war hierarchisch aufgebaut. Das bedeutet, dass Befehle von oben nach unten weitergegeben wurden.

Die Macht des Pharao stützte sich auf die Beamten. Ohne sie wäre die Verwaltung und Organisation des Staates gar nicht möglich gewesen. Die Priester sorgten dafür, dass die Götter dem Pharao und den ägyptischen Menschen wohlgesonnen blieben.

M4 Beamte zählen Vieh (Holzmodell aus einem Grab, 1990 v. Chr.)

2 a) Präsentiere eine Person aus der Abbildung vor der Klasse pantomimisch (M1).
b) Nenne in der Präsentation einen Satz, den die Person sagen könnte.
c) Erläutere die gesellschaftliche Stellung der Person.

3 Weise mithilfe der Darstellungen nach, dass die ägyptische Gesellschaft hierarchisch aufgebaut war (M1, M2, M3, M4). Hilfe Think – Pair – Share

M1 Landwirtschaft mit Feldbewässerung am Nil (heutige Zeichnung)

Vor 5000 Jahren – Bauern wirtschaften am Nil

T1 Der Nil stellt Aufgaben

WES-101633-302
Interaktives Arbeitsblatt zur Arbeit der Nilbauern

Der Wasserstand des Nils schwankte im Laufe eines Jahres. Das stellte die Ägypter vor Herausforderungen. Der nährstoffreiche, kostbare Schlamm musste verteilt werden. Die Saat musste ausgebracht werden. In der trockenen Jahreszeit brauchten die Feldfrüchte Wasser. Die Ernte musste transportiert und ihre Lagerung musste organisiert werden. Diese Aufgaben konnten nur gemeinsam und mit Ideenreichtum gelöst werden.

Die Ägypter beobachteten sorgfältig die Natur und den Sternenhimmel. So konnten sie die Wasserstände des Nils voraussagen. Daraus entwickelten die Ägypter einen Kalender, mit dem sie die landwirtschaftlichen Arbeiten im Laufe des Jahres bewältigten.

Achet (Überschwemmung) Juli–Oktober

Peret (Sprießen) November–Februar

Schemu (Wärme) März–Juni

M2 Wasserstände des Nils und Jahreszeiten in Ägypten

1 Beschreibe die verschiedenen landwirtschaftlichen Arbeiten am Nil (M1).
2 Erkläre, wie die Ägypter die Geschenke der Natur für sich nutzten (T1, M1, M2).
3 Begründe, warum der ägyptische Nilkalender notwendig war (M2). Hilfe
4 Baut in einem kleinen Sandkastenmodell eine Wasserschöpfvorrichtung nach.

M3 Bewässerungsanlage namens Schaduf: Schöpfvorrichtung (ägyptisches Wandgemälde, um 1250 v. Chr.)

M4 Vermessung des Ackerlandes mithilfe von Seilen (ägyptisches Wandgemälde, um 1405 v. Chr.)

T2 Bauern am Nil

Die Ägypter planten die Aufgaben, die die Bewirtschaftung des Landes am Nil stellte, gut. Sie spezialisierten sich auf bestimmte Arbeiten. Viehzucht, Ackerbau und Gartenwirtschaft und auch die Arbeit am Fluss, wie Fischfang, Jagd oder Schutzmaßnahmen vor wilden Tieren wie Nilpferden oder Krokodilen waren wichtig, um die Menschen im Staat zu ernähren. In guten Erntejahren legten die Ägypter Vorräte an, damit die Menschen in schlechten Erntejahren versorgt waren. Damit das System funktionierte, regelten Beamte im Auftrag des Herrschers Landverteilung, Aussaat, Arbeitseinsatz, Ernte, Lagerung und Zuteilung der Erträge.

Obwohl die Arbeit der Bauern hart und anstrengend war – schließlich forderten Hitze und Überschwemmungen ihren Einfallsreichtum und ihre Arbeitskraft – galten sie in der Gesellschaft nicht viel.

T3 Landwirtschaftliche Erzeugnisse

Die Bauern bauten Getreide wie Weizen, Gerste und Emmer an. Trauben und Obst wie Feigen oder Datteln wuchsen in bewässerten Gärten. Verschiedene Gemüsesorten wie Linsen, Bohnen, Erbsen und Kichererbsen, Salat, Gurken, Melonenarten, Zwiebeln und Knoblauch gehörten zur Nahrung der Ägypter. Ziegen, Schafe, Kamele und Geflügel waren ägyptische Nutztiere und sind es bis heute. Brot und Bier waren tägliche Nahrungsmittel. Der Fischfang und die Jagd waren ebenfalls wichtige Nahrungslieferanten.

Viele ihrer Erzeugnisse mussten die Ägypter für die staatliche Vorratshaltung oder an die höheren gesellschaftlichen Gruppen abgeben, sodass für sie selbst nicht viel übrig blieb.

5 a) Erstelle eine Liste der landwirtschaftlichen Tätigkeiten (T1, T2, T3, M1, M3, M4).
b) Ordne die Tätigkeiten den Jahreszeiten des Niljahres zu (T1, T2, T3, M2, M3, M4).
c) Stellt einige Tätigkeiten als Standbilder dar und ratet sie.

6 Gestalte den Speiseplan einer einfachen Bauernfamilie und einer wohlhabenden ägyptischen Familie (T3). *Galeriegang*

7 I Erkläre, wie bei den alten Ägyptern Arbeitsteilung funktionierte (T2, M3, M4).
II Begründe den Nutzen von Arbeitsteilung (T2).
III Bewerte, dass Bauern Teile ihrer Ernte zur Vorratshaltung abgeben mussten.

Bildquellen auswerten

Bilder können wichtige Quellen sein, um etwas über das Leben der Menschen in der Vergangenheit zu erfahren. Es gibt viele unterschiedliche Bildquellen: Gemälde, Fotografien, Zeichnungen, Buchmalereien oder Wandmalereien. Aus der Zeit der Ägypter kennen wir zum Beispiel Bildquellen aus Stein in Form von Steinreliefs oder Wandmalereien. Wir kennen auch Zeichnungen auf Papyrus oder Leder. Die Ägypter nutzten unterschiedliche Materialien zur Erstellung ihrer Bilder – wie Steinwerkzeuge, Kratzwerkzeuge oder Federn und Pinsel. Sie stellten auch verschiedene Färbemittel aus Steinmehl, Kohle, Halbedelsteinen, Wasser, Ölen, Blut und Ei her. So sind ägyptische Bildquellen unterschiedlich gut erhalten. In den Gräbern hielten sich die Bildquellen oft erstaunlich lange, weil die Luftfeuchtigkeit konstant blieb, solange kein Licht und keine frische Luft in die Grabkammer kamen.

Steinrelief: Künstler meißelten Darstellungen in den Stein hinein oder arbeiteten Bilder heraus. Einige Reliefs wurden bemalt, andere blieben roh.

M1 Steinrelief aus einer Grabkammer (2700 – 2200 v. Chr.)

Schritt 1 ●
Bildquelle einordnen
→ Nenne die Art der Bildquelle: Zeichnung auf Papier, Leder, Stein; Malerei auf Stein, Papier, Leder; Steinrelief gefärbt oder roh.
→ Nenne Fundort oder derzeitigen Standort der Bildquelle und die Zeit, aus der sie stammt.
→ Wenn der oder die Künstlerin bekannt ist, nenne den Namen.

Schritt 2 ●●
Inhalte der Bildquelle erfassen
→ Beschreibe die Abbildungen, also Personen, Gegenstände, sehr genau.
→ Beschreibe, was die Menschen tun.
→ Beschreibe auch die Farben und Größenverhältnisse.
→ Nenne Besonderheiten, die dir auffallen.
Tipp: Du kannst auch eine Skizze des Bildes anfertigen.

Schritt 3 ●●●
Bildquelle auswerten
→ Beschreibe das Bild und deine Erkenntnisse darüber nun in einem Text.
→ Ergänze, was du über die Zeit weißt, in der diese Bildquelle entstand.
→ Erkläre, wofür und warum der Künstler vermutlich diese Art der Darstellung gewählt hat.
→ Welchen Eindruck ruft das Dargestellte heute in dir hervor? Welchen Zweck sollte die Darstellung vermutlich damals erfüllen?

Musterlösung zu M1:

Schritt 1 ●

→ Die Bildquelle ist ein Steinrelief aus Ägypten. Das Relief ist eingefärbt.
→ Die Bildquelle stammt aus einem Steingrab aus der Zeit 2700 bis 2200 v. Chr.
→ Dargestellt ist eine landwirtschaftliche Szene.

Schritt 2 ●●

→ Auf dem Relief sind Bauern dargestellt. Man erkennt sie an ihrer Kleidung. Sie sind bis auf einen Lendenschurz nackt.
→ Die Figuren sind alle gleich groß, schlank und tragen die gleiche Frisur. Einige sind dunkelhaarig, andere hellhaarig.
→ Zu sehen sind auch Rinder, Pflüge, Stöcke und möglicherweise Peitschen oder andere Geräte, die die Menschen in der Hand über den Rindern schwingen.
→ Auf dem Relief sind rechts oben Hieroglyphen – ägyptische Buchstaben – abgebildet.

Schritt 3 ●●●

→ Die Bildquelle aus dem Grab zeigt, wie Bauern mit Arbeitsrindern das Land bearbeiten. Die Bauern sind alle gleich dargestellt. Das zeigt, dass sie nicht als einzelne Personen, sondern als Bauern mit ihrer typischen Arbeit – der Feldarbeit mit Rindern – dargestellt sind.
→ Das Relief ist aus einem Grab. Deshalb kann darauf geschlossen werden, dass die Szene für den Toten wichtig war, denn es schmückt ja ein Grab aus den Jahren 2700 bis 2200 v. Chr. Die Gesellschaft war damals klar gegliedert.
→ Die Bauern auf dem Bild wirken künstlich und absichtlich gleich gestaltet. So arbeiteten die Künstler aus dieser Zeit. Weil nur reiche Ägypter sich geschmückte Gräber leisten konnten, wird das Bild zu Ehren des Toten – vermutlich einem wohlhabenden Ägypter – hergestellt worden sein. Vielleicht soll es zeigen, dass viele Bauern für ihn arbeiteten und er reich war.

M2 Fischfang und Landwirtschaft (Steinrelief aus einer Grabkammer, 2700 – 2200 v. Chr.)

1 *Werte die Bildquelle M2 aus.*

Hem-iunu

Hem-iunu war Wesir unter dem Pharao Cheops (um 2580 v. Chr.). Cheops war ein berühmter Pharao: Die größte Pyramide in Ägypten ist die Cheopspyramide. Verantwortlich für ihren Bau war ein Wesir. Vor der Pyramide befinden sich Gräber von Beamten. Das größte Beamtengrab vor der Pyramide ist das des Hem-iunu. Es galt als eine besondere Ehre, sein Grab in der Nähe des Pharao errichten zu dürfen.
Hem-iunu war der Neffe des Pharao Cheops. Hem-iunus Steinfigur ist in Lebensgröße erbaut. So wurde im Alten Reich sonst nur der Pharao dargestellt. Bei der Statue des Hem-iunu handelt es sich um eine absolute Ausnahme. Das zeigt das hohe Ansehen des Wesirs Hem-iunu.

M1 Hem-iunu – Wesir unter dem Pharao Cheops (Steinfigur aus seinem Grab, um 2580 v. Chr.)

Arbeiten und Verwalten am Nil

T1 Macht der Schrift – Beamte

Die Beamten waren eine sehr wichtige gesellschaftliche Gruppe im Pharaonenreich. Sie verwalteten das Land.
Beamte konnten lesen und schreiben. Sie konnten rechnen und vermaßen die Felder. Beamte berechneten und beaufsichtigten die Abgaben der Bauern und schrieben Berichte für den Pharao. Auch überbrachten sie seine Befehle.

T2 Oberster Wesir

Wesir:
oberster Richter, Polizeichef und Leiter der Nahrungsmittelversorgung. Dem Wesir unterstanden bis zu 20 000 Beamte.

Der höchste Beamte wurde Wesir genannt. Er hatte eine große Verantwortung für das gesamte Land zu tragen, weil er die „rechte Hand" des Pharao war. Von ihm erhielt er seine Befehle. Zu seinen Aufgaben gehörte die Überwachung und Befehligung der ägyptischen Beamten. Daher reiste der Wesir viel.

> *Behalte das Amt und die Aufgaben des Wesirs sorgsam im Auge. Achte auf alles, was im Namen des Wesirs geschieht: denn das Amt des Wesirs ist das Fundament des ganzen Landes. Schau, Wesir zu sein, das ist nicht süß und angenehm, es ist bitter wie Galle. ... Schau, die Bittsteller kommen aus Ober- und Unterägypten, das ganze Land sucht den Rat und die Entscheidung des Wesirs. Achte darauf, dass alles nach dem Gesetz getan wird, dass alles genau und rechtmäßig geschieht. ... Urteile nicht ungerecht, denn der Gott verabscheut es, wenn man parteiisch ist. Betrachte jemanden, den du kennst, genauso wie jemanden, den du nicht kennst.*

M2 Pharao zu seinem Sohn über den Wesir

1 Arbeite heraus, was du über Hem-iunu erfährst (M1, Infotext).

2 a) Arbeite für eine Aufgabenbeschreibung die Tätigkeiten der Beamten heraus (T1).
b) Unterscheide in einer Tabelle die Aufgaben der normalen Beamten von denen eines Wesirs (T1, T2, M2). Think – Pair – Share

Auswahl 3 I Schildere mit deinen Worten, was der Pharao seinem Sohn rät (M2).
II Erkläre, warum der Pharao seinem Sohn diese Hinweise gibt (M2).
III Begründe, warum der Pharao auf den Wesir und die Beamten angewiesen ist (T1, T2, M2).

M3 Figur eines ägyptischen Schreibers (2500 v. Chr.)

M4 Bier brauen, Metzgereiarbeit und Brot backen (Holzmodell, um 2100 v. Chr.)

T3 Schreiber – ein wichtiger Beruf

Der Beruf des Schreibers wurde erstmals etwa 2700 Jahre v. Chr. erwähnt. Weniger als ein Prozent der Ägypter konnten schreiben und lesen. Oft lernten die Söhne von Schreibern den Beruf des Vaters.
Der Mondgott Thot war der Schutzgott der Schreiber. Ihr Wappentier war der Skarabäus. Schreiber war ein angesehener Beruf in Ägypten. Auf Abbildungen sitzen sie oft im Schneidersitz. Die Ausbildung dauerte lange. Schreiber mussten die Bilderschrift der Ägypter, die Hieroglyphen, lernen. Außerdem lernten sie die Herstellung von Tontafeln, Schreibsteinen und Papier kennen. Schreibgeräte mussten selbst hergestellt werden. Schreiber brauchten auch Kenntnis über die Herstellung von Tinte.

T4 Handwerker und Handwerkerinnen

Künstler wie Steinmetze, Bildhauer, Goldschmiede oder Maler wurden an den großen Baustellen für Pyramiden, Tempel und Grabanlagen gebraucht.
In den Städten und Dörfern stellten Handwerker Töpfer- und Korbwaren, aber auch Werkzeuge, Geräte für den Alltag und auch Wagenräder, Pflüge oder andere Metalldinge für Landwirtschaft, Jagd und Fischfang her.
Für die Nahrungsmittelherstellung und -veredelung wurden Metzger, Bäckerinnen und Bäcker, Bierbrauer und -brauerinnen gebraucht. Auch für die Lederbearbeitung und zur Kleidungsherstellung brauchten die Ägypter Handwerker und Handwerkerinnen.

Skarabäus aus dem alten Ägypten (Rückseite mit Hieroglyphen)

4 *Beschreibe Aussehen, Ausbildung, Geräte und Ansehen des Schreibers (M3, T3).*

5 *Erkläre, warum du den Beruf des Schreibers im alten Ägypten gern gelernt hättest oder eben nicht (T2, T3).*

6 *Beurteile die Bedeutung der schreibkundigen Beamten für das Leben und Wirtschaften in der Flussoase (T1, T2, T3).*

7 *Gestalte eigene Zeichnungen und Merkkärtchen zu einigen wichtigen Handwerksberufen bei den Ägyptern.* Hilfe

Der Stein von Rosette enthält den Namen von König Ptolemaios:
1.) in *Hieroglyphen* (Schreibweise **Ptolmees**, von rechts nach links)

2.) in *demotisch* (von rechts nach li.)

3.) in *griechisch* (das war bekannt, Schreibweise **PTOLEMAIOS**, von links nach rechts).

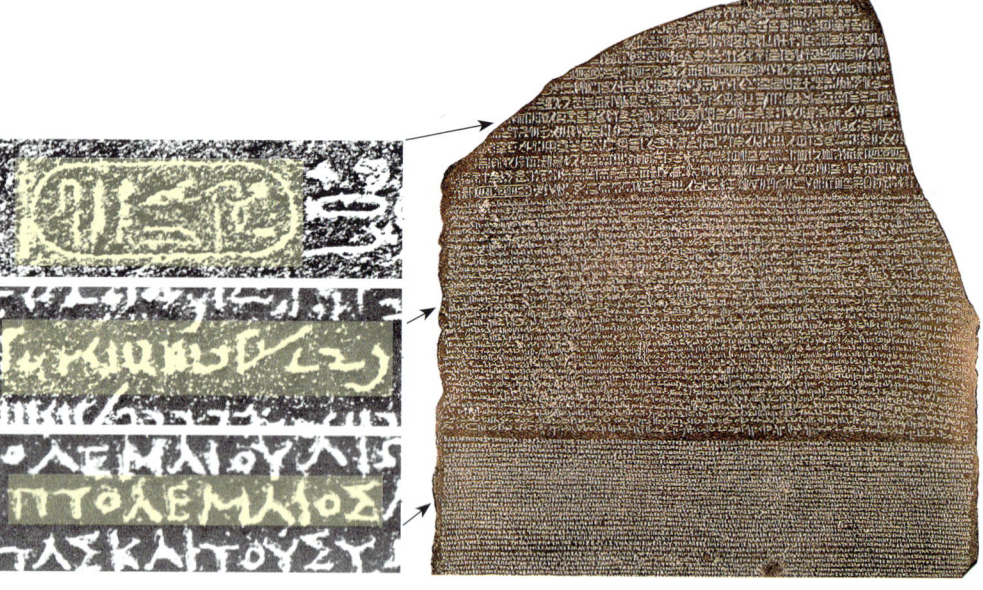

M1 Der Stein von Rosette

Bilderschrift der Ägypter

T1 Entziffern der Bildzeichen

1799 fanden französische Soldaten in der Stadt Rosette, einer alten ägyptischen Hafenstadt im westlichen Nildelta, einen besonderen Stein. Auf dem Stein stand in drei Sprachen der gleiche Text: in Hieroglyphen, in einer altägyptischen Schreibschrift und in griechischer Schrift. Da die griechische Schrift bekannt war, konnten Forscher die Texte entschlüsseln. 1822 hatte der französische Sprachforscher Jean Francois Champollion die Wörter auf dem Stein entziffert - das Geheimnis der Hieroglyphen war gelüftet! Er fand heraus, dass die Hieroglyphen mehrere Bedeutungen hatten. Ein Bildzeichen konnte ein ganzes Wort oder auch nur einen Laut bedeuten. Insgesamt gab es über 700 Hieroglyphen..

T2 Hieroglyphe – Bild wird Buchstabe

Hieroglyphen waren zunächst eine reine Bilderschrift. Im Laufe der Zeit veränderten sich die Schriftzeichen. Anfangs stand das Bild eines Mundes für einen Mund. Die Bedeutung erweiterte sich um Essen, Sprechen, Lachen, bis dann ein Zeichen und ein Laut daraus wurden, das „r". Die Schriftrichtung der Hieroglyphen ist nicht festgelegt. Man beginnt immer in der Ecke zu lesen, in die die Tiere, Menschen und Götter der Schriftzeichen blicken.

Bei einigen hieroglyphischen Texten handelt es sich um erste antike Comics. Bilder und Texte gehören zusammen. Damit man weiß, wer spricht, blicken die Zeichen der Schrift immer in die gleiche Richtung wie die Person, zu der sie gehören.

Auswahl 1
I *Beschreibe die Besonderheiten des Steines von Rosette (M1, T1).*
II *Gib mit deinen Worten wieder, wie Champollion die Hieroglyphen entzifferte (T1, T2).*
III *Erläutere, wie sich die Schriftzeichen der Ägypter veränderten (T2, M2).*

2 *Bewerte den Fund des Steines von Rosette für unser Wissen über das Leben im alten Ägypten.*

Buchstabe	Zeichen	Bedeutung	Buchstabe	Zeichen	Bedeutung
a		Geier	l		Löwe
b		Bein	m		Eule
c		Tierbauch mit Zitzen	n		Wasser
d		Hand	o		Seil
e		Arm	p		Stuhl
f		Schlange	q		Abhang
g		Krug	r		Mund
h		Hof	s, x, z		gefalteter Stoff
i, j, y		Schilfblatt	t		Brot
k		Korb	u, v, w		Wachtel

Zeichen:
 Mann
 Frau

 Ring, in den der Name des Pharao eingeschrieben wurde (Kartusche)

M2 Ägyptische Zeichen für Schrift- und Zahlzeichen in Hieroglyphen

T3 Von der Pflanze zum Papier

Papyrus ist eine Pflanze, die am Nil wächst. Sie ist die Grundlage für die antike pflanzliche Papierherstellung. Ihre Fasern werden gespalten, übereinandergelegt und durch Klopfen verbunden. Danach wird die Fläche getrocknet und geglättet. Durch das Auftragen von Leim wird der Papyrus glatt und haltbar. Nun ist er bereit zur Beschriftung durch Tinte aus Kohle oder anderen Substanzen, die die Schreiber herstellen konnten. Die Beamten des Pharao benutzten Papyrusrollen, die über 40 Meter lang sein konnten. Für kurze Texte oder zum Üben benutzten die ägyptischen Schreiber Tontafeln oder Kalksteine, denn Papyrus war außerordentlich wertvoll. Schreibergehilfen wuschen die alte Schrift ab, sodass der Papyrus wieder beschrieben werden konnte.

M3 Schritte zur Herstellung von Papyrus

3 a) Erkläre die Arbeitsschritte, um aus der Pflanze Papyrus ein beschreibbares Material herzustellen (T3, M3).
b) Begründe, warum Papyrus kostbar war (T3, M3).
c) Vergleiche Stein, Papyrus und bearbeitete Tierhaut = Pergament als Schreibmaterial. Hilfe

4 a) Gestalte deinen Namen aus Hieroglyphen (M2).
b) Gestalte aus den Schriftzeichen Kurznachrichten und lasse sie entziffern (M2).
 Stühletausch

M1 Alltag in Lehmhäusern (heutige Zeichnung)

Alltagsleben in Ägypten

T1 Wohnen

Die meisten Ägypter wohnten in einfachen Verhältnissen in kleinen Dörfern am Rand des Niltals. Ihre einstöckigen Hütten erbauten sie mit Ziegelsteinen aus getrocknetem Nilschlamm. Dieser Lehm hielt die Wohnung je nach Jahreszeit angenehm kühl oder warm. Weiße Kalkfarbe sorgte ebenfalls für Kühlung und hielt Ungeziefer fern. Lehm, Ziegel, Holz, Palmwedel und Schilf waren die Baumaterialien der einfachen Behausungen.

Ganz anders wohnten die Reichen und Mächtigen. Ihre prachtvollen Paläste hatten mehrere Wohnbereiche und waren mit Wandmalereien verziert. Die Böden waren gekachelt. Holzmöbel und Ziergegenstände wie Schalen und Vasen zeigten den Luxus. Neben den Wohnräumen gab es größere Vorratsräume, Viehställe und schattige Gärten. Priester und Priesterinnen lebten oft abgeschieden in Tempeln, zu denen wenige Zutritt hatten.

① Wohnhaus, ② Garten, ③ Brunnen, ④ Viehställe, ⑤ Hundezwinger, ⑥ Küche, ⑦ Wohnungen der Bediensteten, ⑧ Ställe, ⑨ Kornspeicher, ⑩ Bediensteteneingang, ⑪ Haupteingang, ⑫ Pförtnerhaus, ⑬ Tempel

M2 Leben in den Palästen wohlhabender Ägypter (heutige Zeichnung)

Bauern trugen einfache und grobe Kleidung aus Leinen, z. B. einen Lendenschurz oder einfach verarbeitete Überwürfe. Ihre Kinder liefen oft nackt. Wohlhabende Ägypter trugen Perücken, schminkten sich mit Kajal und Lippenstift und trugen verzierte, bestickte feinere Kleidung, die sie mit Nadeln, Broschen oder Stoffschärpen zusammenhielten. Sie trugen Hals-, Kopf- und Armschmuck aus Edel- oder Halbedelsteinen, Gold und Silber. Kinder reicher Ägypter liefen nicht nackt.

M3 Gesellschaftliche Unterschiede – Kleidung und Schönheit in Ägypten

T2 Frauen und Männer

In der ägyptischen Gesellschaft waren Frauen und Männer weitgehend gleichberechtigt. Allerdings waren ihre Aufgaben von vornherein festgelegt. Männer wurden Handwerker oder Bauern. Sie verrichteten die körperlich schweren Arbeiten, z. B. auf den Feldern oder am Bau.

Die Frauen waren, von wenigen Ausnahmen abgesehen, nach ihrer Heirat für die Erziehung der Kinder und die Führung des Haushalts zuständig. Dabei webten sie Stoffe, mahlten Korn, backten Brot und brauten Bier.

Die Arbeitsteilung war in wohlhabenden ägyptischen Familien ähnlich wie in ärmeren Familien. Die Männer arbeiteten in ihren Berufen, z. B. als Schreiber, Beamte, Baumeister oder Offiziere. Die Frauen organisierten den Haushalt und leiteten das Hauspersonal an.

T3 Kinder

Die meisten Kinder lebten auf dem Land. Schon früh mussten sie ihren Eltern helfen, z. B. bei der Arbeit auf den Feldern, beim Fischen, in der Werkstatt des Vaters, im Haushalt oder bei der Betreuung von jüngeren Geschwistern. Zur Schule gingen nur die Söhne wohlhabender Familien. Der Schulbesuch war wichtig, um später Schreiber, Beamter oder Handwerksmeister werden zu können.

> *Kontrolliere die Frau nicht in ihrem Haus, wenn du weißt, dass sie tüchtig ist. Sage nicht zu ihr: „Wo ist es? Bringe es uns!", wenn sie es an die richtige Stelle getan hat. Dein Auge blicke hin und schweige, damit du ihre guten Werke erkennst. Sie ist froh, wenn deine Hand bei ihr ist.*

5

M4 Aus der Lehre des Ani (um 1300 v. Chr.)

1. Beschreibe die Behausungen der Ägypter (M1, M2).
2. Zeige die Unterschiede in den Behausungen der Ägypter auf (T1, M1, M2). **Hilfe**
3. Arbeite aus den Bildern und Texten die Baumaterialien heraus (M1, M2, T1).
4. Stelle dar, wie ein Mann nach der Lehre des Ani mit seiner Frau umgehen soll (M4).
5. I Nenne die Aufgabenbereiche von Frauen und Männern (T2, M4). **Hilfe**
   II Weise nach, dass die Arbeit der Frau im Haushalt angesehen war (M4).
   III Beurteile das Familienleben in Ägypten durch einen Vergleich mit Familienleben heute in Form einer Tabelle.
6. Berichte über das Leben der Kinder (T3, M3). *Bushaltestelle*

Wir spielen ein Rollenspiel

Im Rollenspiel versetzt ihr euch in eine andere Person. Ihr spielt diese Person in einer bestimmten Situation. Vorher müsst ihr euch über die Person informieren. Außerdem müsst ihr euch überlegen, wie sich diese Person wohl in der konkreten Situation verhalten würde.

Schritt 1 ●

→ Verwendet die Rollenkarten auf Seite 73. Verteilt die Rollen in der Klasse.
Tipp: Die Rollen können auch doppelt besetzt werden.

Schritt 2 ●●

→ Macht euch mit eurer Rolle vertraut. Überlegt euch genau, wie eure Person in der vorgegebenen Situation handeln würde. Was würde sie sagen?
Tipp: Informiert euch zusätzlich in eurem Geschichtsbuch:
  – der Pharao Chefren und seine Frau Meresanch, Seite 58/59,
  – der Beamte Snofru, Seite 60/61,
  – der Bauleiter Imothep, Seite 78/79.
→ Macht euch Notizen auf eurer Rollenkarte.

Schritt 3 ●●●

→ Spielt die folgende Situation:
  „Der Bauleiter berichtet dem Pharao über die Unzufriedenheit der Arbeiter auf der Pyramidenbaustelle."
→ Handle während der Durchführung nach deiner Rollenkarte.

Schritt 4 ●●●●

→ Bewertet abschließend das Rollenspiel und die Spielerinnen und Spieler. Diskutiert zum Beispiel:
  – Wer kann seine Meinung durchsetzen?
  – Wer nennt die besten Gründe?
  – Nennt jemand Gründe, die nicht zu seiner Rolle passen?
  – Welche Spielerin und welcher Spieler hat welches Ziel?

M1 Wie handelt die Person in der vorgegebenen Situation? Macht euch Notizen zu eurer Rolle!

1 *Nenne die Probleme oder Ziele, die die einzelnen Rollen haben.* Hilfe
2 *Werden in eurem Rollenspiel Lösungen für die Probleme bzw. Ziele gefunden?*
3 *Was habt ihr aus dem Rollenspiel über die Alltagsprobleme in Ägypten gelernt?*
4 *Welche Probleme hattet ihr beim Umsetzen des Rollenspiels?*

Streik auf der Pyramidenbaustelle

❶ Du bist der Pharao Chefren. 
Du lässt gerade eine Pyramide als dein Grab bauen. Du überlegst, wie du deine Arbeiter beruhigen kannst. Deine Beamten sollen eine Nachricht von dir weitergeben: „Ich lasse euch, meine Arbeiter, nicht einen Tag ohne Essen. Außerdem wird jeder für jeden Monat Arbeit bezahlt. Ich habe für euch Speicher mit Brot und Fleisch gefüllt. Jeder bekommt Sandalen und Kleider."

❷ Du bist Imothep, 
der Bauleiter des Pharao. Du hast beim Bau der Pyramide Schwierigkeiten mit den Arbeitern. Sie sagen, dass sie vor Hunger sterben. Sie erhalten zu wenig Lebensmittel. Es seien noch 18 Tage bis zum nächsten Monat, in dem es Lohn gibt. Sie hätten aber keinen Stoff mehr, kein Öl, keinen Fisch und auch kein Gemüse. Du stellst fest, dass die Arbeiter im Recht sind und der Pharao etwas tun muss.

❸ Du bist Meresanch, 
die Ehefrau des Pharao. Deine Aufgabe ist es, dem Volk von Ägypten zu zeigen, wie groß und mächtig ihr Pharao ist. Du darfst nicht mitregieren. Du weißt aber, dass dein Mann nur ein großer Pharao werden kann, wenn seine Pyramide fertig wird. Du machst deinem Mann klar, dass die Arbeiter besser für ihn arbeiten, wenn er beliebt bei ihnen ist und wenn er dafür sorgt, dass die Arbeiter genug zu essen haben.

❹ Du bist Snofru, 
ein Beamter. Du hast dafür zu sorgen, dass Material und Bauarbeiter für den Bau der Pyramide bereitgestellt werden. Du sollst den Arbeitern mitteilen, dass der Pharao Männer bestimmt hat, die den Arbeitern Essen und Kleidung beschaffen, zum Beispiel sollen Gärtner Gemüse und Früchte anbauen. Fisch und Wild sollen gefangen und gelagert werden. Zudem sollen andere Arbeiter Kleidung und Sandalen fertigen.

Durchblick aktiv

M1 Sonnengott Re und seine Tochter Maat (Bildnis aus dem Grab, 2000 v. Chr.)

M2 Grabmale im Tal der Könige sind mit zahlreichen Götterbildern ausgestaltet.

Die wichtigsten Götter der Ägypter

T1 Re – Sonnengott

Die Ägypter verehrten viele Gottheiten. Einer ihrer Hauptgötter war Re. Er verkörperte die Macht der Sonne und der Schöpfung. Re heißt übersetzt Sonne. Er trägt die Sonnenscheibe auf dem Kopf. Einige Pharaonen nannten sich Söhne des Re – wie z. B. der bekannte Pharao Chefren. Im Laufe der Geschichte Ägyptens veränderte sich die Bedeutung einiger Götter. Später verschmolz Re mit dem Gott Amun. Maat ist Res Tochter. Sie gilt als Göttin der Wahrheit und der Gerechtigkeit und trägt eine Feder.

T2 Göttergestalten

Ägypten war ein tierreiches Land. Die Stärke und die besonderen Fähigkeiten der Tiere verbanden die Ägypter mit ihren Gottheiten. Die Darstellung ihrer Götter als Menschen mit Tierköpfen oder als tierähnliche Gestalten kommt vermutlich aus dieser Bewunderung besonderer Fähigkeiten. Das Krokodil steht für Kraft, Greifvögel wie Falken können sehr gut sehen, das Rind steht für Fruchtbarkeit.

T3 Verehrung der Götter in Tempeln

Nach ägyptischer Vorstellung beherrschten die Götter zu Beginn die Welt. Später übernahmen die Pharaonen deren Aufgaben. Die Ägypter glaubten, dass die Pharaonen direkt von den Göttern abstammten. In Tempeln hatten Priesterinnen und Priester die Aufgabe, die Götter durch Opfergaben und Feste gut zu stimmen. Nur sie durften die Tempel betreten. Die Verehrung der Götter war fester Bestandteil im Leben jedes Ägypters.

---

1 *Schildere das Aussehen des ägyptischen Sonnengottes (T1, M1).*

Auswahl 2 *I Nenne einige Tiere, nach denen die Ägypter ihre Götter darstellten (T2).*
  II Erkläre, warum die Ägypter einige Tiere bewunderten (T2).
  III Begründe, warum die Verschmelzung von Tier- und Menschengestalt für die Götterdarstellung wichtig schien.

3 *Beurteile, dass nur Priester und Priesterinnen die Tempel betreten und versorgen durften (T3).*

Frühe Hochkulturen – Beispiel Ägypten

Ⓒ **Horus:** Ebenfalls ägyptischer Hauptgott. Mit Falkenkopf und Doppelkrone für Unter- und Oberägypten. Auch Kriegsgott, Lichtgott und Beschützer der Kinder.

Ⓖ **Maat:** Trägt eine Straußenfeder. Göttin der Wahrheit und Gerechtigkeit.

Ⓘ **Hathor:** Göttin der Liebe, der Schönheit, der Freude und des Tanzes. Frauengöttin.

Ⓗ **Anubis:** Mit Schakalkopf. Zuständig für die Einbalsamierung der Toten. Bewacher der Gräber.

Ⓑ **Osiris:** In Gestalt einer Mumie, oft mit gekreuzten Armen. Trägt die Königsinsignien Krummstab und Geißel. Gesichtsfarbe entweder weiß (Mumienbinden), schwarz (Tod) oder grün (Vegetation).

Ⓐ **Thot** trägt den Kopf des Ibis, eines langbeinigen Wasservogels. Er ist Gott der Schreiber.

Ⓕ **Nephtys.** Schwester der Isis und Herrin des Hauses.

Ⓓ **Sobek:** Mit Krokodilkopf. Gott des Wassers und der Fruchtbarkeit. Mächtiger Gott.

Ⓔ **Isis:** Mit Kuhhörnern und Sonnenscheibe. Göttin der Geburt, der Mütter und Totenschützerin.

M3 Ägyptische Gottheiten und ihre Zuständigkeiten (heutige Zeichnung)

4 Ordne die Abbildungen den Beschreibungen zu (M3).
5 Begründe, warum die Ägypter so viele verschiedene Götter hatten. Hilfe
6 Präsentiere eine ausgewählte Gottheit. *Partnervortrag*

M1 Das Totengericht (Wandmalerei aus dem Grab des Schreibers Hunefer, um 1300 v. Chr.)

Totengericht

T1 Leben nach dem Tod

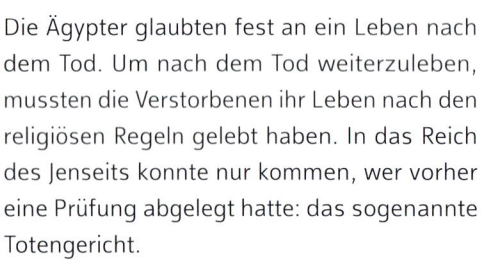

Die Ägypter glaubten fest an ein Leben nach dem Tod. Um nach dem Tod weiterzuleben, mussten die Verstorbenen ihr Leben nach den religiösen Regeln gelebt haben. In das Reich des Jenseits konnte nur kommen, wer vorher eine Prüfung abgelegt hatte: das sogenannte Totengericht.

Eine Malerei auf Papyrus aus dem Grab des Schreibers Hunefer zeigt, wie das Totengericht ablief. Der gestorbene Hunefer durchläuft alle Stationen des Gerichts, bevor ihm der Totengott Osiris den Eintritt in das Totenreich erlaubt. Nephtys und Isis helfen ihm.

In einigen Gräbern wurden Totenbücher als Beweis für ein sündenfreies Leben gefunden. Reiche Ägypter ließen auf Wandmalereien in ihrem Grab von ihrem Leben berichten, um ihre Seele gut ins Jenseits zu begleiten.

Das Ankh-Symbol ist eine Hieroglyphe, die für „Leben" steht. Das Zeichen steht symbolisch für das Weiterleben nach dem Tod.

Der Verstorbene sagt: Gruß dir, du größter Gott, Herr der vollständigen Wahrheit! Ich bin zu dir gekommen, mein Herr. Ich bin geholt worden, um deine Vollkommenheit zu schaun. Ich kenne dich, und ich kenn deinen Namen und ich kenne die Namen dieser 42 Götter, die mit dir sind ... Ich habe kein Unrecht gegen Menschen begangen, und ich habe keine Tiere misshandelt. Ich habe nichts „Krummes" an Stelle von Recht getan. ...
Ich habe keinen Gott beleidigt. ...
Ich habe nicht getan, was die Götter verabscheuen. Ich habe keinen Diener bei seinem Vorgesetzten verleumdet. Ich habe nicht Schmerz zugefügt und [niemand] hungern lassen. ...
Ich habe nicht getötet, und ich habe [auch] nicht zu töten befohlen.

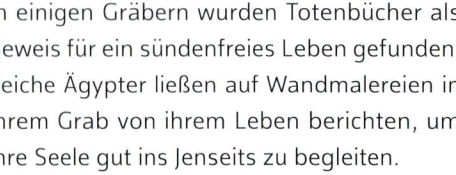

M2 Aus der Unschuldserklärung des Hunefer

T2 Verlauf des Totengerichts

Beim Totengericht musste der Verstorbene insgesamt vier Stationen durchlaufen. Zuerst legte Hunefer vor 14 Göttern Rechenschaft über sein Leben ab (A).

Dann wurde Hunefer vom Gott Anubis zur Waage geführt (B), wo dieser das Herz Hunefers wog (C). Es lag auf der linken Waagschale (D), auf der rechten lag die Feder der Göttin Maat (E). Diese Feder verkörperte Wahrheit, Ordnung und Gerechtigkeit. Sank die Waagschale mit dem Herzen, hatte Hunefer kein Leben im Sinne der Götter geführt, und sein Herz wäre von der krokodilköpfigen Ammit (F) gefressen worden. Das wäre sein endgültiger Tod gewesen. Aber die Waage blieb im Gleichgewicht. Der Gott der Schreiber Thot (G) notierte das Ergebnis.

Danach wurde Hunefer von Horus (H), dem Sohn von Osiris, zu Osiris geführt. Zuletzt entschied der Totengott Osiris (I), ob Hunefer nach dem Tode weiterleben durfte. Er kam dann ins Jenseits, in dem jeder ein Stück Land bekam und ein glückliches und besseres Leben als auf der Erde führen konnte. Isis und ihre Schwester Nephtys versprachen ihm dabei Schutz (J).

1 *Berichte über die Aufgabe des Totengerichts bei den Ägyptern (T1).*
2 *Ordne die passenden Ziffern aus M1 den Buchstaben in T2 zu.*
3 *a) Entnimm M2 Informationen über ein sündenfreies Leben.*
  b) Gestalte ein eigenes Totenbuch. Nutze dabei bildliche Darstellungen und ggf. Hieroglyphen zur Gestaltung (Anch-Zeichen, M1, T1, T2) Galeriegang
3 I *Benenne alle Götter, die beim Totengericht eine Rolle spielten (M1, T2).*
  II *Ordne die Bedeutung eines sündenfreien Lebens für das Leben im Jenseits ein.*
  III *Vergleiche die Vorstellungen vom Leben nach dem Tod mit heutigen Religionen.* Hilfe

M1 Pyramiden von Gizeh: Cheops-, Chefren- und Mykerinos-Pyramide (erbaut um 2600–2475 v. Chr.)

Schnittzeichnung der Pyramide:
① Eingang (mit Steinblöcken zum Schutz gegen Grabräuber)
② Gang
③ unvollendete Grabkammer
④ große Halle
⑤ Grabkammer
⑥ Steindecken
⑦ sogenannter Luftschacht
— Schacht der Grabräuber

146 m ursprüngliche Höhe, 137 m jetzige Höhe, 230 m

Pyramiden – Wohnungen für die Ewigkeit

T1 Pyramiden

Die Grabstätte diente dazu, dem Pharao ein sicheres Haus für das ewige Leben zu bieten. Seine Mumie musste geschützt und erhalten werden, damit er im Totenreich weiterleben konnte. Im Inneren führten Vorhallen, Gänge, Irrgänge und Labyrinthe zu den Sargkammern. Die prachtvolle Ausstattung bot dem Pharao alles für das tägliche Leben – bis hin zu seinen mumifizierten Lieblingstieren. Nur Priestern war der Zugang erlaubt. Die größte Pyramide, die Cheopspyramide, ist so hoch wie ein Hochhaus mit 50 Stockwerken. Je 2,5 Tonnen wog einer der 2,5 Millionen Steinblöcke. Die riesigen Ausmaße der Bauwerke und ihre prächtige Ausstattung sollten den als Gott verehrten Pharao auch im Jenseits gnädig stimmen. Die Ägypter hielten die schweren Arbeiten beim Bau für eine Art Gottesdienst.

Mumie: Überrest von Körpern. Um im Jenseits weiterleben zu können, musste der Körper intakt bleiben. Deshalb wurden die Toten zu Mumien gemacht und so vor Verwesung geschützt.

T2 Auf der Baustelle

Unzählige Arbeitskräfte wurden benötigt, um so einen Bau zu bewältigen. Die Bauzeit betrug oft um die 20 Jahre. Spezialisten für die Planung, für das Bauhandwerk und viele einfache Arbeitskräfte wurden gebraucht. Die am Bau beschäftigten Menschen lebten in den anliegenden Unterkünften. Bauern, Handwerker aus anderen Gewerben und Menschen, die Handel trieben, kamen zur Baustelle, um die Bauleute zu versorgen.
Die Arbeit im Steinbruch, auf den Nilschiffen, die die Steine brachten, und auf der Baustelle war sehr gefährlich. Viele Menschen verloren ihr Leben.

Auswahl 1
I Schildere genau, was du auf einer der dargestellten Abbildungen siehst (M1, M2, M3).
II Stelle die Unterschiede zwischen dem Foto und den Zeichnungen dar (M1, M2, M3).
III Stelle Vermutungen darüber an, warum die Nebenbauten aus M2 in M1 nicht zu sehen sind (M1, M2).

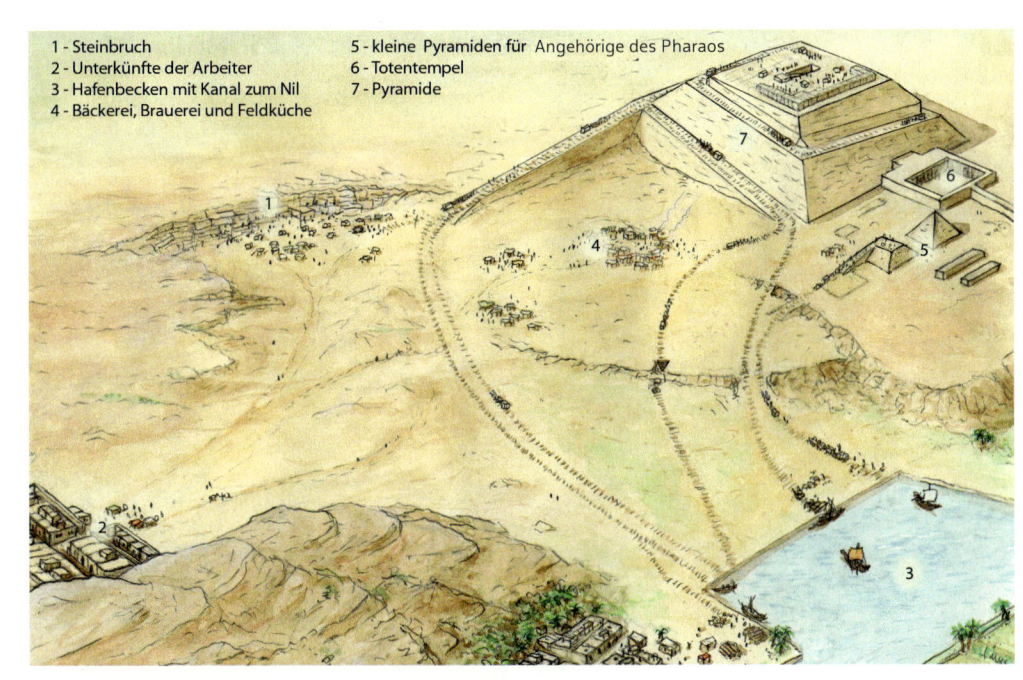

1 - Steinbruch
2 - Unterkünfte der Arbeiter
3 - Hafenbecken mit Kanal zum Nil
4 - Bäckerei, Brauerei und Feldküche
5 - kleine Pyramiden für Angehörige des Pharaos
6 - Totentempel
7 - Pyramide

WES-101633-303
Hörszene zum Pyramidenbau

M2 Baustelle einer Pyramide (Rekonstruktionszeichnung)

M3 Beim Bau der Pyramide (heutige Zeichnung)

2 *Arbeite heraus, wie die Baumeister die Mumie des Pharao schützen wollten (T1).*

3 *a) Schildere die Arbeitsbedingungen eines Bauarbeiters einer Pyramide (M3, T2).*
b) Erörtere, weshalb die Ägypter die Gefahren für ihr Leben auf der Baustelle vermutlich gern in Kauf nahmen. Hilfe

M1 Rekonstruktion des Inneren einer Grabkammer (heutige Zeichnung)

Grabkammern – versteckte Wohnungen

T1 Grabbeigaben

Wohlhabende oder herrschende Ägypter konnten sich aufwendige und gut ausgestattete Gräber leisten. Zahlreiche Grabbeigaben sollten dem Toten das Leben im Jenseits erleichtern. Neben Möbeln, Nahrung, Kleidung und Schmuck wurden sogar mumifizierte Tiere in den Gräbern gefunden. Nur wenige Gräber konnten unversehrt geborgen werden, denn viele Grabräuber haben die Gräber geplündert. Eines der berühmtesten Gräber ist das des Pharaos Tutanchamun. Er regierte etwa 1332–1323 v. Chr., wurde bereits mit neun Jahren Pharao und er wurde früh, vermutlich mit seiner Halbschwester, verheiratet. Mit 18 Jahren starb der junge Herrscher und wurde im Tal der Könige begraben.

Als der britische Archäologe Howard Carter 1922 das Grab entdeckte, war das eine große Sensation. Die Beigaben wurden herausgeholt. Sie sind heute von unschätzbarem Wert und lagern im Museum in Kairo. Unter den Funden war die berühmte goldene Maske des Pharaos. Kleinere Sarkophage enthielten die Eingeweide des Herrschers.

WES-101633-304
Erklärvideo zu Pharao Tutanchamun

1 *Beschreibe die Gegenstände der dargestellten Grabkammer (M1).*

2 *Erläutere, woran du erkennst, dass es sich um die Grabkammer eines wohlhabenden Ägypters handelt (M1, T1).*

Auswahl **3** I *Zähle einige Grabbeigaben und ihre Funktion im Jenseits auf (M1, T1).*
II *Begründe die Auswahl der Gegenstände, die dem Pharao mit ins Grab gegeben wurden.*
III *Erkläre, warum die Entdeckung des Grabes von Tutanchamun von großer Bedeutung war.*

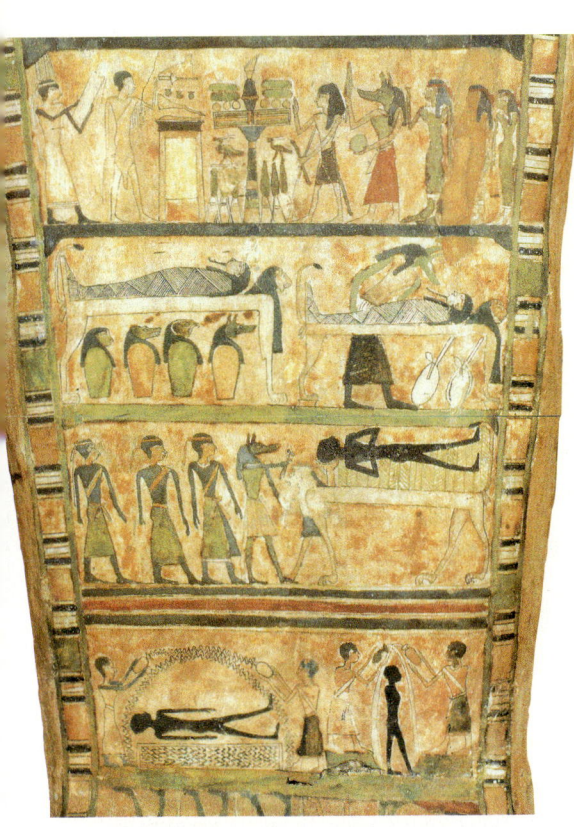

Priester und Frauen zeigen ihre Fürsorge für den Toten durch Opfergaben. Sie dienten wohl zur Versorgung im Jenseits.

Links unter der eingewickelten Mumie stehen vier Kanopenkrüge: der menschenköpfige ist für Darm und Magen, der affenköpfige für kleinere Organe, der falkenköpfige für Leber und Galle und der schakalköpfige für Herz und Lunge.
Rechts beugt sich Anubis über die Mumie und vollzieht das Mundöffnungsritual.

Die Leiche liegt auf einem Weizenfeld. Dies galt als Zeichen für ein neues Leben. Die vier Priester beginnen mit dem Einwickeln der Leiche. Der erste trägt die Schakalmaske des Totengottes Anubis und hält Binden in der Hand.

Priester gießen Reinigungsflüssigkeit über den Toten, Natronlauge entzog dem Körper alle Flüssigkeit.

Kanope:
Krug aus gebranntem Ton und Lehm, in den die inneren Organe des Toten gelegt und mumifiziert wurden.

Mundöffnungsritual:
Diese feierliche Zeremonie wurde mit einem besonderen Werkzeug vollzogen, bei dem man den Mund der Mumie berührte. Damit erreichte der Tote „durch den Mund" seine Unsterblichkeit.

M2 Auf den vier Bilderszenen wird gezeigt, wie eine Leiche zu einer Mumie gemacht wird. Das Bild muss von unten nach oben betrachtet werden (Holzsarg, 2. Jh. v. Chr.).

T2 Mumifizierung

Eine Mumie soll den Körper des Verstorbenen für das Leben für die Ewigkeit bewahren. Die Erstellung einer Mumie dauerte mehr als 70 Tage. Beim Umwickeln des zusammengeschrumpften Körpers wurden auch kleine Amulette zwischen die Binden gelegt. Diese kleinen Diener sollten den Toten im Jenseits bedienen. Die einbalsamierte und gewickelte Mumie wurde in einen reich verzierten Holzsarg gelegt, der den Körper schützen sollte. Nach dem Ende der Bestattungszeremonie wurde die Grabkammer von außen versiegelt.

WES-101633-305
Interaktives Arbeitsblatt zur Mumifizierung

M3 Ausgewickelte Mumie des Pharao Ramses II. (ca. 1290–1224 v. Chr.) und sein Sargdeckel

4 Beschreibe den Vorgang der Mumifizierung (M2, M3, T2). *Marktplatz*
5 Erkläre, warum manche Mumien heute noch unversehrt sind (M2, T2).
6 Begründe, warum die inneren Organe getrennt von der Körperhülle in Kanopen mit Tierköpfen gefüllt wurden.

Frühe Hochkulturen – Beispiel Ägypten

1. Leben am Nil

- Benenne die dargestellten Tätigkeiten, Personengruppen, Gebäude und Gerätschaften am Nil.
- Stelle Vermutungen über die Jahreszeit, den Wasserstand des Nils und die notwendigen Aufgaben der Menschen an.
- Erkläre mithilfe des Bildes M1, welche Umstände die Menschen zu geplanter Zusammenarbeit und Arbeitsteilung zwangen.

M1 Am Nil wirtschaften

2. Gesellschaft am Nil

- Benenne die richtigen Sätze in M3.
- Begründe die Macht des Pharao mithilfe der Beschreibung der Statue M2 und ordne dabei die Sätze zur Herrschaft des Pharao aus den Fehlersätzen richtig zu.
- Erläutere, warum die Gesellschaftsstruktur am Nil dazu beitrug, eine Hochkultur zu entwickeln.

M2 Statue des Pharao Tutmosis (Regierungszeit 1479–1425 v. Chr.)

Achtung! Fehler!

1. Der Nil wurde von den Ägyptern beherrscht.
2. Nur gemeinsam konnten die Bauern am Nil Bewässerungsanlagen bauen.
3. Rechnen und Schreiben konnten alle Ägypter.
4. Die Untertanen wählten den Pharao jährlich.
5. Nur die Söhne Reicher konnten mit fünf Jahren in die Schule gehen, um Schreiber zu werden.
6. Die Ägypter glaubten an den endgültigen Tod.
7. Frühe Hochkulturen entstanden oft auf Bergen.
8. Die Bauern konnten ihre Wünsche dem Pharao jederzeit vortragen.
9. Beamte halfen dabei, das Land zu verwalten.

M3 Aussagen zur ägyptischen Gesellschaft

3000 v. Chr. Erste Schriftzeichen, Entstehung des ägyptischen Reichs

2500 v. Chr. – 1750 v. Chr. Pyramiden

1500 v. Chr. – 1000 v. Chr. Größte Ausdehnung des ägyptischen Reichs

30 v. Chr. Römer erobern Ägypten

Frühgeschichte — Antike

3000 v. Chr. | 2500 | 2000 | 1500 | 1000 | 500 | Chr. Geb. | 500 n. Chr.

Wissen und Können

3. Der Glaube an das Jenseits

Zuerst wird mittels eines eisernen Hakens das Gehirn durch die Nasenlöcher herausgeleitet. Der Rest wird entfernt, indem man auflösende Flüssigkeiten eingießt. Dann macht man mit einem scharfen ... Stein einen Schnitt in den Bauch und nimmt die ganzen Eingeweide heraus. Sie werden gereinigt und dann mit Palmwein und zerriebenen Gewürzen durchspült. Dann wird der Bauch mit reiner geriebener Myrrhe, mit Zimt und anderen Gewürzen gefüllt und zugenäht. Nun legen sie die Leiche ganz in Natronlauge, 70 Tage lang. ... Sind sie vorüber, wird der Körper gewaschen, mit Binden von Leinwand ...umwickelt und mit Gummi bestrichen, den die Ägypter anstelle von Leim verwenden. Nun holen die Angehörigen die Leiche ab ... Das ist die Art, wie die Reichsten ihre Leichen behandeln.

M4 Der griechische Geschichtsschreiber Herodot berichtete über die Mumifizierung (um 450 v. Chr.)

I *Ordne die Schritte der Mumifizierung in einer Stichwortaufzählung.*
II *Gib die Schritte der Mumifizierung in Form eines Comics wieder.*
III *Begründe die aufwendige Behandlung der Toten bei den Ägyptern.*

4. Ägypten – Beispiel einer frühen Hochkultur

I *Finde in den Steinblöcken M5 die Antworten zu den nummerierten Fragen.*
II *Verfasse zu drei der gesuchten Antworten kurze Informationstexte.*
III *Begründe, weshalb es sich bei der ägyptischen Gesellschaft um eine Hochkultur handelt.*

1. Pflanze zur Papierherstellung
2. Königsgrabmal
3. höchster Gott im Jenseits
4. Gottkönig
5. Bewässerungssystem

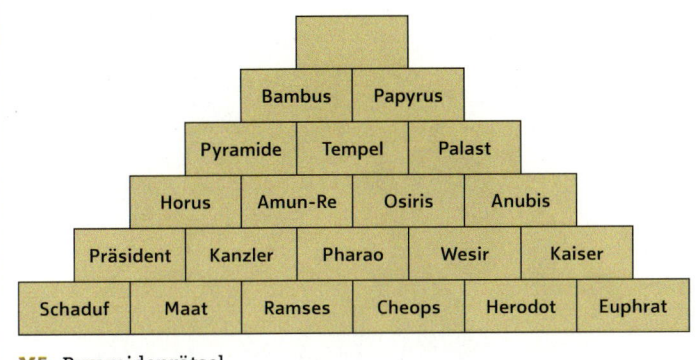

M5 Pyramidenrätsel

5. Die ägyptische Gesellschaft

I *Beschreibe das Schaubild M6 zur ägyptischen Gesellschaft.*
II *Erkläre das Schaubild.*
III *Erläutere die Zusammenhänge.*

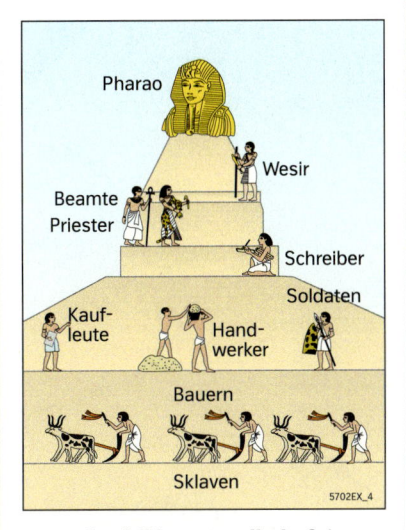

M6 Schaubild zur Gesellschaft im alten Ägypten

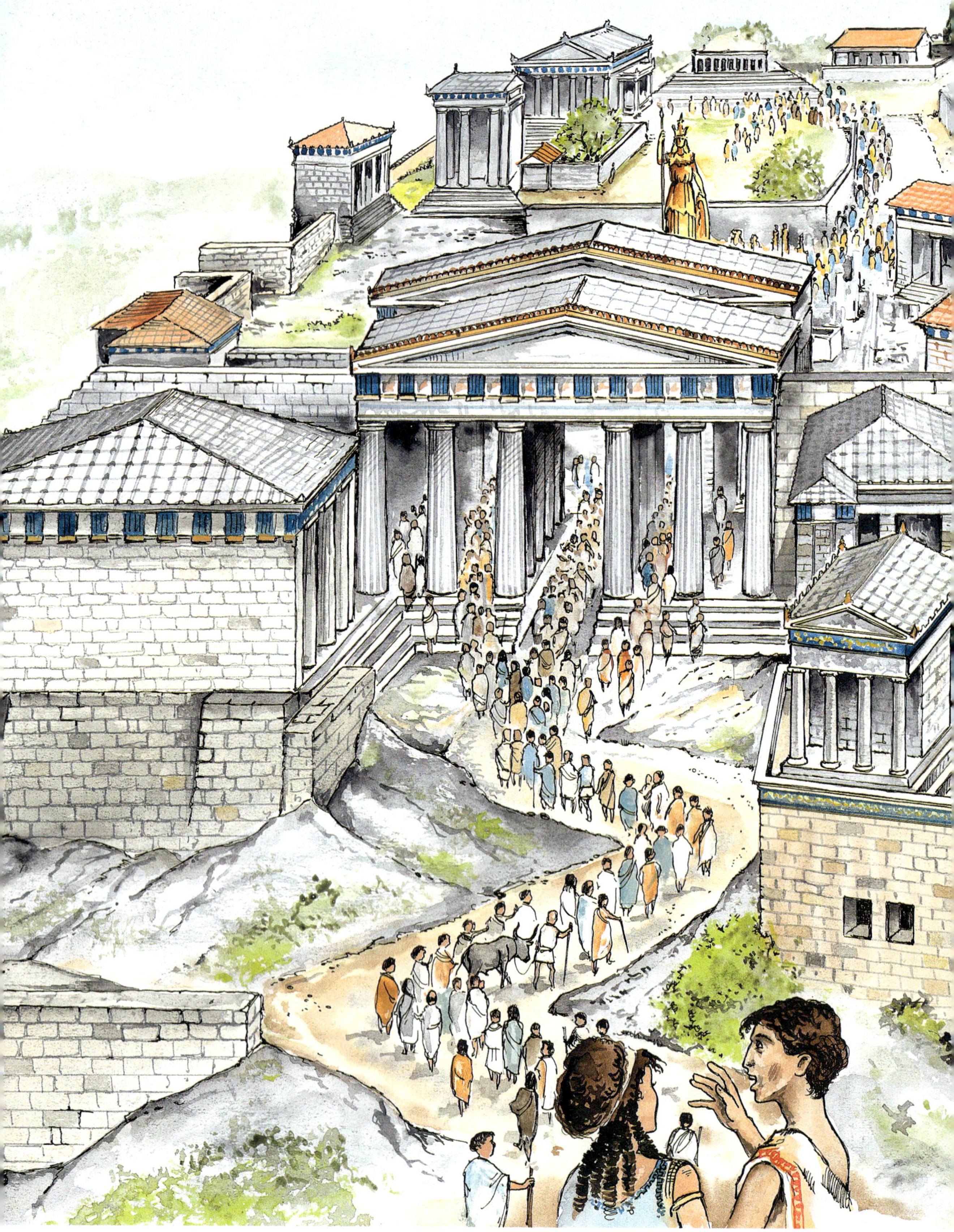

Das antike Griechenland

M2 Laufwettbewerb bei den Olympischen Spielen in Griechenland (Vasenmalerei, 6. Jh. v. Chr.)

M3 Berliner Marathonlauf durch das Brandenburger Tor (1793 vollendet nach der Form griechischer Tempel)

→ Welche Rolle spielten die Griechen im Mittelmeerraum?
→ Was bedeuteten die Olympischen Spiele für die Griechen?
→ Wer traf bei den Athenern politische Entscheidungen?
→ Wie haben die Griechen unsere Kultur und unsere Wissenschaft beeinflusst?

M1 Der Burgberg Akropolis in Athen, oben rechts der Parthenon-Tempel aus dem 5. Jh. v. Chr. (heutige Zeichnung)

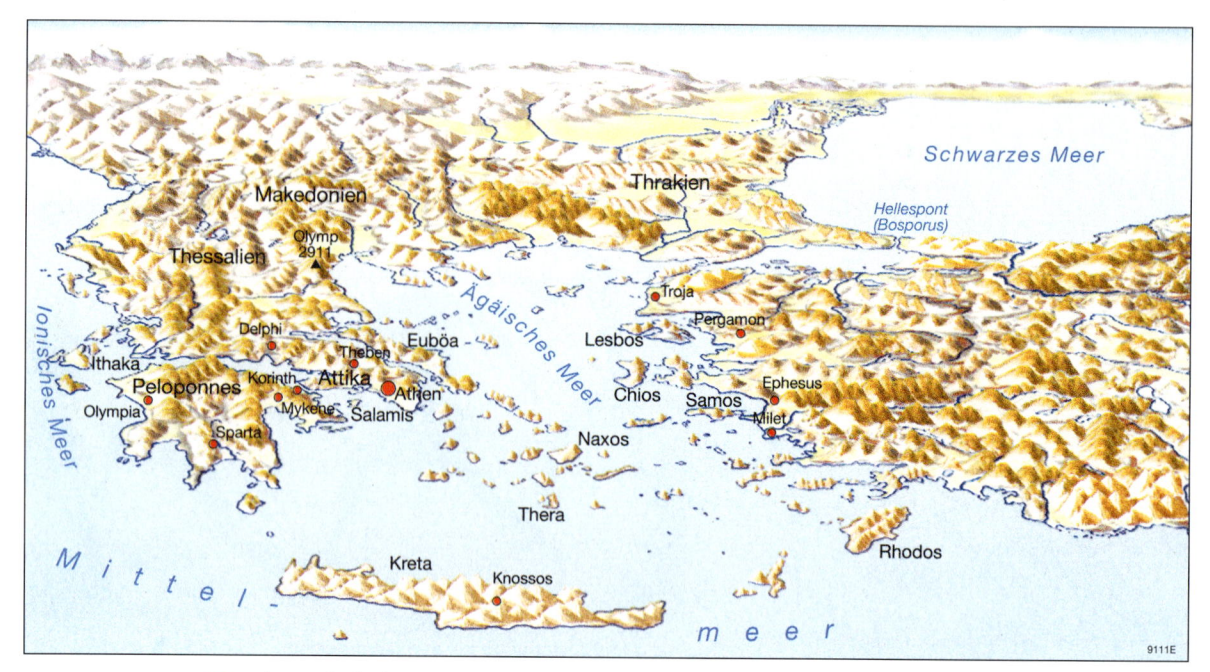

M1 Die Landschaft Griechenlands

Griechen – ein Volk, viele Stadtstaaten

T1 Leben zwischen Bergen und Meer

Antike: Zeitalter im Mittelmeerraum von etwa 800 v. Chr. bis 500 nach Christus. Die griechische und römische Geschichte ist geprägt durch gemeinsame kulturelle Traditionen.

Das Mittelmeer gliedert das Land der Griechen in zahllose Inseln und Halbinseln. Auf den Inseln und auf dem Festland umschließen hohe Gebirgszüge die Täler, in denen die Griechen siedelten. So hatten die Bewohner wenig Kontakt zu den anderen Siedlungen.

Die Griechen verband in der Antike die gleiche Sprache und Schrift. Sie verehrten auch die gleichen Götter. Aber trotz dieser Ähnlichkeit entstand wegen der Zerrissenheit der Landflächen durch Berge und Meer kein einheitlicher Staat wie z. B. im alten Ägypten.

T2 Entstehung von Stadtstaaten

Vor etwa 3000 Jahren entstanden in Griechenland aus verschiedenen Siedlungen Hunderte voneinander unabhängige kleine Stadtstaaten. Ein solcher Staat hieß Polis (Mehrzahl Poleis).

Die Einwohner einer Polis bildeten eine Gemeinschaft. Sie mussten ihre Stadt sichern und sich selbst mit dem Lebensnotwendigen versorgen. Sie waren stolz auf ihre politische Selbstständigkeit und achteten darauf, wirtschaftlich unabhängig zu bleiben.

Von Polis leitet sich das Wort „Politik" ab. Darunter versteht man alle auf die Polis bezogenen Angelegenheiten.

---

1 *Beschreibe die Lage des antiken Griechenlands in Europa (M1, Atlas).*

2 *Erkläre, warum die griechischen Siedlungen oft kaum Kontakt miteinander hatten. Gehe dabei auf die griechische Landschaft ein (T1, M1).*

3 *Nenne Gründe, warum die Griechen sich als ein Volk fühlten (T1).*

Auswahl 4 I *Nenne drei der in M1 genannten Poleis und beschreibe deren Lage.*
II *Erkläre, was im antiken Griechenland eine Polis war (T2).* **Hilfe**
III *Erläutere die Bedeutung einer Polis für die dort lebenden Menschen (T2).*

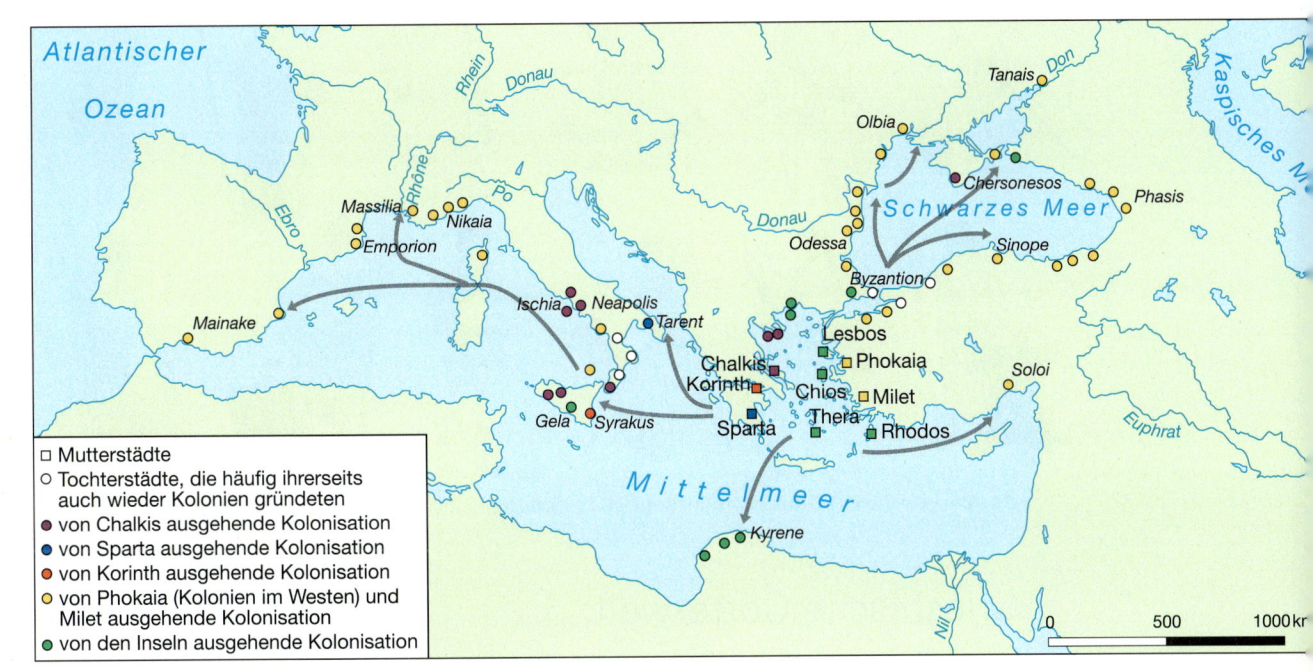

M2 Griechische Kolonien rund ums Mittelmeer

T3 Griechische Siedlungen rund ums Mittelmeer

Die Anzahl der Menschen in den Stadtstaaten Griechenlands wuchs seit dem 8. Jahrhundert v. Chr. rasch. Gleichzeitig führten schlechte Ernten in Dürrejahren zu Hungersnöten. Deshalb waren viele Griechen gezwungen, ihre Heimat zu verlassen. Andere Bewohner der griechischen Stadtstaaten suchten nach neuen Handelsplätzen, wo sie gute Gewinne machen konnten.

So gründeten viele Griechen rund um das Mittelmeer oder das Schwarze Meer neue Siedlungen, die sogenannten Kolonien. Diese Niederlassungen lagen an der Küste und blieben in engem Kontakt mit ihren Mutterstädten in Griechenland. Das Leben in den Kolonien unterschied sich kaum vom Leben in Griechenland.

Den neuen Nachbarn in den Kolonien brachten die griechischen Siedler und Händler unter anderem die griechische Sprache, das griechische Alphabet, das griechische Münzgeld und die Baukunst.

> Nun blieb aber sieben Jahre der Regen in Thera aus. Während dieser Zeit verdorrten alle Bäume auf der Insel …
> Die Einwohner von Thera bestimmten, dass aus allen sieben Gemeinden immer je einer von zwei Brüdern um die Auswanderung losen sollte …
> Mit Schiffen segelten sie zu einer Insel vor der afrikanischen Küste.

M3 Der griechische Historiker Herodot (um 490–425 v. Chr.) zur Lage auf der Insel Thera

Kolonien: Kolonien (von lateinisch colonus = Bebauer, Ansiedler) waren neue Siedlungen in fremden Gebieten.

5 a) Erstelle mithilfe eines Atlas eine Liste mit heutigen Staaten, in denen es griechische Kolonien gab (M2).
b) Ordne die Namen der Siedlungen den heutigen Staaten zu.

6 Berechne mithilfe von M2 ungefähr die Länge des Seeweges von der Mutterstadt zur weitesten Tochterstadt. Nimm dafür die Maßstabsleiste zu Hilfe. *Hilfe*

7 Begründe, warum die Griechen Kolonien gründeten (T3, M3).

8 Formuliere eine Frage zum Thema „Stadtstaaten und Kolonisation". *Stühletausch*

M1 Die griechische Götterfamilie (heutige Zeichnung)

Griechische Götterwelt

T1 Der Glaube der Griechen

WES-101633-401
Interaktives Arbeitsblatt zur Götterwelt der Griechen

Die Griechen glaubten an viele Göttinnen und Götter mit eigenen Zuständigkeiten. Sie stellten sich ihre Götter in menschlicher Gestalt vor, die in einer Familie lebten. Wie die Menschen hatten sie gute und schlechte Eigenschaften. Sie besaßen aber übermenschliche Kräfte und waren unsterblich. Göttervater Zeus wohnte mit seiner Familie auf dem Olymp, einem Berg in Nordgriechenland.

Viele Göttergeschichten boten den Menschen Erklärungen für Dinge, die ihnen rätselhaft vorkamen. Wenn der Donner grollte, war der Göttervater Zeus zornig. Dann schleuderte er Blitze gegen Schuldige.
Jede Stadt stand unter dem Schutz einer bestimmten Gottheit. Die Polis Athen stand zum Beispiel unter dem Schutz der Göttin Athene.

T2 Umgang mit den Göttern

Orakel: Göttliche Vorhersage der Zukunft, auch Weissagung genannt. Auch Name für den Ort, an dem Priester die Weissagung der Götter verkündeten.

Die Griechen fürchteten die Götter und versuchten sie durch Opfer und Geschenke milde zu stimmen. Deshalb wurden zu ihren Ehren große Tempel gebaut.
Die Menschen glaubten, dass an bestimmten Heiligtümern die Götter durch Priester zu ihnen sprechen würden. Ein berühmtes Heiligtum für solche Fragen war Delphi. Die Sprüche der Götter nannte man Orakel.

- „Soll ich Fischer werden?"
- „Ist es besser, wenn Onanismos jetzt heiratet, oder soll er es lieber sein lassen?"
- „Warum bekomme ich keine Kinder mit meiner Frau Meniska?"
- „Hat Dorkilos den Stoff gestohlen?"

M2 Fragen an das Zeus-Orakel von Dodona

1 *Beschreibe, wie sich die Griechen die Götterwelt vorstellten (T1, M1).*
2 *Begründe, warum die Griechen ihren Göttern häufig und viel opferten (T2).*
3 *Erläutere, was die Griechen sich von einem Orakel erhofften (T2, M2).*
Auswahl 4 I *Beschreibe das Erscheinungsbild von fünf Göttern in M1.*
II *Ordne den Göttern in M1 mithilfe von M3 ihre Namen zu.* Hilfe
III *Erstelle ein Informationsblatt, auf dem die zwölf griechischen Götter mit ihren Zuständigkeiten vorgestellt werden (M1, M3).*

Gott	zuständig für	erkennbar an
Zeus	„Göttervater", Himmel, Wetter	Blitz in der Hand, Adler, Zepter, bärtig
Hera	Gemahlin des Zeus, Ehe und Familie	Zepterstab, Diadem, Pfau
Poseidon	Bruder des Zeus, Meer, Erdbeben	Dreizack, Delfin, Netz, bärtig
Hades	Herr der Unterwelt/Totenwelt	Zepterstab, doppelköpfiger Höllenhund, ernst, bärtig
Aphrodite	Schönheit, Liebe, Sex	Spiegel, Schwan, fast nackt
Artemis	Jagd, wilde Tiere, Geburtshelferin	Pfeile, Bogen, Köcher, Hirsch
Apollo	Musik, Weissagung, Reinigung, Heilkunst	Pfeile, Bogen, Leier, Lorbeerkranz
Athene	Kunst, Weisheit und Wissenschaft, kämpfende Heldin	Helm, Speer, Schild, Umhang, Eule
Ares	Krieg	Helm, Speer, Schild, freier Oberkörper
Hephaistos	körperliche Gebrechen, Schmiedekunst, Feuer	Hammer, Zangen, Amboss
Hermes	„göttlicher Vermittler", Bote, Handel	Heroldsstab, geflügelte Stiefel/Sandalen, Flügelhut
Dionysos	Rausch, Wein, Überfluss	Efeukranz, Weinreben, Pantherfell, Speer

M3 Die Aufgaben und Erkennungsmerkmale der griechischen Götter

T3 Helden in griechischen Sagen

Superhelden kannten auch die alten Griechen. Sie erzählten sich zahlreiche Geschichten von Helden mit göttlichen Fähigkeiten. Diese sind Teil der griechischen Mythologie.
Der Dichter Homer schrieb die griechischen Sagen auf. Die Geschichten waren allen Griechen bekannt. Schülerinnen und Schüler lernten mit Texten von Homer lesen und schreiben. Die Sagen „Ilias" und „Odyssee" zum Beispiel berichten vom langjährigen Kampf um die Stadt Troja und von den Heldentaten des Odysseus. Darin schaffte er es mit einer List, die stark befestigte Stadt zu erobern.
In einem riesigen hölzernen Pferd gelangten griechische Krieger in die Stadt. Die Trojaner hielten das Holzpferd für ein Geschenk an die Götter. Sie holten es deshalb in die Stadt hinein. Weil sie sahen, dass das griechische Heer abzog, feierten sie schon den Sieg. In der Nacht kletterten die Soldaten aber aus dem Pferd und öffneten heimlich die Stadttore. Das zurückgekehrte griechische Heer vernichtete daraufhin Troja in einem Flammenmeer.
Auf ihrer Heimfahrt trieben Stürme die griechischen Schiffe auseinander. Odysseus kehrte erst nach zehn Jahren nach Hause zurück, nachdem er zahlreiche Abenteuer überstehen musste.

Göttervater Zeus zu Athene:
„Meinem Bruder Poseidon kocht die Galle, weil Odysseus seinem Sohn Polyphem das einzige Auge ausgestoßen hat. Seit dieser Zeit treibt Poseidon den Odysseus auf dem Meer herum und hält ihn von der Heimat fern."

M4 Aus der „Odyssee" von Homer

Mythologie: Gesamtheit der antiken griechischen Mythen. Ein Mythos ist eine Sage oder überlieferte Geschichte.

WES-101633-402
Informationen zu den Abenteuern des Odysseus

5 I Gib die Taten des Odysseus mit eigenen Worten wieder (T3, M4).
II Verfasse einen Dialog, in dem Odysseus einem Soldaten erklärt, wie sie Troja erobern können (T3).
III Beurteile, ob Odysseus ein Superheld ist (T3, M4). Think – Pair – Share
6 Erläutere den Zusammenhang zwischen den Abenteuern des Odysseus und dem Wirken der griechischen Götter (T3, M3). Hilfe
7 Entwickelt aus einem Abenteuer des Odysseus ein Rollenspiel (Webcode).

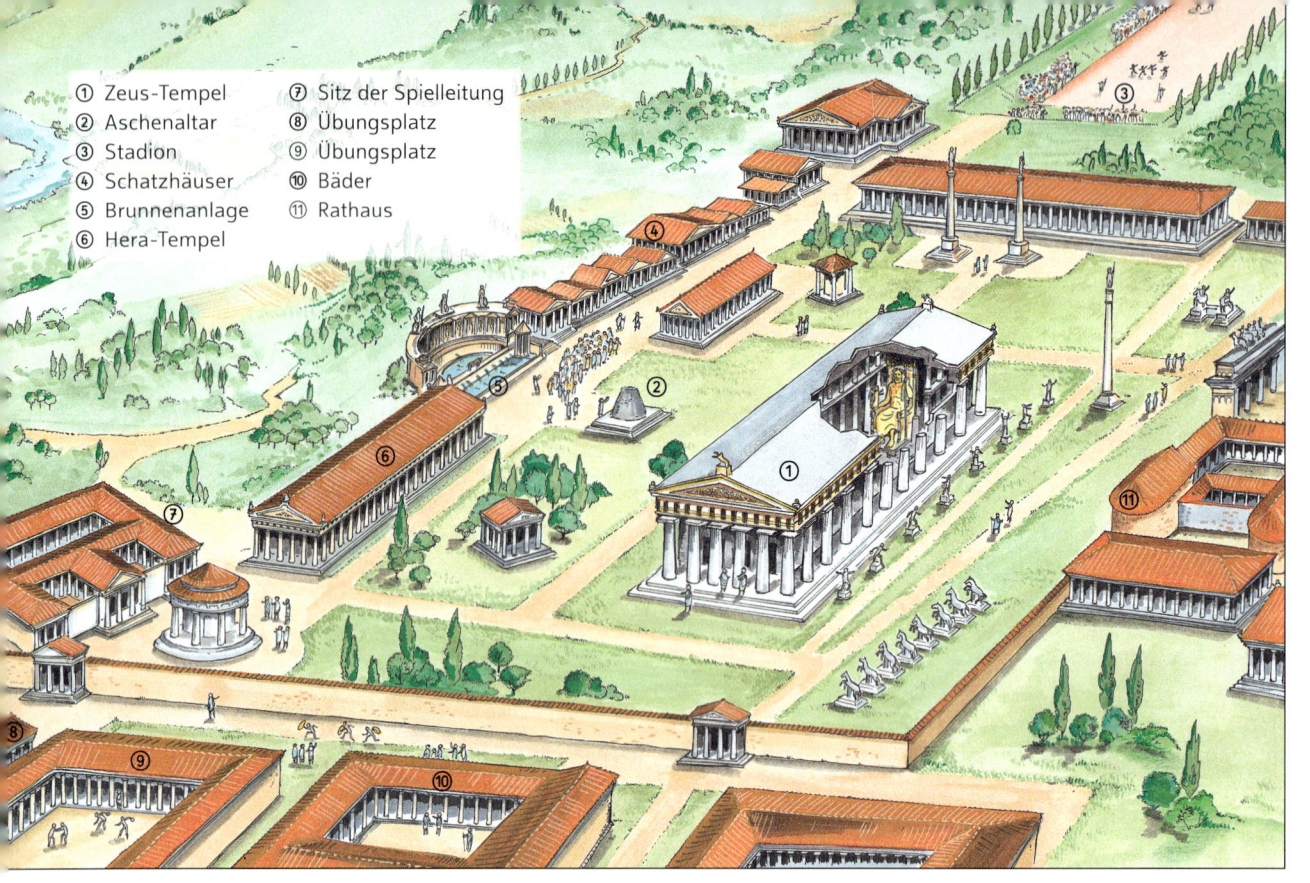

① Zeus-Tempel
② Aschenaltar
③ Stadion
④ Schatzhäuser
⑤ Brunnenanlage
⑥ Hera-Tempel
⑦ Sitz der Spielleitung
⑧ Übungsplatz
⑨ Übungsplatz
⑩ Bäder
⑪ Rathaus

M1 Das antike olympische Gelände (heutige Zeichnung)

Olympische Spiele

T1 Wettkämpfe zu Ehren der Götter

Seit 776 v. Chr. fanden alle vier Jahre in der Stadt Olympia auf der griechischen Halbinsel Peloponnes sportliche Wettkämpfe zu Ehren der Götter statt. Aus allen griechischen Stadtstaaten strömten Sportler und Zuschauer. Die Olympischen Spiele konnten erst beginnen, nachdem dem Göttervater Zeus ein Opfer gebracht wurde. Die Sportler legten vor der Zeusstatue den olympischen Eid ab. Sie schworen, nicht gegen die Wettkampfregeln zu verstoßen.

WES-101633-403
Film über die Zeusstatue in Olympia

Auf dem Weg zum Stadion gibt es neben Siegerstatuen auch Weihegeschenke. Diese werden mithilfe der Strafgelder errichtet, die Athleten zahlen mussten, wenn sie gegen die Regeln verstoßen hatten ... Die Inschrift auf der ersten Statue sagt, dass man einen Sieg in Olympia nicht mit Geld, sondern mit Schnelligkeit der Füße und Körperkraft erringen soll. Die zweite sagt, dass die Statue zu Ehren der Gottheit und zur Abschreckung der frevelnden [betrügerischen] Athleten dastehe ...

M2 Bericht des griechischen Historikers Pausanias 180–113 v. Chr.

1 a) Beschreibe die Sportstätten im antiken Olympia (M1).
b) Erläutere die Bedeutung der Olympischen Spiele für die Griechen (T1, M1). Hilfe

2 Die Sportler in Olympia legten vor den Wettkämpfen einen Eid ab. Erstelle einen Zeitungsbericht, der auch auf die Strafen bei Nichteinhaltung des Eids eingeht (T1, M2).

3 Erkläre, was Olympischer Friede bedeutete (T3).

4 Erläutere, wie sich die Rolle von Frauen bei den Olympischen Spielen seit der Antike verändert hat (T2).

M3 Antike Weitspringer sprangen mit Gewichten (Vasenmalerei, um 520 v. Chr.)?

M4 Olympiasiegerin im Weitsprung Malaika Mihambo (Deutschland) 2021 in Tokio

T2 Ablauf der Spiele in Olympia

An den sportlichen Wettkämpfen in Olympia durften nur Männer teilnehmen. Frauen waren nicht zugelassen. Zuschauen durften nur verheiratete Frauen. Die Sportler kämpften nackt.

Die Spiele liefen nach einem festen Plan ab:
1. Tag: Eid der Athleten und Trainer vor der Zeusstatue
2. Tag: Wettkämpfe der Jungen
3. Tag: Pferde- und Wagenrennen; Fünfkampf: Diskuswurf, Weitsprung, Speerwurf, Ringkampf, Stadionlauf (192 m)
4. Tag: Festumzug und großes Zeusopfer, Gesänge, Flötenspiel, gemeinsames Fest- und Opfermahl
5. Tag: Kampfsportarten wie Ringkampf, Faustkampf, Allkampf; Waffenlauf mit Helm, Beinschienen, Speer und Schild
6. Tag: Siegerehrung im Zeustempel, Festessen der Sieger

T3 Olympischer Friede

Während der Wettkampftage galt ein allgemeiner olympischer Friede. Alle Kriege und Kämpfe zwischen den Stadtstaaten mussten unterbrochen werden. Jeder Teilnehmer konnte in dieser Zeit frei durch alle griechischen Stadtstaaten reisen.

T4 Siegerehrung

Bei den Olympischen Spielen der Antike zählte nur der Sieg. Der zweite und dritte Platz galt nichts. Den Siegern setzte die oberste Priesterin einen Kranz mit Ölzweigen auf den Kopf. Ihre Namen wurden in Siegerlisten eingetragen. In ihrer Heimatstadt erhielten die Sieger oft lebenslang kostenlose Verpflegung und zahlten keine Steuern mehr. Das führte dazu, dass immer mehr Berufssportler an Olympischen Spielen teilnahmen.

Nach dem Vorbild der Antike finden seit 1896 alle vier Jahre in unterschiedlichen Städten der Erde die Olympischen Spiele der Neuzeit statt.

Die Olympischen Ringe symbolisieren die Zusammenkunft und die Einheit der Sportlerinnen und Sportler aus fünf Kontinenten.

Olympische Spiele der Neuzeit:
Seit 1896 alle vier Jahre. Seit 1924 gibt es auch Olympische Winterspiele. Teilnehmende sind Männer und Frauen aus allen Ländern der Erde. Geehrt werden die drei Besten eines Wettbewerbes mit unterschiedlichen Medaillen.

---

5 I⃝ *Nenne die Wettkämpfe der antiken Olympischen Spiele (T2, M3).*
II⃝ *Beschreibe den Ablauf der Spiele im antiken Olympia (T2, M3).*
III *Gestalte ein Lernplakat zu den antiken Olympischen Spielen (T1–T4, M1–M3).*

6 a) *Stelle eine Siegerehrung bei den antiken Olympischen Spielen dar (T4).*
b) *Vergleiche einen Olympiasieger der Antike mit einem heutigen Sportler (T4, M4)*
Bushaltestelle

7 *Vergleiche die Olympischen Spiele der Antike mit Olympischen Spielen der Neuzeit (T1–T4, M1–M4). Notiere in einer Tabelle Unterschiede und Gemeinsamkeiten.*

M1 Auf der Agora, dem Marktplatz von Athen, wurden Waren gehandelt (heutige Zeichnung).

Alltag in der Polis Athen

T1 Wohnen in Athen

Die bedeutendste Polis in Griechenland war Athen. Sie umfasste drei Gebiete: die Stadt Athen mit dem Burgberg, der Akropolis, ihrem Umland mit der Halbinsel Attika und dem Hafen Piräus. Die meisten Bewohner Athens lebten in kleinen Häusern, die nur wenige Zimmer besaßen. Nur reiche Athener verfügten über große Häuser mit bis zu 15 Zimmern. Die Straßen waren eng und voller Schmutz und Abwasser.

In den Wohnhäusern waren auch die Werkstätten der Handwerker untergebracht. Bäcker, Tischler, Schmiede und andere stellten ihre Waren dort her. Dabei halfen ihnen Sklaven.

Sklave: Mensch ohne Rechte. Ein Sklave galt als Sache, nicht als Person. Er konnte gekauft und verkauft werden. Sklave wurde man als Kriegsgefangener oder wenn man seine Schulden nicht mehr zurückzahlen konnte.

T2 Versorgung der Einwohner Athens

Im Umland von Athen lebten Bauern und Fischer mit ihren Familien. Die Kleinbauern bauten dort vor allem Getreide an. Reiche Bauern erzeugten hingegen Wein und Olivenöl. Ziegen und Schafe hielten die Bauern wegen der Wolle und um aus der Milch Käse herzustellen.

Aber in der kargen Landschaft konnten nicht genügend Lebensmittel für alle produziert werden. Deshalb betrieben die Athener über ihren Hafen Handel mit vielen Regionen des Mittelmeerraums.

Ausgeführte Waren:
- *Marmor, Keramikvasen, Parfümöle, Wein, Honig, Olivenöl*

Eingeführte Waren:
- *Sklaven, Thunfisch und gesalzene Fischwaren aus Phrygien [Türkei]*
- *Weizenmehl aus Phönizien [Syrien]*
- *Elfenbein, Getreide, Edelsteine, Sklaven aus Karthago [Tunesien]*
- *Eisenerz, Holz, Glas aus den nördlichen Nachbarreichen und Italien*
- *Getreide, Wein, Kupfer aus Spanien*

M2 Beispiele für Handelswaren in Athen

1 a) Beschreibe das Leben auf dem Marktplatz von Athen (M1).
b) Vergleiche es mit heutigen Märkten.

Auswahl 2 I Nenne die Herkunft der Waren, die in Athen gehandelt wurden (T1, T2, M2).
II Erkläre, wie sich die Athener mit Waren versorgten (T1, T2, M1, M2).
III Gestalte eine Mindmap zum Wirtschaftsleben in der Polis Athen (T1, T2, M1, M2).

3 Schreibe einen Bericht über das Leben in Athen (T1, T2). Hilfe

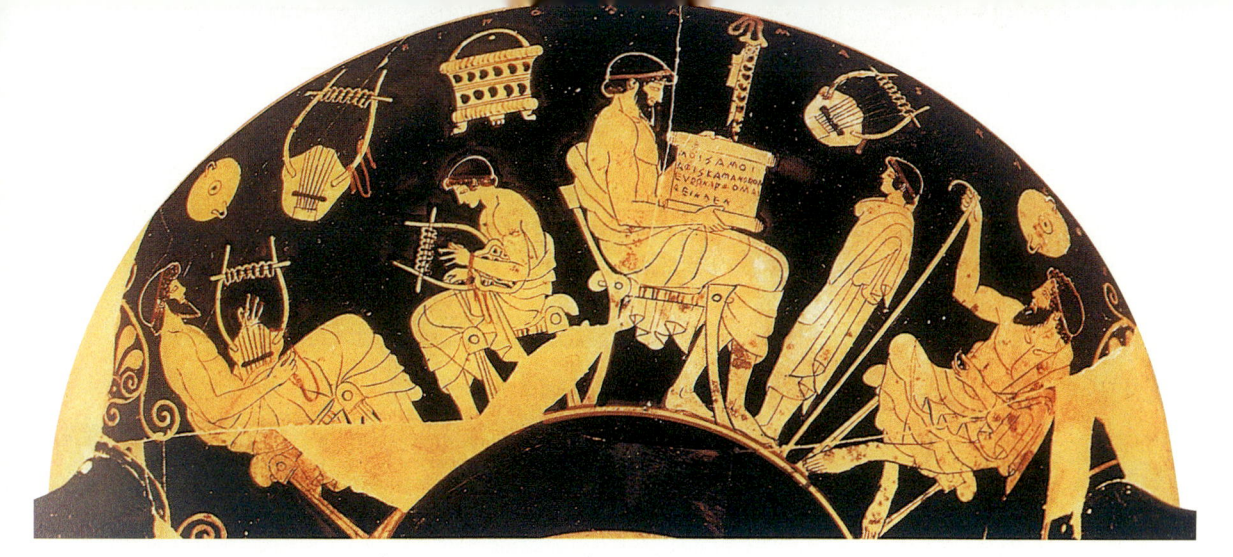

M3 Darstellung von Schulunterricht auf einer Schale aus Athen um 480 v. Chr.:
links – Unterricht auf dem Musikinstrument Lyra; Mitte – Schriftrolle mit einer Sage von Homer;
rechts – ein Lehrer, ein Pädagogos

T3 Familienleben in Athen

Das Oberhaupt der Familie war der Mann. Er entschied über alle rechtlichen und finanziellen Angelegenheiten der Familie. Nur Männer nahmen an politischen Versammlungen teil. Bei den privaten Zusammenkünften der Männer, Symposien genannt, waren Frauen unerwünscht.

T4 Erziehung der Kinder

Bis zum sechsten Lebensjahr wurden die Kinder von der Mutter betreut. Die Jungen aus wohlhabenden Familien gingen danach bis zum 14. Lebensjahr zur Schule. Sie lernten dort Rechnen, Lesen und Schreiben. Anschließend verlagerte sich die Ausbildung auf den Sport. Sie wurden auf das Leben als Krieger vorbereitet. Dieser Unterricht fand in einem sogenannten Gymnasion statt.

Die Mädchen wurden von der Mutter über alle Tätigkeiten unterrichtet, die sie später als Ehefrau und Mutter brauchten. Meistens heirateten sie mit etwa 15 Jahren.

Frauen nahmen nur gelegentlich am öffentlichen Leben teil: zum Beispiel bei Festen. Im Haushalt übernahmen sie alle Arbeiten. Da bei ärmeren Familien das Geld nicht reichte, mussten Frauen zusätzlich Geld verdienen. Sie verkauften zum Beispiel Gemüse auf dem Markt oder stellten Backwaren her.

Symposion: Privates Gastmahl nur für Männer. Hier wurde gemeinsam gesungen, getanzt, gegessen und getrunken.

> *Eine gute Ehefrau soll im Innern des Hauses wirken und über alles dort Vollmacht haben. Als Herrin über Ausgaben und Aufwendungen soll sie in Anschaffungen, Kleidung und Ausstattung nicht zurückbleiben. In allem Übrigen aber soll sie bestrebt sein, dem Manne zu folgen. Sie soll nicht auf ihre Mitbürgerinnen hören und dem Manne sich in allen Dingen unterwerfen, seine Pläne unterstützen und seinen Anordnungen gehorchen.*

M4 Ein griechischer Schriftsteller zur Aufgabe von Ehefrauen, 4. Jh. v. Chr.

WES-101633-404
Hörszene zur Erziehung der Kinder

4 a) Unterscheide Schüler und Lehrer in M3. Benenne die Unterschiede.
 b) Vergleiche den Unterricht in Athen (M3, T4) mit deinem Unterricht. Stelle Unterschiede und Ähnlichkeiten gegenüber. Hilfe
5 Arbeite die Aufgaben von Männern und Frauen, Jungen und Mädchen in Athen heraus (T3, T4, M4).
6 Diskutiert die Rollenverteilung von Männern und Frauen in Athen (T3, T4, M4). *Kugellager*

M1 Schaubild zur Mitbestimmung der Bürger in der Polis Athen im 5. Jh. v. Chr.

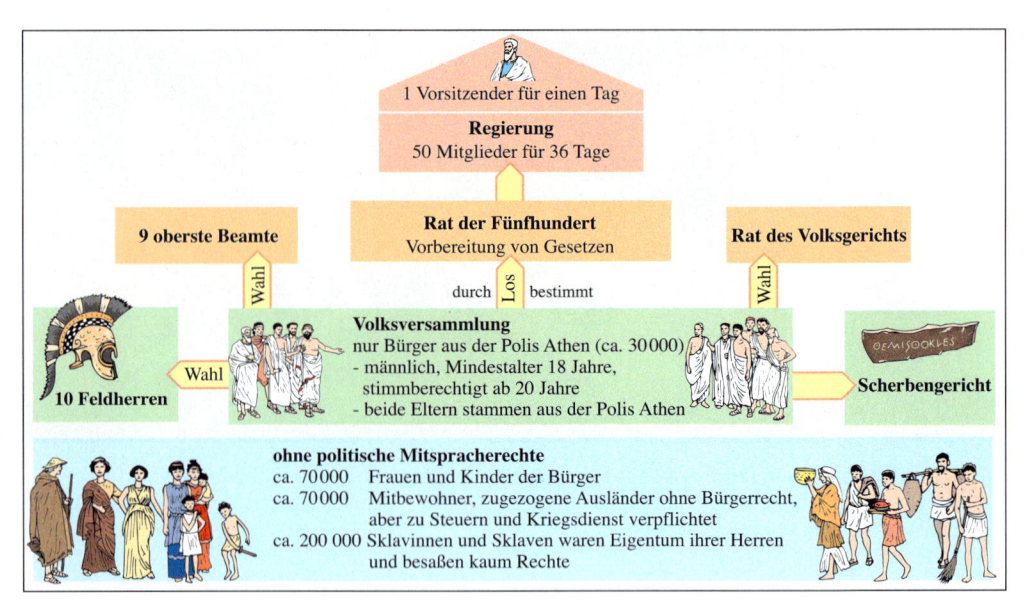

WES-101633-405 Erklärvideo zu Perikles

Herrschaft in der Polis Athen

T1 Bürger übernehmen die Herrschaft

Ursprünglich herrschte in Athen ein König. Seit dem 7. Jahrhundert v. Chr. übernahmen die Adligen die Macht in der Polis. Es folgten lange Auseinandersetzungen um die Macht zwischen den verschiedenen Bevölkerungsgruppen Athens. Im 5. Jahrhundert v. Chr. setzten sich die Bürger des Stadtstaats durch und übernahmen die Herrschaft.

Allerdings durften nur die freien Bürger mitbestimmen. Das waren Männer, die über 20 Jahre alt und in der Polis Athen geboren waren. Sie mussten ihren Militärdienst abgeleistet haben und Grund und Boden besitzen. Frauen, zugewanderte Fremde und Sklaven waren von der politischen Mitbestimmung ausgeschlossen.

Demokratie: Zusammensetzung aus den griechischen Wörtern „demos" (Volk) und „kratia" (Herrschaft), also Volksherrschaft. In einem demokratischen Staat bestimmen die Bürger.

T2 Die Volksversammlung

Was für die Gemeinschaft in Athen wichtig war, wurde in der Volksversammlung von den freien Bürgern besprochen und abgestimmt. Sie entschieden über Krieg und Frieden, beschlossen Gesetze und wählten Beamte. Abgestimmt wurde durch Handzeichen. Die Mehrheit entschied. Diese Form der Herrschaft nannten sie Demokratie.

Die Volksversammlungen wurden von 500 durch Los bestimmte Bürger vorbereitet und organisiert. Dieser „Rat der Fünfhundert" wechselte jedes Jahr. Fünfzig Bürger dieses Rates stellten die Regierung. Sie führten die Entscheidungen der Versammlung aus. Nur die obersten Feldherren wurden für einen längeren Zeitraum gewählt.

1 Arbeite heraus, wer in Athen ein freier Bürger war (T1).
2 Beschreibe, wie es in der Volksversammlung zu einer Entscheidung kam (T2).
3 *Auswahl* I Zähle auf, in welchen Einrichtungen die Athener Bürger politisch mitbestimmten (T2, M1).
II Beschreibe, wie die Einrichtungen in Athen besetzt wurden (T2, M1).
III Erkläre die Demokratie in Athen (T1, T2, M1, M2).
4 Begründe, warum wichtige Staatsämter in Athen nur für kurze Zeit vergeben wurden (T2). *Hilfe*

M2 Volksversammlung (heutige Zeichnung). Der Versammlungsort, die Pnyx, bot Platz für etwa 8000 Menschen.

T3 Das Scherbengericht

Die Athener wollten vermeiden, dass ein Bürger allein zu mächtig wurde. Deshalb gab es das Scherbengericht. Wenn den Bürgern Athens eine Person zu mächtig erschien, konnten sie in der Volksversammlung eine Tonscherbe nehmen und den Namen des Bürgers einritzen. Die Stimmen auf den Scherben wurden ausgezählt, wenn sich mindestens 6000 Bürger beteiligt hatten. Derjenige, dessen Name am häufigsten aufgeschrieben worden war, wurde für zehn Jahre aus der Stadt verbannt. Er behielt aber sein Vermögen.

Tonscherbe mit den Namen „Themistokles" und „Neokleos" (5. Jh. v. Chr.)

Otanes: „Ich bin dafür, dass nicht wieder ein Einzelner König über uns werden soll. Auch der Edelste wird, wenn er zur Herrschaft gelangt, überheblich, aber auch
5 neidisch auf das Gut der anderen werden. Er verlangt, dass die Menschen ihm schmeicheln, und setzt das Recht außer Kraft. Die Herrschaft des Volkes aber bringt Recht für alle. Außerdem ist sie frei von all
10 den Fehlern, die ein Alleinherrscher begeht. Sie bestimmt die Regierung durch das Los, und diese Regierung ist dem Volk verantwortlich ..."
Megabyzos: „Woher sollte vom Volk
15 Vernunft kommen? Ohne Sinn und Verstand ... stürzt es sich auf die Staatslenkung. Wir sollten vielmehr einem Ausschuss von Männern des höchsten Adels die Regierung übertragen. Es ist doch klar,
20 dass von den Edelsten auch die edelsten Entschlüsse ausgehen."

M3 Gespräch über die beste Herrschaftsform (5. Jh. v. Chr.)

5 *Führt ein Rollenspiel durch: Ein wohlhabender Bürger beantragt, die Zugehörigkeit zum Rat der 500 auf Lebenszeit zu vergeben. Es gibt Befürworter und Gegner. Spielt die Volksversammlung.* Hilfe
6 *Verfasse einen Eintrag für ein Kinderlexikon über Ablauf und Bedeutung des Scherbengerichts (T3).* Stühletausch
7 *Nimm Stellung zu den Meinungen zur besten Herrschaftsform in M3.*

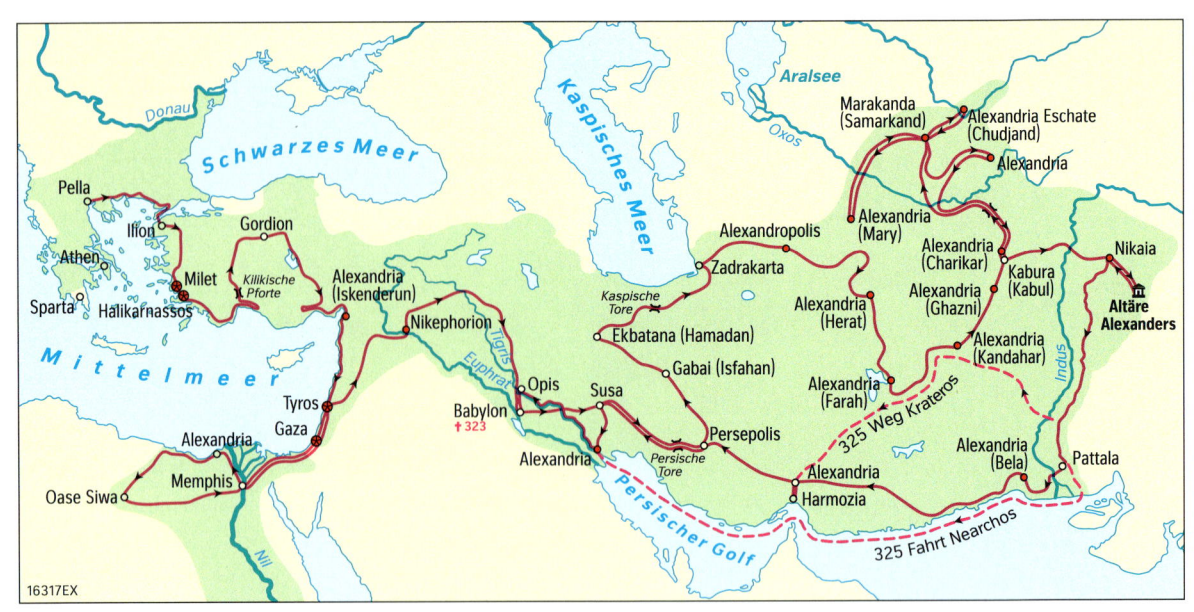

M1 Feldzüge Alexanders des Großen

Hellenismus – die Welt wird griechisch

WES-101633-406
Hörszene zum
Alexanderzug

Hellenismus:
Bezeichnung für die Zeit von Alexander dem Großen bis zur Bildung des Römischen Weltreiches. Geprägt durch die Kultur der Hellenen (= Griechen).

T1 Eroberung eines Weltreiches

Als die griechischen Stadtstaaten untereinander Krieg führten, nutzte das der König Philipp II. von Makedonien aus. Er eroberte ganz Griechenland.

Sein Sohn Alexander führte das vereinigte Griechenland 334 v. Chr. in einen Krieg gegen das Großreich der Perser im Osten. Er besiegte die Perser in mehreren Schlachten und zog immer weiter nach Osten. Auf seinem erfolgreichen Feldzug kam er bis Indien und schuf ein riesiges Weltreich. Es begann das Zeitalter des Hellenismus.

T2 Ausbreitung der griechischen Kultur

In den eroberten Gebieten gründete Alexander viele neue Städte, in denen sich Griechen (= Hellenen) ansiedelten und lebten. Er befahl fast 10 000 seiner Soldaten, Perserinnen zur Frau zu nehmen. Er selbst heiratete die älteste Tochter des Perserkönigs. Die Griechen brachten ihre Sprache und Kultur mit. Griechisch wurde zur Weltsprache, so wie es heute Englisch ist.

Die Städte der hellenistischen Welt hielten Kontakt untereinander, zum Beispiel durch Handel und beim Austausch von Wissenschaft und Bildung.

Im Jahr 323 v. Chr. starb Alexander im Alter von nur 33 Jahren. Weil er keine Nachkommen hatte, zerfiel sein Reich. Aber in den kleineren neuen Staaten gab es weiterhin griechische Herrscher, Diadochen genannt.

Auswahl 1 I Beschreibe den Weg von Alexanders Feldzug (M1).
II Erläutere, wie das Weltreich von Alexander entstand (T1, M1).
III Begründe, warum Alexander den Beinamen „der Große" erhielt (T1, M1).

2 Zähle die Städte, die im Namen auf Alexander zurückgehen (M1).

3 Notiere mithilfe des Atlas die heutigen Staaten, auf denen sich das Alexanderreich ausdehnte (M1).

4 Erläutere, warum die Zeit nach Alexander als Hellenismus bezeichnet wird (T2, T3). Hilfe

M2 Leuchtturm von Alexandria (geschätzt 120 m hoch); eines der sieben Weltwunder der Antike.

M3 Die Stadt Alexandria, gegründet 331 v. Chr. von Alexander im Norden Ägyptens an der Mittelmeerküste.

T3 Griechische „Weltstadt" Alexandria

Die größte Stadt dieser griechisch geprägten Welt war das nordägyptische Alexandria. Nach griechischem Vorbild wurden dort Tempel, Paläste und Wohnhäuser errichtet. Reiche Ägypter schickten ihre Kinder in griechische Schulen (Gymnasien), damit sie Sprache und Kultur der Griechen lernten.

In der Forschungsstätte Museion in Alexandria lebten und forschten Gelehrte von überall her. Sie galt als erste Universität der Welt. Wissenschaftler erfanden zum Beispiel Maschinen und zeichneten Weltkarten.

Alexandria war berühmt wegen seiner riesigen Bibliothek, in der in 700 000 Büchern das Wissen der Zeit festgehalten war.

> *Die Stadt besitzt sehr schöne öffentliche Bezirke, unter denen der Bezirk der Königspaläste hervorragt; er macht fast ein Drittel des gesamten Stadtgebietes aus. Zum Palastviertel gehört auch das Museion mit seinen Wandelhallen und dem Speisesaal für die Gelehrten. Am großen Hafen, zur Rechten der Einfahrt, liegt die Insel Pharos mit dem berühmten Leuchtturm. (...) Durch den Kanal, der den Nil mit dem Roten Meer verbindet, kommen gewaltige Flotten sogar aus dem Indischen Ozean und bringen die wertvollsten Frachten nach Alexandria.*

M4 Der griechischer Geograf Strabo (63 v. Chr. – 23 n. Chr.) über die Stadt Alexandria

---

5 *Zeige auf, warum Alexandria eine „geplante" und keine „gewachsene" Stadt ist (M3).*
   Placemat

6 *Verfasse einen Brief eines griechischen Kaufmanns, in dem er seinen Verwandten in Griechenland die ägyptische Stadt Alexandria beschreibt (T3, M2–M4).*

7 *a) Recherchiere und informiere dich über die sieben Weltwunder der Antike (M2, Internet).*
   b) Präsentiere dein Ergebnis der Klasse.

M1 Der Parthenontempel zu Ehren der Göttin Athene auf der Akropolis in Athen (ab 447 v. Chr. errichtet)

M2 Eingang des niedersächsischen Landtages in Hannover (im 19. Jh. errichtet)

Das Erbe der Griechen

T1 Griechische Baustile als Vorbild

Das antike Griechenland prägt die europäische Kultur bis heute. Nicht nur die Demokratie und die Olympischen Spiele haben wir übernommen.

Schon vor 500 Jahren beschäftigten sich Architekten und Baumeister intensiv mit den Formen der griechischen Tempel. Sie errichteten Gebäude, deren Formen sich an den antiken Tempelbauten orientierten.

Um 1800 wurden die klassischen Formen der Antike modern. In fast allen größeren deutschen Städten finden sich Gebäude aus dieser Zeit. Sie erinnern an griechische Tempel. Dieser Baustil war beliebt wegen seiner harmonischen Formen. Man nennt ihn Klassizismus. Viele öffentliche Bauwerke und auch private Villen wurden im 19. Jahrhundert in diesem Stil erbaut.

T2 Griechische Wurzeln des Theaters

Auch das heutige Theater verdanken wir den Griechen.

Wie im antiken Griechenland sehen sich Theaterbesucher noch heute Dramen (Schauspiele), Komödien (Lustspiele) und Tragödien (Trauerspiele) an.

M3 Das antike Theater von Epidaurus in Griechenland

(Reste der Bühne, Orchestra (Platz des Chores), 14 000 Zuschauerplätze)

1. Vergleiche die Bauwerke in M1 und M2. *Hilfe*
2. Zeichne ein Gebäude im klassizistischen Baustil (T1, M1, M2).
3. „Unsere Kultur hat griechische Wurzeln." Erkläre (T1, T2). *Partnervortrag*
4. Beschreibe das antike Theater in M3.

M4 Archimedische Schraube in einem Klärwerk heute, erfunden im 3. Jh. v. Chr.

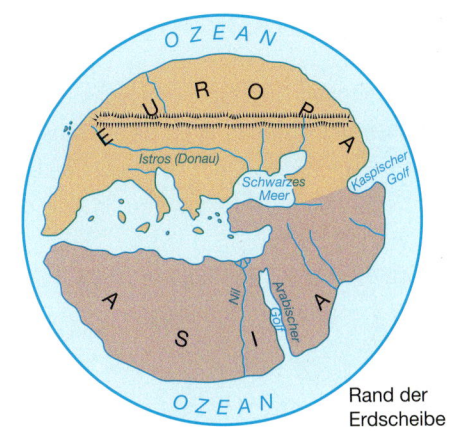

M5 Weltkarte des Eratosthenes (heutige Nachzeichnung)

T3 Fragen der griechischen Denker

Lange glaubten die Menschen in Griechenland, alles sei gottgegeben. Erst als sich Denkerschulen bildeten, änderte sich die Sichtweise. Es gab dort Männer, die über das Leben nachdachten. Man nennt sie Philosophen. Der berühmteste war Sokrates. Er stellte ganz neue grundsätzliche Fragen. Zum Beispiel:

→ Wie kann man bloße Meinungen von gesichertem Wissen unterscheiden?
→ Was ist die Natur? Was steckt dahinter?
→ Was ist gut? Warum ist das so?
→ Hat der Mensch eine Seele?
→ Wie soll ein idealer Staat aufgebaut sein?

Philosophen waren auf der Suche nach allgemeinen Regeln. Diese neue Sicht auf die Erde und den Menschen formten die Wissenschaften.

T4 Anfänge der Wissenschaft

In zahlreichen Wissenschaften gelten die Griechen noch heute als Lehrmeister. Griechische Wissenschaftler fingen an, wissenschaftlich zu denken und systematisch zu forschen.
Die Mathematiker Pythagoras und Euklid schufen die Grundlage und Regeln der Geometrie. Sie hielten sie in mathematischen Formeln fest.
Der Gelehrte Eratosthenes war Leiter der Bibliothek in Alexandria. Er berechnete den Umfang der Erde sehr genau. Eratosthenes war als Geograf tätig und entwickelte eine Weltkarte.
Andere Wissenschaftler erfanden Maschinen. Zum Beispiel konstruierte Archimedes eine Schraube, die Wasser hochheben konnte. Medizin wurde bei den Griechen zu einer Wissenschaft. Ausgebildete Ärzte stellten zunächst fest, woran der Kranke litt, und entschieden dann über die weitere Behandlung.

Philosoph: Übersetzt „Freund der Weisheit". Mensch, der sich mit den Grundfragen des Lebens auseinandersetzt.

Pythagoras: berühmter griechischer Mathematiker (570–510 v. Chr.)

---

5 Erkläre mithilfe eines Fremdwörterbuchs den Ursprung folgender Wörter: Apotheke, Architektur, Atom, Biologie, Demokratie, Dosis, Epidemie, Galaxie, Historie, Horizont, Katalog.

6 Beschreibe, wie die archimedische Schraube funktioniert (T4, M4). `Hilfe`

7 Nenne Unterschiede der Weltkarte des Eratosthenes (M5) zu einer heutigen Weltkarte.

wahl 8 I Berichte über Philosophen und Wissenschaftler aus dem antiken Griechenland (T3, T4).
II Stelle zusammen, was an der Denkweise der Griechen neu war und welche Folgen das hatte (T3, T4).
III Im antiken Griechenland gab es viele Philosophen und Wissenschaftler. Finde einen Zusammenhang zwischen ihrer Denkweise und ihren Entdeckungen und Erfindungen.

Wir holen die Antike in den Klassenraum

Oft können wir Geschichte besser verstehen, wenn wir uns kreativ mit ihr beschäftigen. So ist es beispielsweise möglich, einzelne Bereiche des antiken Griechenlands in den Klassenraum zu holen.

Ziel eines solchen Vorhabens ist es, mithilfe von Texten, Karten und Gegenständen Mitschülerinnen und Mitschüler über das antike Griechenland zu informieren.

Ihr könnt dafür zum Beispiel:
→ Wandzeitungen und Plakate erstellen,
→ Karten zeichnen und aushängen,
→ antike Gegenstände bauen und ausstellen.

Schritt 1 ●
Vorbereitung
→ Legt das Thema oder die Themen fest.
→ Informiert euch über das Thema oder die Themen (z. B. im Lehrbuch, im Internet, in Fachbüchern).
→ Entscheidet euch, wie ihr die Antike in den Klassenraum holen wollt (M1–M6).
→ Bildet kleine Arbeitsgruppen für die einzelnen Themen.
→ Einigt euch in den Gruppen auf die Reihenfolge der Arbeiten und legt einen Terminplan fest.
→ Legt fest, wer welche Aufgaben in eurer Arbeitsgruppe übernimmt.
→ Sucht Bildvorlagen aus Büchern oder im Internet.
→ Beschließt eine Auswahl der Arbeitsmaterialien.

Schritt 2 ●●
Durchführung
→ Beschafft euch die notwendigen Arbeitsmaterialien: z. B. Pinsel, Farben, Farb- oder Bleistifte, Abdeckplanen, Styroporblöcke, Fotokopien, Materialien zum Basteln, Präsentationsgeräte wie Dokumentenkameras oder Beamer.
→ Wenn ihr Wandzeitungen, Plakate oder Karten erstellt, projiziert ausgewählte Bilder und Karten mithilfe eines Tageslichtprojektors oder eines Visualizers auf eine Tapete oder eine Plakatunterlage und zeichnet die Umrisse nach.
→ Entscheidet, ob und wie ihr die Flächen ausmalt.
→ Schreibt nur kurze Texte. Wählt dabei eine große, lesbare Schrift.
→ Stellt mit den vorbereiteten Materialien antike Gegenstände her, z. B. Säulen, Amphoren oder Scherben mit griechischen Buchstaben.

Schritt 3 ●●●
Präsentation der Ergebnisse
→ Stellt euch die Arbeitsergebnisse der Gruppen gegenseitig vor. Dafür eignet sich zum Beispiel ein „Galeriegang".
→ Veranstaltet vielleicht ein kleines Klassenfest zum Thema „Antikes Griechenland" und ladet eure Eltern und Geschwister ein. Präsentiert dort eure Arbeitsergebnisse.

M1 Die Arbeitsgruppe „Olympische Spiele" erstellt ein Plakat.

M2 Eine Schülerin zeichnet die Umrisse eines antiken Diskuswerfers für eine Wandzeitung nach.

M3 Beispiel für eine griechische Erfindung: Flaschenzug, erfunden von Archimedes (287–212 v. Chr.)

- Griechische Erfindungen nachbauen und beschreiben, wie sie das Leben erleichtern.
- Antike Olympische Spiele vorbereiten und nachspielen.
- Griechische Mythen und Sagen lesen und anderen erzählen.

M5 Andere Möglichkeiten, das antike Griechenland besser zu verstehen

- *Stadionlauf (192 m): barfuß*
- *Wagenrennen: mit Bobby-Cars oder „Huckepack"*
- *Ringen: Mitschülerinnen oder Mitschüler werden aus einem begrenzten Feld geschoben.*
- *Diskuswurf, Speerwurf, Weitsprung: mit Gewichten an den Armen*
- *Siegerehrung mit Siegerkranz*

M4 Beispiele für Ideen, antike olympische Wettkämpfe nachzuspielen

M6 Die Arbeitsgruppe „Griechische Säule" malt ihren Nachbau aus Styropor an.

Durchblick aktiv

101

Das antike Griechenland

1. Kolonisation im Mittelmeerraum

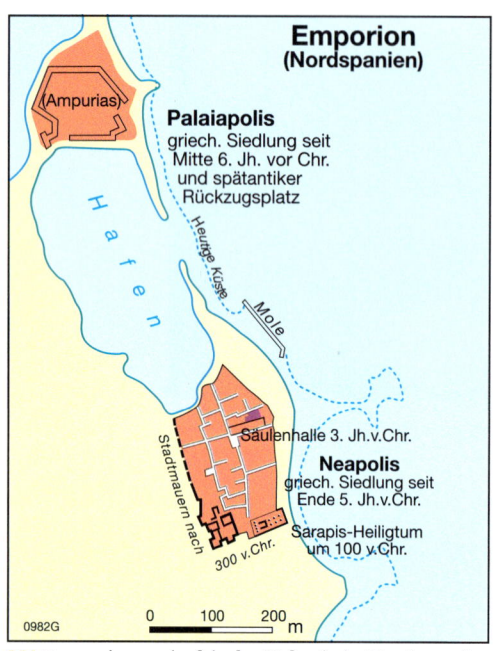

M1 Emporion, griechische Kolonie in Nordspanien

Karte: Emporion (Nordspanien) – Ampurias, Palaiapolis griech. Siedlung seit Mitte 6. Jh. vor Chr. und spätantiker Rückzugsplatz; Hafen, Heutige Küste, Mole; Säulenhalle 3. Jh.v.Chr.; Neapolis griech. Siedlung seit Ende 5. Jh.v.Chr.; Stadtmauern nach 300 v.Chr.; Sarapis-Heiligtum um 100 v.Chr.

▌▌▌ Beschreibe den Weg, den ein Schiff von Thera nach Emporion nahm (S. 87, M2). Erkläre, warum Emporion als Kolonie gut geeignet war.

▌▌▌ Erkläre anhand der Karte S. 87, M2 den Vergleich „Die Griechen saßen rund ums Mittelmeer wie Frösche um den Teich". Begründe die Lage der Kolonien.

▌▌▌ Beurteile Gründe, Lage und Vorteile der griechischen Kolonisation rund ums Mittelmeer.

2. Olympische Spiele

STADION	WURF
RING	LAUF
SPEER	SPRUNG
WEIT	RENNEN
DISKUS	KAMPF
PFERDE	KAMPF
FAUST	WURF

M2 Olympische Sportarten der Antike

Kennzeichen der Olympischen Spiele der Antike

a) Es herrschte olympischer Friede.
b) Die Wettkämpfe der Mädchen waren am 3. Tag.
c) Bei der Siegerehrung wurden die drei Besten geehrt.
d) Der Stadionlauf ging über 192 Meter.
e) Da viele Kämpfer nackt kämpften, waren Zuschauer nicht zugelassen.
f) Waffenlauf wurde mit Helm, Beinschienen, Gewehr und Schild ausgeführt.
g) Die Wettkämpfe fanden zu Ehren der Götter statt.

M3 Achtung! Geschichtsfälscher am Werk!

▌▌▌ Schreibe M2 ab und verbinde Wörter zu den Sportarten der Antike zu zusammengesetzten Begriffen.

▌▌▌ Untersuche die Aussagen in M3. Weise nach, welche Aussagen richtig und welche falsch sind.

▌▌▌ Prüfe, welche Unterschiede und welche Übereinstimmungen es zwischen den Olympischen Spielen der Antike und der Neuzeit gibt.

Wissen und Können

Zeitleiste:
- um 1000 v. Chr. – Einwanderung griechischer Stämme
- 776 v. Chr. – erste Olympische Spiele der Antike
- 8. Jh.: Homerische Epen (Elias, Odyssee)
- 750–550 v. Chr. – Griechische Kolonisation
- ~570–510 v. Chr. – Pythagoras

1000 v. Chr. — 900 v. Chr. — 800 v. Chr. — 700 v. Chr. — 600 v. Chr.

3. Demokratie

Wir Menschen sind uns ähnlich, wir sind gleich. Und dies ist der Beweis: Alle Menschen haben die gleichen körperlichen Merkmale (Kopf, Körper, Arme, Beine), und sie besitzen die gleichen Sinneswahrnehmungen (Sehen, Hören, Riechen, Schmecken, Fühlen).
5 *Und vor allem besitzen sie die Fähigkeit, zu denken und zu sprechen. Dies unterscheidet den Menschen vom Tier.*
Diese Eigenschaften und Fähigkeiten machen den Wert des Menschen aus. Und aus diesen Beweisen ergibt sich: Niemand ist mehr wert als der andere. Alle Menschen sind gleich, und kein Mensch ist von Natur aus Sklave.

M4 Aussagen eines griechischen Philosophen, dessen Namen wir nicht kennen.

▌▐▐ Nenne Merkmale, an denen nach Meinung des Philosophen die Gleichheit aller Menschen deutlich wird (M4).
▌▐▐ Arbeite heraus, wie die Demokratie in Athen funktionierte.
▌▐▐ Überprüfe, ob die Demokratie in Athen den in M4 genannten Grundsätzen entspricht.

4. Kulturelles Erbe der Griechen

▌▐▐ Beschreibe die Bilder und nenne die Situationen, die sie zeigen. Welche Bilder zeigen das antike Griechenland, welche stammen aus der heutigen Zeit?
▌▐▐ Entscheide, welche Bilder zusammengehören. Begründe den Zusammenhang.
▌▐▐ Vergleiche die in den Bildern dargestellten Aktivitäten bei den antiken Griechen mit denen von heute.

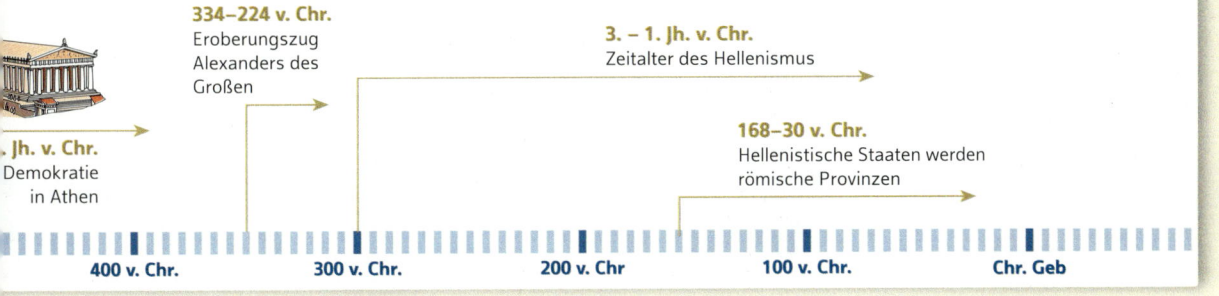

. Jh. v. Chr.
Demokratie in Athen

334–224 v. Chr.
Eroberungszug Alexanders des Großen

3. – 1. Jh. v. Chr.
Zeitalter des Hellenismus

168–30 v. Chr.
Hellenistische Staaten werden römische Provinzen

400 v. Chr. — 300 v. Chr. — 200 v. Chr — 100 v. Chr. — Chr. Geb

WES-101633-407
Lösungen zu Wissen und Können

104

Das römische Weltreich

M2 Forum Romanum, wichtigster Platz Roms in der Antike

M3 Tauschhandel zwischen Römern und Germanen am Limes (Modell aus dem Römermuseum Aalen)

→ Wie wurde Rom zu einem Weltreich?
→ Wie lebten die Menschen in Rom?
→ Welche Rolle spielten die Sklaven in Rom?
→ Wie begegneten die Römer fremden Kulturen?

M1 Triumphzug in Rom (heutige Zeichnung)

M1 So könnten die Siedlungen ausgesehen haben, aus denen Rom entstanden ist (heutige Zeichnung)

Von Dörfern zum Weltreich

Sage: Erzählung, in der reale Personen oder Orte mit fantastischen, erfundenen Ereignissen verbunden werden

T1 Die Sage von der Gründung Roms

Genau wissen wir nicht, wie Rom einst entstanden ist. Nach einer Sage der Römer wurden die Zwillingsbrüder Romulus und Remus als Babys ausgesetzt. Eine Wölfin zog sie dann auf. Vater der Brüder war der Kriegsgott Mars. Damit galten Romulus und Remus als Halbgötter. Als junge Männer gründeten sie dann die Stadt Rom.

T2 Von Siedlungen zur Stadt

Durch archäologische Forschungen wurde nachgewiesen, dass sich auf den Hügeln am Fluss Tiber Bauern in Dörfern angesiedelt hatten. Hier gab es eine flache Stelle, an welcher der Fluss überquert werden konnte. Dort konnten Kaufleute mit ihren Waren über den Fluss gelangen. Manche ließen sich am Ufer nieder und bauten eine Marktsiedlung mit einer Schutzburg. Bauern aus der Umgebung boten an dieser Stelle ihr Vieh und ihre Früchte an und kauften alles, was sie zum Leben brauchten. Um 750 v. Chr. waren Dörfer und Marktsiedlung zur Stadt Rom zusammengewachsen.

> *Über die Gründung Roms haben Dichter viel geschrieben. Ob dies alles wahr ist, kann ich nicht sagen. Das römische Volk aber kann seine Gründung mit vollem Recht auf die Götter zurückführen, weil es so viele Kriege gewonnen hat.*

M2 Nach: Titus Livius, (römischer Historiker, 59 v. Chr. – 17 n. Chr.)

1. Beschreibe das Bild M1.
2. Fasse die Sage von der Gründung Roms zusammen (T1).
3. Nenne Vorteile, welche die Stadt für Bauern, Kaufleute und Händler mit sich brachte (T2).
   Think – Pair – Share
4. Erkläre, was es bedeutet, die Gründung Roms auf Götter zurückzuführen (M2).
5. **Auswahl**
   I Gib wieder, wie Rom nach wissenschaftlichen Erkenntnissen entstanden ist (T2).
   II Erkläre, warum die Entstehung Roms keine Gründung zu einem bestimmten Zeitpunkt, sondern eine Entwicklung ist (T2).
   III Gestalte einen kurzen Lexikon-Beitrag über die Entstehung der Stadt Rom (T2).

1. Stadtstaat um 700 v. Chr.

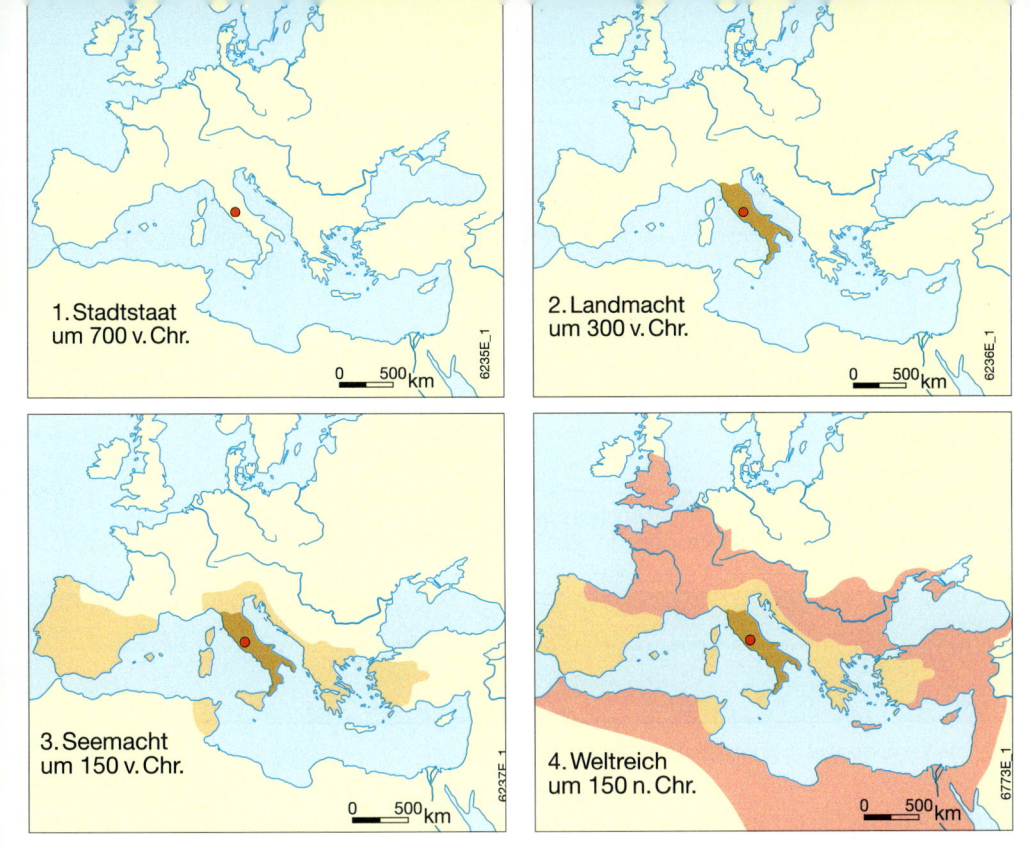

2. Landmacht um 300 v. Chr.

3. Seemacht um 150 v. Chr.

4. Weltreich um 150 n. Chr.

M3 Die Entwicklung des Römischen Reiches

T3 Roms Weg zur Weltmacht

In den folgenden Jahrhunderten dehnten die Römer ihr Gebiet so weit aus, bis sie alle Länder rund um das Mittelmeer beherrschten. Dazu führten sie viele Kriege. Die Römer glaubten, dass ihre Kriege richtig und gerecht waren. Wenn sie andere Völker besiegt hatten, machten sie diese zu ihren Verbündeten. Sie schützten sie dann vor den Angriffen anderer Völker. Bisweilen aber unternahmen die besiegten Gegner Aufstände gegen die Römer. Sie wollten die Römer aus ihren Ländern vertreiben. Das war für die römische Regierung eine Bedrohung. Die Aufständischen wurden bekämpft und nach ihrer Gefangennahme als Sklaven verkauft oder hingerichtet.

Im Römischen Reich sollten Frieden, Ordnung und Wohlstand herrschen. Dies galt auch für die unterworfenen Völker. Die Menschen fühlten sich als Teil einer großen Völkergemeinschaft.

M4 Der römische Geschichtsschreiber Tacitus (ca. 58 – 120 n. Chr.) über Roms Politik (bearbeitet)

Die Römer haben ein einziges und uraltes Motiv dafür, mit allen Nationen und Völkern und Königen Krieg anzufangen: unermessliche Begierde nach Herrschaft und Reichtum ... und dadurch, dass sie Krieg an Krieg reihen, sind sie groß geworden.

M5 König Mithridates von Pontos (135 – 63 v. Chr.) an Partherkönig Phraates III.

6 Arbeite heraus, wie die Motive für die römischen Eroberungen dargestellt werden (T3, M4, M5).
7 Vergleiche M4 und M5 und stelle die Unterschiede dar. Hilfe
8 I Nenne die vier Entwicklungsstufen des Römischen Reiches (M3).
II Beschreibe die vier Schritte der Ausbreitung des Römischen Reiches (T2, M3–M5).
III Gestalte einen Bericht über die Entwicklung Roms (T1, T2, T3, M1–M5).

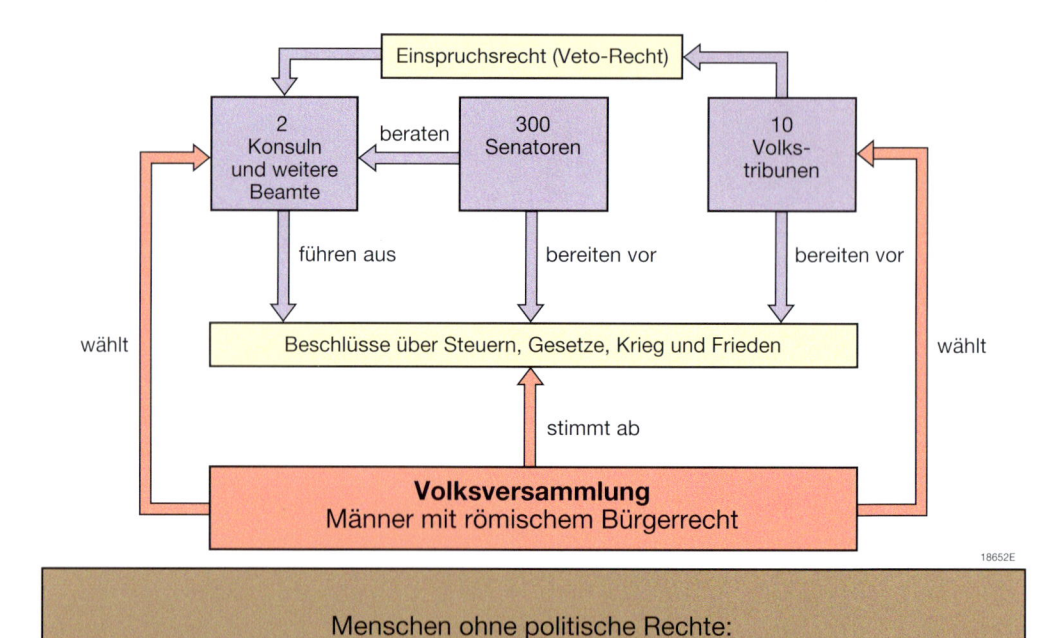

```
                    ┌─────────────────────────────┐
                    │ Einspruchsrecht (Veto-Recht) │
                    └─────────────────────────────┘
          ┌──────────┐   beraten   ┌──────────┐    ┌──────────┐
          │    2     │◄────────────│   300    │    │    10    │
          │  Konsuln │             │ Senatoren│    │  Volks-  │
          │und weitere│            │          │    │ tribunen │
          │  Beamte  │             │          │    │          │
          └──────────┘             └──────────┘    └──────────┘
             führt aus              bereiten vor    bereiten vor
          ┌──────────────────────────────────────────────────────┐
          │  Beschlüsse über Steuern, Gesetze, Krieg und Frieden │
          └──────────────────────────────────────────────────────┘
                               stimmt ab
   wählt  ┌──────────────────────────────────────────────────────┐ wählt
          │                   Volksversammlung                    │
          │           Männer mit römischem Bürgerrecht            │
          └──────────────────────────────────────────────────────┘

          ┌──────────────────────────────────────────────────────┐
          │           Menschen ohne politische Rechte:            │
          │                Frauen, Kinder, Sklaven                │
          └──────────────────────────────────────────────────────┘
```

M1 Die Verfassung der römischen Republik

Herrschaft in Rom

T1 Rom wird Republik

Um 510 v. Chr. vertreiben die Römer den letzten König aus der Stadt. Er hatte das Volk unterdrückt. Nun wollten die Römer die Regierung so umgestalten, dass Machtmissbrauch und Unterdrückung unmöglich waren. Deshalb errichteten sie die römische Republik. Alle Bürger sollten nun ein Mitspracherecht besitzen. Die Männer mit römischem Bürgerrecht bildeten die Volksversammlung. Die Männer aus den römischen Adelsfamilien, die Patrizier, bildeten den Senat. Die Leitung des Staates übernahmen zwei Konsuln. Zehn Volkstribunen sollten zusätzlich für die Rechte des Volkes eintreten. Die Volksversammlung entschied über die Vorschläge, indem sie diese annahm oder ablehnte. 500 Jahre wurde Rom auf diese Weise regiert.

T2 Ungerechtigkeiten trotz Mitwirkung

Nach Errichtung der Republik führten die Römer in den folgenden 220 Jahren 140 Jahre lang Krieg und wurden so zur Großmacht im Mittelmeerraum. Erkämpft hatten diese Erfolge die einfachen Soldaten, die als Wehrpflichtige in den Krieg ziehen mussten. Sie waren eigentlich Handwerker, Bauern oder Händler. In Kriegszeiten konnten sie ihren Geschäften nicht nachgehen oder ihre Felder nicht bestellen. Oft kauften dann reiche Patrizier die Bauernhöfe günstig auf. Die heimkehrenden Soldaten verloren so ihren Besitz und zogen als arme Tagelöhner in die Stadt. So entstand in den Städten die Bevölkerungsgruppe der Proletarier, die besitzlos und verarmt waren.

Auswahl 1   I *Nenne die Mitglieder von Senat und Volksversammlung sowie ihre Aufgaben (M1, T1).*
II *Erkläre, wie über Gesetze sowie Krieg und Frieden entschieden wurde (T1, M1).* **Hilfe**
III *Beurteile die Beteiligung des Volkes an politischen Entscheidungen (M1, T1).*

2 *Erkläre, warum Bauern oftmals ihren Besitz verkaufen mussten (T2).*

3 *Beschreibe, wie die Bevölkerungsgruppe der Proletarier entstand (T2).*

T3 Land für die Armen

Im Jahre 134 v. Chr. wurde Tiberius Gracchus zum Volkstribun gewählt. Er stammte aus einer Patrizierfamilie und setzte sich besonders für die mittellosen Proletarier und verarmten Bauern ein. Dem Senat legte er ein Gesetz vor, nach welchem Ackerland der Patrizier an die Armen verteilt werden sollte. Die Senatoren, selbst alle Patrizier, fürchteten um ihren Besitz. Kurz vor einer Senatssitzung wurden Tiberius Gracchus und viele seiner Gefährten von Anhängern der Patrizier erschlagen.

Der Konflikt zwischen Arm und Reich, Volk und Patriziern, spitzte sich weiter zu. Zehn Jahre später wollte Tiberius' Bruder Gaius Gracchus ein neues Ackergesetz durchbringen. Auch er wurde wegen seines Einsatzes für die Armen ermordet.

Tiberius und Gaius Gracchus, die Gracchen

Gracchen: Bezeichnung für die Brüder Gracchus

> *Die Männer aber, die ... kämpfen und sterben, haben nichts als Luft und Licht. Unstet, ohne Haus und Heim, ziehen sie mit Frau und Kind im Lande umher. Die*
> 5 *Feldherren lügen, wenn sie in der Schlacht ihre Soldaten aufrufen, Gräber und Heiligtümer gegen die Feinde zu verteidigen. Denn keiner von diesen armen Römern hat einen Altar von seinem Vater geerbt, kein Grabmal seiner Ahnen. Für Wohlleben*
> 10 *und Reichtum anderer setzen sie im Krieg ihr Leben ein.*

M2 Aus einer Rede des Tiberius Gracchus (162–133 v. Chr.)

T4 Von der Wehrpflicht zur Berufsarmee

Der Kriegsdienst war für viele wehrpflichtige Römer der sichere Weg in die Armut. Sie mussten für ihre Bewaffnung selbst sorgen und konnten während des Dienstes nicht in ihren eigentlichen Berufen arbeiten. Deshalb wollten viele Bauern und Handwerker nicht mehr im römischen Heer dienen.

In dieser Situation beschloss die Regierung um 100 v. Chr., die römische Armee in ein Berufsheer umzuwandeln. Bewaffnung, Ausrüstung und Verpflegung der Legionäre bezahlte nun der Staat. Viele Proletarier verpflichteten sich als Berufssoldaten. Der jeweilige Feldherr musste den Sold zahlen. Dies führte zu einer engen Bindung der Legionäre an ihre Feldherren, die immer mehr Einfluss in Rom gewannen. Auch Nicht-Römer traten als Söldner in diese Heere ein.

M3 Germanischer, spanischer und orientalischer Söldner (heutige Zeichnung)

---

4 Arbeite heraus, was Tiberius Gracchus in seiner Rede kritisierte (M2). Hilfe

5 Erkläre Sinn und Funktionsweise des geplanten Ackergesetzes (T3). *Stühletausch*

6 I Nenne Probleme wehrpflichtiger Römer, die zum Kriegsdienst eingezogen wurden (T2, T4).

II Arbeite heraus, wie sich die Lage von Proletariern und Bauern durch Einführung der Berufsarmee änderte (T2, T4).

III Beurteile die Rolle der Feldherren in der römischen Republik (T4).

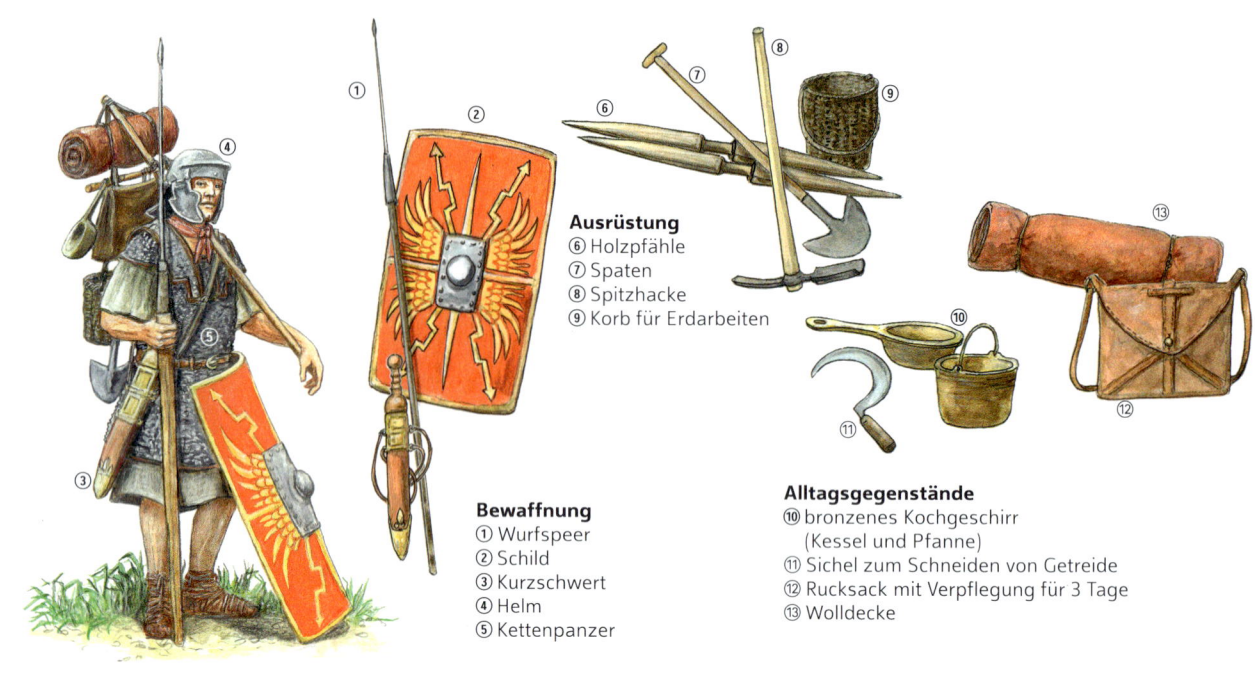

Ausrüstung
⑥ Holzpfähle
⑦ Spaten
⑧ Spitzhacke
⑨ Korb für Erdarbeiten

Bewaffnung
① Wurfspeer
② Schild
③ Kurzschwert
④ Helm
⑤ Kettenpanzer

Alltagsgegenstände
⑩ bronzenes Kochgeschirr (Kessel und Pfanne)
⑪ Sichel zum Schneiden von Getreide
⑫ Rucksack mit Verpflegung für 3 Tage
⑬ Wolldecke

M1 Ein römischer Legionär und seine Ausrüstung (heutige Zeichnung)

Weltreich durch Eroberungen

T1 Römische Legionäre

WES-101633-501
Interaktives Arbeitsblatt zum römischen Legionär

Nach der Umwandlung des römischen Militärs von einer Armee der Wehrpflichtigen in eine Berufsarmee spielten die Soldaten eine immer wichtigere Rolle im Römischen Reich. Diese sogenannten Legionäre waren gut ausgebildet und hervorragend ausgerüstet. Ihre Kampftechnik, ihr Mut und ihre Kriegstaktik waren bei den Gegnern gefürchtet.
Die Ausrüstung mit einem Gewicht von ungefähr 40 Kilogramm trug jeder Legionär selbst. Sie bestand aus Waffen, Material und Werkzeugen für den Lagerbau, Kleidung, einem Rucksack mit Marschverpflegung für drei Tage und einem Kochgeschirr. So ausgerüstet zogen sie in den Krieg.
Mit dieser starken Armee eroberten die Römer weitere Länder. Die besetzten Gebiete gliederten sie ihrem Staat als Provinzen ein. So entwickelte sich Rom in der Folgezeit zum Weltreich.

T2 Aufbau des Heeres

Der größte Kampfverband des römischen Heeres war die Legion. Insgesamt bestand die römische Armee um Christi Geburt aus 25 Legionen. Eine Legion bestand aus 6000 Soldaten, unterteilt in zehn Kohorten mit zehn Zenturien. Damit war sie eine der stärksten Armeen der damaligen Zeit.

1 Nenne die Ausrüstungsgegenstände eines Legionärs und ihren Verwendungszweck (M1). Hilfe
2 Erkläre, warum die römischen Legionäre so erfolgreich waren (T1).
3 Arbeite die durchschnittliche Größe einer Legion, einer Kohorte und einer Zenturie heraus (T2).
Think – Pair – Share

T3 Alltag im Kastell

In Friedenszeiten wurden die Legionäre als Arbeitskräfte eingesetzt. Sie bauten das Straßennetz im ganzen Reich und in den Provinzen aus und errichteten Brücken und Kastelle. Dort waren Legionärstruppen untergebracht, die in Friedenszeiten die Grenze des Römischen Reiches zu den benachbarten Völkern kontrollieren und bewachen mussten. Die Tage in den Kastellen verliefen nach einem festen Dienstplan.

Wenn ein Legionär nach zwanzig Jahren das Ende seiner Militärzeit erreicht hatte, erhielt er für seine Dienste eine finanzielle Abfindung in Geld oder einen Bauernhof. Dies gestattete es ihm, als Veteran zu heiraten und als angesehener Bürger zu leben.

Kastell: befestigtes Heerlager, meistens an der Grenze des Reiches

Veteran: Bezeichnung für einen ehemaligen Legionär

M2 Römisches Kastell an der Grenze des Reiches

6.00 Uhr	Aufstehen	18.00 Uhr	Abendessen, Freizeit (Besuch einer nahe gelegenen Stadt, Pferderennen, Jagd, Kampfspiele, Baden in der Lagertherme)
6.30 Uhr	Versammlung		
7.00 Uhr	Frühstück		
7.30 Uhr	Wachdienste, Kastellarbeiten		
12.00 Uhr	Mittagessen	21.30 Uhr	Nachtruhe
12.30 Uhr	Waffenübungen, Märsche	22.00 Uhr	absolute Ruhe

Therme: römische Badeanstalt

M3 Tagesplan für römische Legionäre in einem Kastell

4 Erläutere die Hauptaufgaben des römischen Heeres in Friedenszeiten (T3).

5 Beschreibe den Aufbau eines Kastells (M2).

6 Gestalte als Legionär einen Brief an einen Freund in der Heimat, in dem du über deinen Tagesablauf im Kastell berichtest (T3, M3). Hilfe

7 I Beschreibe die Rolle des Militärs beim Ausbau des Römischen Weltreiches (T1, T2, M1).
II Erkläre, wie die Römer mithilfe ihres Militärs ein Weltreich errichten konnten (T1, T2, M1).
III Gestalte einen ausführlichen Bericht mit dem Titel: „Die Armee Roms – Motor der Entwicklung zum Weltreich" (T1, T2, T3, M1, M2, M3).

> Der Bürgerkrieg war eine schlimme Zeit. Die Statthalter in den Provinzen plünderten das Land aus und steckten das Geld in die eigene Tasche, statt es nach Rom zu schicken. Heerführer wie Crassus, Caesar und Pompeius kämpften mit ihren Legionen für ihre Interessen. Dem Volk aber ging es immer schlechter und unser mächtiges Rom ging dabei fast zugrunde. Das änderte sich erst, als Caesar vor fünfzig Jahren Konsul von Rom wurde. Während seiner Regierungszeit kehrten wieder Recht und Ordnung in Rom ein. Ja, er eroberte sogar Gallien und machte es zu einer römischen Provinz. Das war vor 42 Jahren. Aber auch Caesar hatte seine Schwächen. Er ließ sich sechs Jahre später zum Alleinherrscher auf Lebenszeit wählen. Das aber wollten seine Gegner nicht hinnehmen. Ich weiß es noch genau: vor 35 Jahren, am 15. März, wurde Caesar während einer Senatssitzung ermordet. Mit einem Schreibgriffel wurde er erstochen, denn Waffen waren ja im Senat verboten. Und wieder gab es Bürgerkrieg, bis dann vor 22 Jahren Caesars Neffe Octavian als Kaiser Augustus die Herrschaft übernahm. Seitdem herrschen Ruhe und Frieden und wir alle sind froh darüber.

WES-101633-502
Erklärvideo zu Julius Caesar

M1 Möglicher Bericht eines ehemaligen Legionärs aus dem Jahre 9 v. Chr.

Vom Bürgerkrieg zur großen Friedenszeit

T1 Das Jahrhundert der Bürgerkriege

Im 1. Jahrhundert v. Chr. hatten sich in Rom zwei Parteien herausgebildet: die Senatspartei und die Volkspartei. Dies waren keine politischen Parteien wie heute, sondern Interessengruppen, in denen auch Feldherren als Politiker ihre eigenen Interessen vertraten. Dabei setzten sie auch ihre Soldaten ein, die ihnen treu ergeben waren. Es kam zu kriegerischen Auseinandersetzungen zwischen den Feldherren, am Ende zum Bürgerkrieg.

1 *Arbeite die Ursachen für die Bürgerkriegsauseinandersetzungen heraus (T1).*
2 *Fasse die Daten über Caesar in einer Zeittafel zusammen (M1).* Stühletausch Hilfe
Auswahl 3 I *Erkläre, wie es zu den Bürgerkriegen in Rom kam (T1, M1).*
 II *Erläutere die Rolle der Feldherren in den Bürgerkriegen des 1. Jh. v. Chr. (T1, M1).*
 III *Diskutiert die Frage: Waren die Bürgerkriege wirklich Kriege der Bürger (T1, M1)?*

T2 Mit Augustus beginnt die Kaiserzeit

Mit Augustus begann die römische Kaiserzeit. Im Kaisertitel sollte der Name Caesars fortbestehen, der auf Griechisch Kaisar hieß.

Seine Macht war unumschränkt, jedoch wollte er unbedingt vermeiden, wie ein Alleinherrscher zu erscheinen. Er nannte sich vielmehr selbst „Erster Bürger" des Römischen Reiches. Er ließ die politischen Einrichtungen der römischen Republik der Form nach bestehen und erweckte den Anschein, dass Senat und Volksversammlung Gesetze beschlossen und die leitenden Beamten wählten. In Wirklichkeit jedoch bestimmte Augustus, wer dem Senat angehörte, wer die leitenden Beamtenstellen erhielt und welche Gesetze zur Abstimmung gelangten.

Die Macht des Augustus ruhte auf drei Säulen: dem Heer, der Staatskasse und den Regierungsbeamten. Die Soldaten erhielten von Augustus ihre Befehle und ihren Lohn, aber auch Auszeichnungen und Beförderungen. Deshalb waren sie ihm treu ergeben, und er konnte sich fest auf sie verlassen. Mit ihnen stellte er den Frieden im Reich wieder her und sicherte die Grenzen.

Augustus allein bestimmte auch, wofür das Geld der Staatskasse, die Steuereinnahmen, verwendet wurden. Er ließ die Zerstörungen des Bürgerkriegs beseitigen, die Versorgung des Volkes verbessern sowie Wirtschaft und Handel fördern. Auf diese Weise steigerte er seine Beliebtheit und sein Ansehen in der Bevölkerung.

Die Regierungsbeamten sorgten dafür, dass die Gesetze und Befehle des Kaisers im ganzen Reich befolgt wurden.

M2 Kaiser Augustus (Statue aus dem 1. Jh. n. Chr.)

---

4 *Beschreibe deine Eindrücke von der Statue des Augustus (M2).*

5 *Arbeite heraus, wie Rom zur Zeit des Augustus regiert wurde (T2).*

6 *Erkläre, warum seine Soldaten und Beamten sowie die Verfügungsgewalt über die Staatskasse für die Herrschaft des Augustus so wichtig waren (T2).* *Kugellager*

7 I *Beschreibe, wie es im 1. Jh. v. Chr. vom Bürgerkrieg zum Frieden kam (T2).*
II *Beurteile, wie der Frieden in Rom durch Augustus gesichert wurde (T2).*
III *Der Frieden des Augustus war für die Römer teuer erkauft. Nimm Stellung zu dieser Aussage (T2).*

Geschichtskarten auswerten

Legende:
Zeichenerklärung einer Karte

Geschichtskarten sind thematische Karten. Sie nutzen unterschiedliche Farben und Zeichen. Diese werden in der Legende erklärt. Sie sind ein bewährtes Mittel, um ein Thema in einer bestimmten Zeit und in einem bestimmten Raum vorstellbar zu machen. Mithilfe von Geschichtskarten werden historische Zustände, Ereignisse oder Entwicklungen anschaulich, übersichtlich und bisweilen vereinfacht dargestellt. Sie zeigen, was Menschen in der Vergangenheit getan haben.

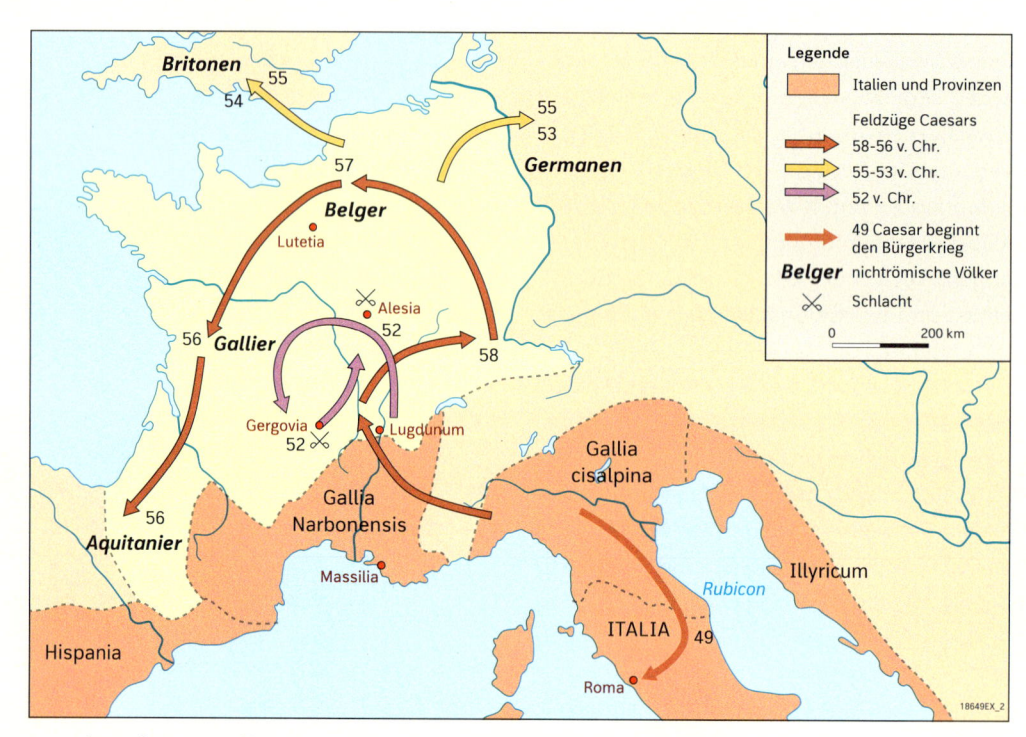

M1 Die Eroberung Galliens unter dem römischen Feldherrn Gaius Julius Caesar

Schritt 1 •
Lage und Größe des Gebietes der Karte bestimmen
→ Nenne zuerst das Thema der Karte.
→ Arbeite den Zeitraum oder Zeitpunkt, auf den sich die Karte bezieht, heraus.
→ Beschreibe Größe und Lage des Gebietes, z. B. eine Region, ein Land oder mehrere Länder.
→ Bestimme die Ausdehnung des Gebietes mithilfe der Maßstabsleiste.
→ Benutze auch die passende Karte im Atlas und vergleiche beide Karten.

Schritt 2 ••
Inhalte der Geschichtskarte erfassen
→ Stelle mithilfe der Legende fest, was die Einfärbungen und Zeichen bedeuten.
→ Beschreibe die dargestellte historische Entwicklung oder das Ereignis. Berücksichtige das Gebiet, die Zeit und das Ereignis.
→ Nenne Besonderheiten, die dir auffallen.

Schritt 3 •••
Die Geschichtskarte auswerten
→ Verfasse über alle Ergebnisse oder Erkenntnisse aus deiner Kartenarbeit, die du dir notiert hast, einen zusammenfassenden Text.

Methode

Musterlösung zu M1:

Schritt 1 ●

→ Die Karte zeigt „Die Eroberung Galliens unter dem römischen Feldherrn Caesar.

→ Sie stellt den Zeitraum von 58 bis 49 v. Chr. dar.

→ Dargestellt ist der Raum vom Mittelmeer bis zum Süden Britanniens.

→ Die Karte bildet ein Gebiet ab, das sich in west-östlicher Richtung über ca. 2000 km und in nord-südlicher Richtung über ca. 1400 km erstreckt.

Schritt 2 ●●

→ Das Gebiet des damaligen Römischen Reiches ist orange eingefärbt, das Gebiet Galliens hellgelb. Die Pfeile sind in vier Farben gehalten und bezeichnen die Zeiträume von Caesars Feldzügen. Die gekreuzten Schwerter markieren die Orte, an denen Schlachten stattfanden.

→ Dargestellt ist das Gebiet Galliens, des heutigen Frankreichs, in den Jahren 58 bis 49 v. Chr. mit dem Verlauf der Feldzüge Caesars.

→ Besonders interessant ist, dass Caesar neben den Feldzügen in Gallien auch Vorstöße nach Germanien und Britannien unternommen hat.

Schritt 3 ●●●

→ Die Karte zeigt, dass der römische Feldherr Caesar seinen ersten Feldzug von 58 bis 56 v. Chr. durch Gallien geführt hat. Sein Weg verlief aus dem Römischen Reich vom Westrand der Alpen nach Norden zur Stadt Lugdunum, dann östlich bis fast an den Rhein, sodann nach Nordwesten in das Gebiet der Belger. Danach gelangte er in einer Wendung nach Südwesten durch das Gebiet der Gallier im Jahre 56 v. Chr. bis nach Aquitani. Von 55 bis 53 v. Chr. unternahm Caesar Feldzüge gegen Germanen und Britonen. Seinen dritten Feldzug im Jahre 52 v. Chr. führte er im Gebiet der Gallier. Bei Alesia und Gergovia kam es zu Schlachten. Insgesamt hat Caesar auf seinen Feldzügen das gesamte Gebiet zwischen Rhein und Pyrenäen durchstreift.

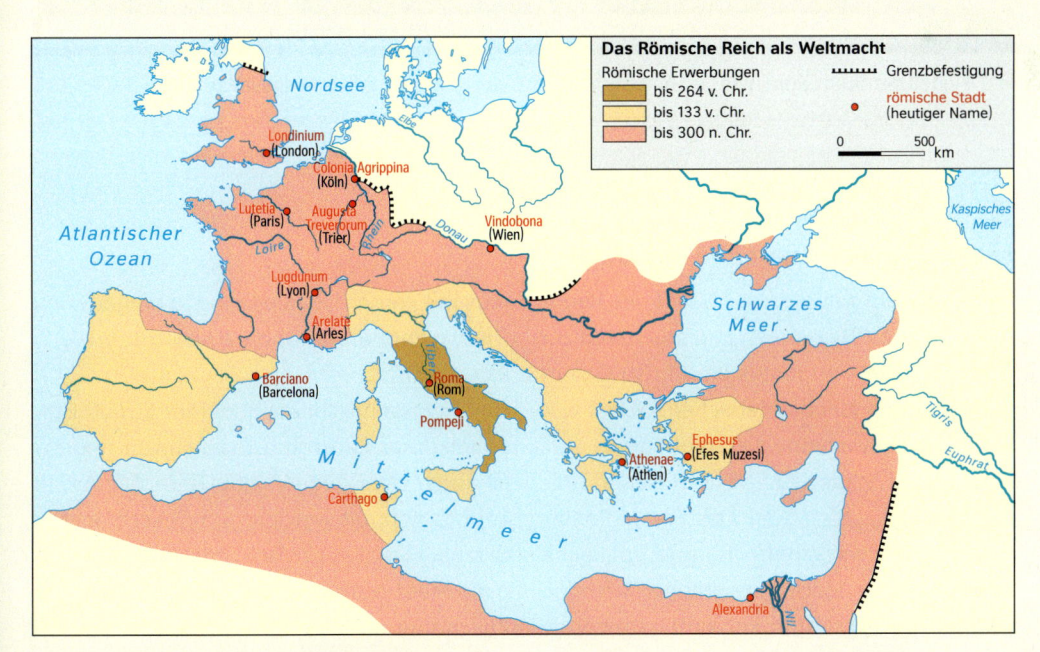

M2 Das Römische Reich als Weltmacht

1 Werte die Karte M2 anhand der Schritte von Seite 114 aus.

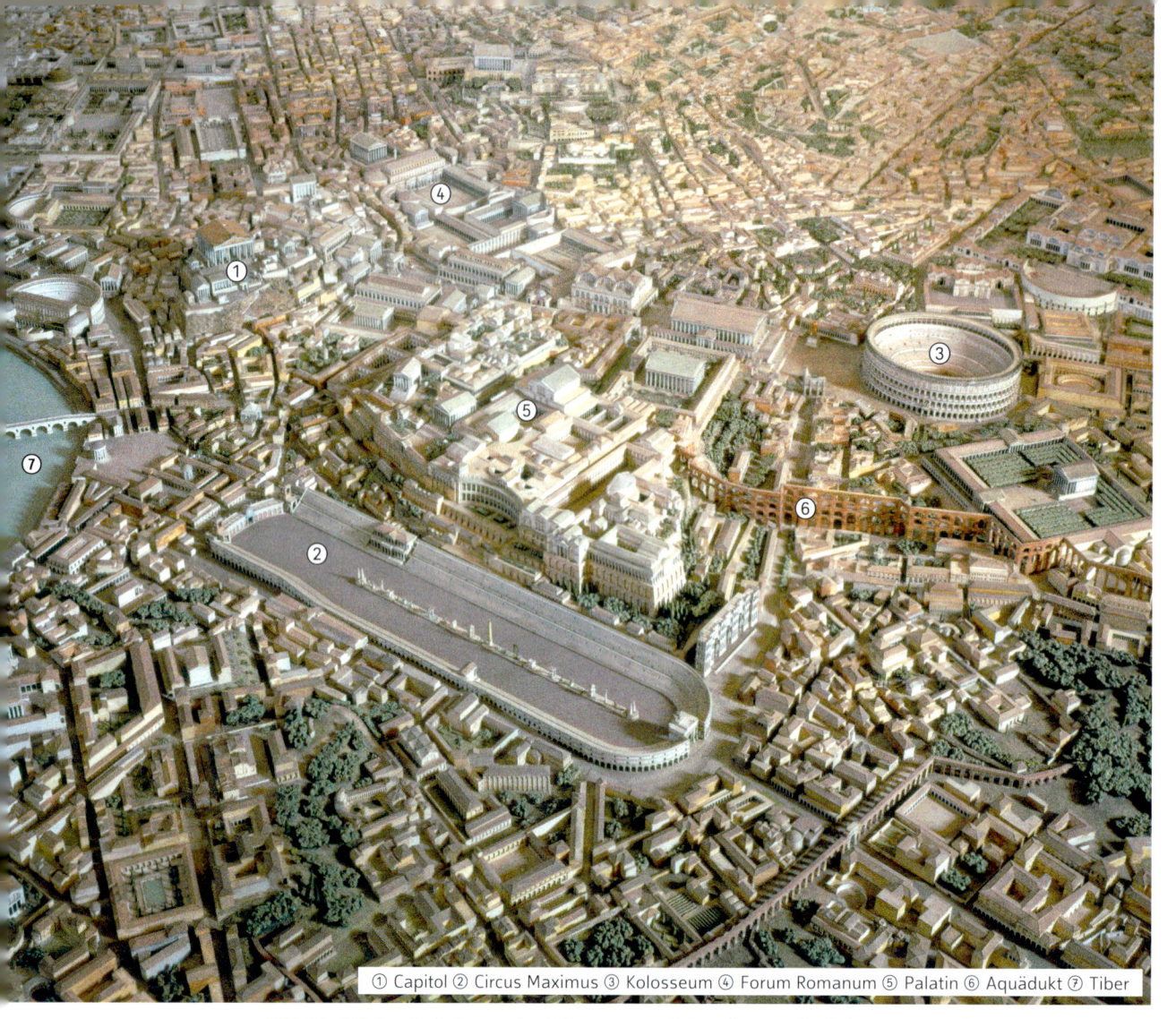

① Capitol ② Circus Maximus ③ Kolosseum ④ Forum Romanum ⑤ Palatin ⑥ Aquädukt ⑦ Tiber

M1 Modell der Stadt Rom, wie sie im ersten Jahrhundert nach Christus ausgesehen hat.

Rom – Weltstadt der Antike

T1 Die Millionenstadt und ihre Bauten

Die Stadt Rom war die Hauptstadt des Römischen Reiches. Hier lebten und arbeiteten zur Zeit des Kaisers Augustus um Christi Geburt ungefähr eine Million Menschen. Damit war Rom so groß wie heute die Stadt Köln.

Es gab in der Stadt viele Tempel, Paläste, Theater und Einkaufsstraßen. Das Forum Romanum war der wirtschaftliche und politische Mittelpunkt der Stadt. Hier standen wichtige Tempel, Gerichts- und Regierungsgebäude sowie große Geschäfte.

Rennbahnen, Arenen und Thermen dienten der Unterhaltung des Volkes. Im Circus Maximus mit 250 000 Plätzen fanden Wagen- und Pferderennen und andere sportliche Wettkämpfe statt.

Das Kolosseum fasste ungefähr 50 000 Personen. Hier kämpften Gladiatoren gegeneinander oder gegen wilde Tiere. Die Arena konnte geflutet werden, um Seeschlachten darzustellen. Ein großes Segel konnte an einem Mast aufgezogen werden, damit die Zuschauer im Schatten saßen. Das Sicherheitssystem gestattete es, dass in nur fünf Minuten alle Zuschauer das Gebäude verlassen konnten.

WES-101633-503
Film über das Kolosseum in Rom

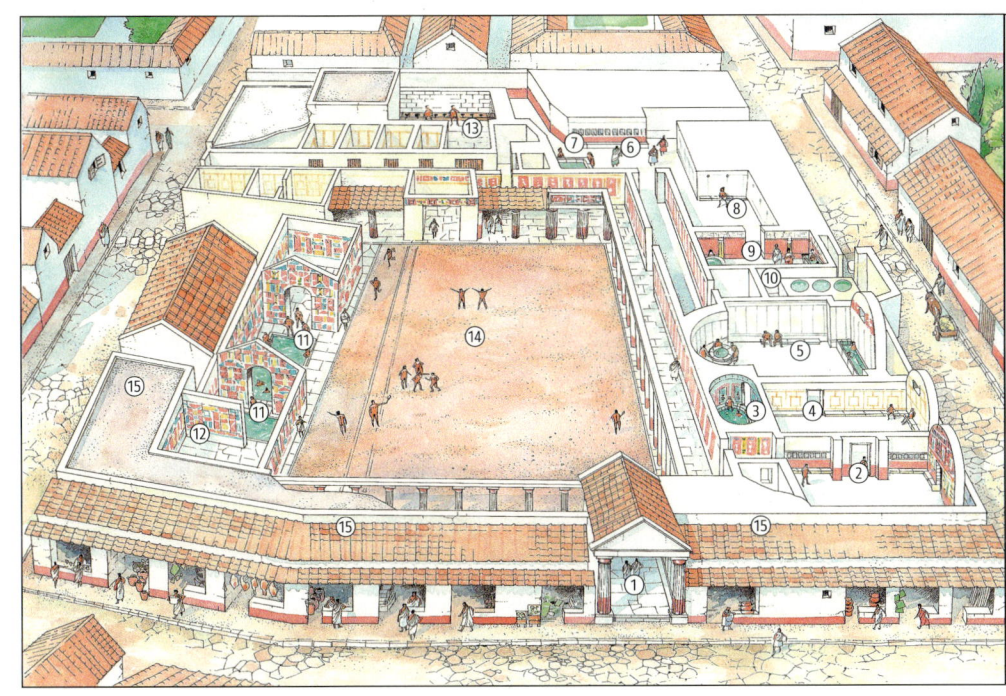

① Haupteingang – Männerbad
② Umkleideraum
③ Kaltwasserbad
④ Warmluftraum
⑤ Heißraum – Frauenbad
⑥ Umkleideraum
⑦ Kaltwasserbad
⑧ Warmluftraum
⑨ Heißraum
⑩ Öfen mit Wassertanks
⑪ Schwimmbad
⑫ Umkleideraum
⑬ Toiletten
⑭ Hof
⑮ Läden

M2 Modell einer römischen Therme (heutige Zeichnung)

T2 Wellness in der Weltstadt

Die Thermen waren in Rom und allen anderen Städten des Römischen Reiches sehr beliebt. Sie besaßen eine prächtige Ausstattung und waren Wellness-Oasen für die gesamte Bevölkerung. Die von Kaiser Domitian in Rom erbaute Badeanstalt umfasste eine Fläche von 13 Hektar, das sind 32 Fußballfelder. Hier gab es Dampf-, Kalt- und Warmbäder. Der Eintrittspreis war so niedrig, dass viele Römer die Thermen besuchen konnten. Für Kinder war der Eintritt frei.

Im Badeort Bath auf der britischen Insel sind Reste einer Therme aus der Römerzeit sehr gut erhalten.

In Trier vermitteln die Barbara-Thermen einen Eindruck von der Größe der dortigen Anlage.

M3 Römische Therme im britischen Bath

1 Beschreibe deine Eindrücke von M1. *Partnervortrag*
2 Fasse in einer Tabelle die öffentlichen Gebäude Roms und ihre Aufgaben zusammen (T1, T2, M1–M3).
3 I *Nenne die wichtigsten Bauwerke der Weltstadt Rom (T1, T2, M1, M2).*
   II *Gestalte einen touristischen Werbeflyer für das antike Rom (T1, T2, M1, M2).* Hilfe
   III *Größe, Pracht, Luxus sind Merkmale einer Weltstadt. Erkläre dies am Beispiel Roms (T1, T2, M1, M2).*

WES-101633-504
Interaktives Arbeitsblatt zu einem römischen Mietshaus

M1 Schnitt durch ein Mietshaus mit Wohnungen und Geschäften (heutige Zeichnung)

Leben in Rom

T1 Wohnen und Arbeiten in der Weltstadt

In Rom lebten die meisten Menschen in Mietwohnungen, weil sie sich eigene Häuser nicht leisten konnten. Die Mietshäuser besaßen bis zu fünf Etagen. Dort lebten oft 400 Menschen auf engstem Raum, teilweise in Ein-Zimmer-Wohnungen. In den dicht bebauten Stadtvierteln gab es für die Trinkwasserversorgung nur Straßenbrunnen und Gemeinschaftstoiletten im Hof. Die Straßen waren mit Abfällen verdreckt. Sie wurden einfach aus den Häusern auf die Straße geworfen. Trotzdem herrschte hier ein reges Treiben. Die Schaufenster der Läden waren zur Straße hin offen. Hier wurden Waren aller Art angeboten. Werkstätten und Arbeitsräume befanden sich gleich hinter den Läden. Abends wurden die Geschäfte zur Straße hin mit Holzplatten verschlossen.

M2 In einer römischen Fleischerei (Relief um 150 n. Chr.)

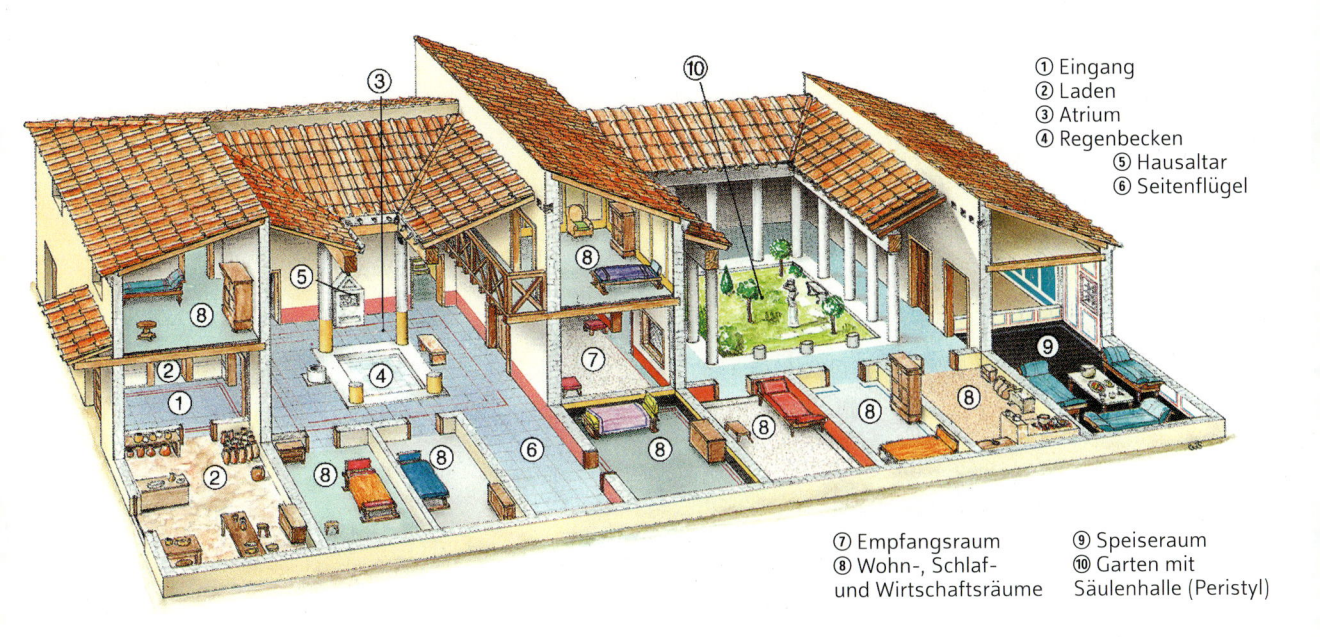

① Eingang
② Laden
③ Atrium
④ Regenbecken
⑤ Hausaltar
⑥ Seitenflügel
⑦ Empfangsraum
⑧ Wohn-, Schlaf- und Wirtschaftsräume
⑨ Speiseraum
⑩ Garten mit Säulenhalle (Peristyl)

M3 Schnitt durch das Modell eines römischen Stadthauses (heutige Zeichnung)

T2 Wohnen der vornehmen Römer

Im Stadthaus eines reichen Römers gelangte man zuerst in eine Halle, das Atrium. Eine Öffnung im Dach und ein Wasserbecken sorgten für eine angenehme Raumtemperatur. Die Räume der Familie waren mit kostbaren Mosaikfußböden ausgelegt und an die zentrale Wasserversorgung angeschlossen.

Die Stadthäuser sowie die Thermen besaßen ein Heizsystem, das es bei uns erst seit fünfzig Jahren gibt: die Fußbodenheizung. Von Feuerstellen aus wurde heiße Luft durch Hohlräume unter die Fußböden und in die Wände geleitet. So hatten die Räume auch bei Kälte eine angenehme Temperatur.

Aquädukt: Wasserversorgungsleitung

T3 Wasserversorgung in Rom

Ein großes Problem war die Versorgung der Millionenstadt mit Trinkwasser. Es wurde über Aquädukte in die Stadt geleitet. Die Wasserleitung beförderte ca. 184 000 m³ Wasser pro Tag in die Stadt. Bei Trockenheit musste Wasser eingespart werden. Dann trennte man zuerst die Privathäuser von der zentralen Wasserversorgung, danach die Thermen. Am längsten wurden die öffentlichen Brunnen mit Wasser gespeist. Auch in den anderen größeren Städten des Reiches gab es solche Wasserleitungen.

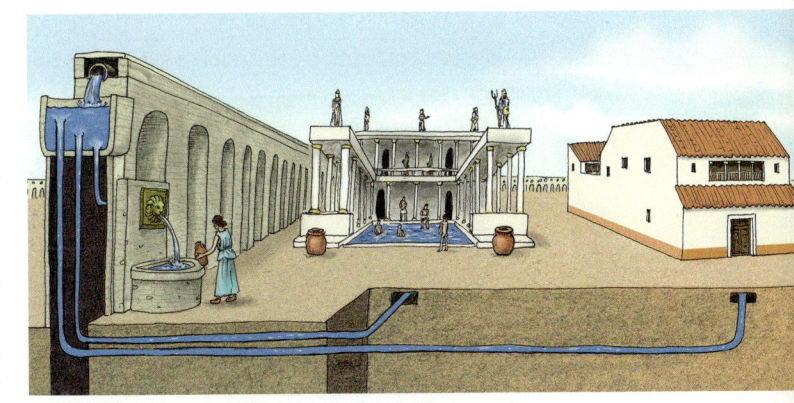

M4 Wasserversorgung in Rom (heutige Zeichnung)

wahl 1 ▮▮▮ Beschreibe die unterschiedlichen Wohnbedingungen der Römer (T1, T2). Hilfe
▮▮ Führe einen Besucher Roms durch ein Mietshaus oder eine Stadtvilla (T1, T2, M1, M3).
▮ Verfasse einen Sachtext zum Thema „Leben im antiken Rom" (T1–T3, M1–M4).

2 Berichte über die römische Wasserversorgung (T3, M4).

Wir bauen eine römische Wasserleitung

Auf der vorigen Seite hast du erfahren, dass die Versorgung der römischen Bevölkerung mit dem lebenswichtigen Wasser in der Millionenstadt fest geregelt war. So sollte auch in Zeiten längerer Trockenheit sichergestellt sein, dass die Römer dann noch Wasser erhielten. Wie die Römer dieses wichtige Problem der Wasserversorgung für Millionen Menschen geregelt haben, erfährst du hier und kannst du selbst nachbauen.

Zunächst wurde das Trinkwasser aus den Bergen ungefähr 40 km von Rom entfernt über Wasserleitungen, sogenannte Aquädukte, nach Rom geleitet.

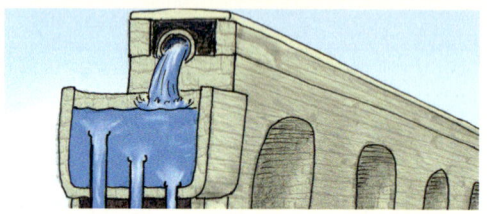

Am Ende der Aquädukte befanden sich große Wasserspeicher, in denen das Wasser zunächst gesammelt wurde. Von dort floss das Wasser durch drei Leitungsnetze in die Stadt.

Das erste Leitungsnetz versorgte die öffentlichen Brunnen und Wasserstellen in der Stadt. Dort konnten alle Römerinnen und Römer ihren täglichen Wasserbedarf decken.

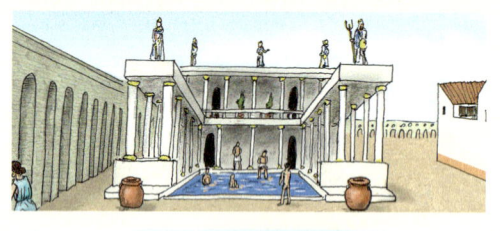

Das zweite Leitungsnetz versorgte die öffentlichen Thermen, die von der gesamten römischen Bevölkerung gerne in der Freizeit besucht wurden.

Die dritte Wasserleitung versorgte die luxuriösen Stadthäuser der reichen Römerinnen und Römer der Stadt.

Bei anhaltender Trockenheit und Wassermangel hatte die Regierung Roms festgelegt, dass die Wasserversorgung der Gesamtbevölkerung am wichtigsten war und am längsten gesichert sein musste. An zweiter Stelle standen die Thermen und erst am Schluss die Stadthäuser der Reichen. Deren Wasser wurde zuerst abgestellt. Durch eine einfache technische Regelung war dies zu realisieren.

Um im Versuch herauszufinden, wie die römische Wasserversorgung funktionierte und dies nachzubauen, gehst du so vor:

Schritt 1 ●
Materialien bereitstellen
→ Verwende als Wasserspeicher einen handelsüblichen 10-Liter-Kunststoffeimer (nach dem Versuch unbrauchbar), drei Schlauchstücke von ca. 1 m Länge, einen Bohrer im Durchmesser der Schläuche, Dichtungspaste sowie drei weitere Gefäße.

M1 Benötigte Materialien

Schritt 2 ●●
Versuch aufbauen
→ Bohre zunächst drei Löcher in die Seitenwand des Eimers a) kurz über dem Boden, b) seitlich versetzt ca. 10 cm darüber und c) wieder seitlich versetzt 10 cm darüber.
→ Füge in jedes der drei Löcher einen Schlauch ein und dichte die Naht mit Dichtungspaste innerhalb und außerhalb der Eimerwand ab.
→ Führe das Ende jedes Schlauches in jeweils eine Schale und fixiere ihn dort. Du kannst die Schläuche auch nummerieren, damit du während des Versuchs deine Ergebnisse zuverlässig dokumentieren kannst.

Schritt 3 ●●●
Versuch durchführen und auswerten
→ Befülle nun langsam und vorsichtig den Eimer vollständig mit Wasser.
→ Achte darauf, was geschieht, und notiere das Ergebnis.
→ Beschreibe deine Beobachtungen.
→ Welcher Schlauch gibt als Erstes kein Wasser mehr ab, welcher führt am längsten Wasser?
→ Erkläre, welche Auffangschale demzufolge die Stadtvilla, die Therme, der öffentliche Brunnen wäre.
→ Gestalte hierüber ein Versuchsprotokoll.

M2 Aufgebauter Versuch

M1 Auf einem Sklavenmarkt in Rom (heutige Zeichnung)

Sklaven – Basis der römischen Wirtschaft

WES-101633-505
Hörszene über Sklaven

T1 Sklaven – Menschen ohne Rechte

Ein Drittel der römischen Bevölkerung waren Sklaven. Sie galten als persönliches Eigentum ihres Herrn. Er konnte frei über sie verfügen, sie strafen, ja sogar töten. Sklaven arbeiteten in Werkstätten der verschiedensten Handwerker, in der Landwirtschaft, im Bergbau oder im Haushalt.

M2 Sklavenmarke mit der Inschrift: „Ich bin geflohen, halte mich. Wenn du mich meinem Herrn Zoninus zurückgebracht hast, erhältst du einen Solidus Belohnung."

[Die Römer] kaufen nämlich eine Menge Sklaven zusammen und übergeben sie den Leitern der Bergwerksbetriebe, und die öffnen an mehreren Orten Schächte, graben in die Tiefe und schürfen nach den gold- und silberhaltigen Adern der Erde, ... fördern das Metall in vielfachen schrägen, sich kreuzenden Gängen und holen so aus den Tiefen die Schollen, die ihnen den Gewinn bringen. Die Sklaven, die im Bergbau beschäftigt sind, bringen ihren Besitzern unglaubliche Einkünfte; sie selbst aber müssen unterirdisch graben, bei Tage wie bei Nacht, gehen körperlich zugrunde, und viele sterben infolge der übermäßigen Anstrengung – denn Erholung oder Pausen in der Arbeit gibt es nicht; Aufseher zwingen sie mit Schlägen, die furchtbaren Leiden zu ertragen, bis sie elend ihr Leben aushauchen; wenige nur, die Fähigkeit genug haben, halten durch – und verlängern damit nur ihre Qual. Denn erstrebenswerter als das Leben wäre für sie der Tod wegen der Größe ihres Elends.

M3 Der griechische Historiker Diodor über die Bergwerkssklaven (1. Jh. n. Chr.)

Germanicus *(flüsternd):* Neuigkeiten vom Aufstand unserer Brüder! Spartacus ist mit seinen Leuten aus der Gladiatorenschule in Capua ausgebrochen.

Rufus: Werden in den Gladiatorenschulen wirklich Sklaven für den Kampf auf Leben und Tod ausgebildet und an die Veranstalter der Kämpfe verkauft?

Lydus: Das ist bittere Wahrheit! Für unsere Herren sind wir doch keine Menschen, sondern Sachen, die man kaufen und verkaufen, oder wie Vieh, das man töten kann.

Germanicus: Recht hast du, Lydus!

Lydus: Denkt doch mal nach! Wie lange müssen wir auf den Feldern arbeiten? Wie lange?

Rufus: Bis zum Umfallen, und dann werden wir auch noch verprügelt!

Lydus: Und wenn wir krank sind oder uns bei der Schufterei verletzt haben? – Dann gibt es weniger zu essen, denn wir arbeiten ja nicht!

Germanicus: Wenn wir alt sind und zur Feldarbeit nicht mehr taugen, was macht dann der Herr? – Er verkauft uns weiter und versucht noch, an uns zu verdienen.

Rufus: Warum behandelt man uns so?

Lydus: Weil wir uns nicht wehren und uns zu Tode arbeiten. Und weil es immer Nachschub an Sklaven gibt. Wenn die Römer Krieg führen, gibt es neue Kriegsgefangene, die in die Sklaverei verkauft werden. Germanicus, du warst doch ein Kriegsgefangener, stimmts?

Germanicus: Ja, stimmt. Wäre ich doch in der Schlacht gefallen, dann wäre mir dieses elende Sklavenleben erspart geblieben.

Lydus: Und du, Rufus, du wurdest Sklave, weil du deine Schulden nicht bezahlen konntest.

Rufus: Ja, Lydus. Unser Herr hat auf dem Sklavenmarkt viel Geld für mich bezahlt. Ich war ja auch gesund und kräftig. Und mit diesem Geld wurden meine Schulden bezahlt.

Lydus: Du und Germanicus, ihr wart mal freie Leute, ich aber weiß gar nicht, was Freiheit bedeutet. Ich bin ein Sklavenkind und war immer Sklave. Wenn doch Spartacus siegen würde! Ich möchte endlich frei sein!

Rufus: Ach, Lydus, wir Sklaven haben noch in allen Aufständen verloren. Spartacus wird es nicht anders ergehen. Ich fürchte, dass auch er besiegt werden wird. Und dann wehe unseren Schicksalsgenossen. Die Rache der Römer wird fürchterlich sein.

Rufus

Germanicus

WES-101633-506
Film über Spartacus

Lydus

M4 Mögliches Gespräch in einer Sklavenunterkunft auf einem Landgut

1 *Beschreibe das Leben von Sklaven in Rom (T1, M1, M2).* Think – Pair – Share

2 *Erkläre, wie Menschen in Rom zu Sklaven werden konnten (M4).* Hilfe

3 *Spielt die Szene M4 mit verteilten Rollen. Sprecht anschließend über eure Eindrücke.* Hilfe

4 I *Erkläre, wie Sklaven den Reichtum ihrer Herren vermehrten (M3, M4).*
II *Vergleiche die Lebensbedingungen von Bergwerks-, Land- und Hausklaven (M3, M4).*
III *Sklaverei war Grundlage der römischen Wirtschaft! Nimm Stellung zu dieser Aussage (T1, M3, M4).*

Pater familias
Ehefrau   Kinder   Söhne mit Familie
Feldsklaven   Haussklaven   Klienten

M1 Eine wohlhabende römische Familie und ihre Mitglieder (heutige Zeichnung)

Römisches Familienleben und Religion

T1 Römische „familia"

Die Römer lebten in Familien zusammen. Zu einer römischen reichen „familia" gehörten alle Menschen, die im Haushalt lebten. Der Vater, der „pater familias", war das Oberhaupt der Familie. Er konnte allen im Hause Befehle erteilen und sie sogar bestrafen. Seine Aufgabe war es, mit seiner Arbeit für den Unterhalt der Familie zu sorgen und sie zu beschützen. Nur er durfte den Hausgöttern opfern.

Die Mutter, die „mater familias", war für den Haushalt zuständig und beaufsichtigte auch die Arbeit der Sklavinnen und Sklaven. Sie verließ nur selten das Haus. Dann traf sie sich mit Freundinnen, erledigte wichtige Einkäufe, die sie ihren Haussklaven nicht anvertrauen wollte, besuchte die Thermen oder das Theater. Frauen durften im Römischen Reich keine öffentlichen Ämter übernehmen oder politisch mitbestimmen.

> *Ein Mann hat unbeschränkte Gewalt über seine Frau. Wenn du deine Frau beim Ehebruch erwischst, darfst du sie ... töten. Wenn du aber selbst die Ehe brichst oder gebrochen hast, steht ihr keineswegs das Recht zu, dich auch nur mit dem Finger zu berühren.*

M2 Der Politiker Cato (234–149 v. Chr.)

1 Nenne die Mitglieder einer römischen Familie (M1).
2 Beschreibe die Aufgaben von Vater und Mutter in der Familie (T1). *Stühletausch*
3 Vergleiche die Rechte von Männern und Frauen in der römischen Familie (T1, M2).

Das Römische Weltreich

124

Bacchus (Wein) · Minerva (Weisheit, Beschützerin) · Jupiter (Göttervater) · Juno (Göttermutter) · Mars (Krieg) · Mercurius (Götterbote, Handel)

Venus (Liebe, Schönheit) · Neptun (Meer) · Diana (Jagd) · Ceres (Fruchtbarkeit) · Apollo (Künste, Weissagung) · Vulcanus (Schmiedekunst)

M3 Die römischen Götter (heutige Zeichnung)

T2 Römische Religion

Römerinnen und Römer glaubten an die gleichen Götter wie die Griechen. Allerdings gaben sie ihnen lateinische Namen. Nach ihrem Glauben besaßen die Götter menschliche Gestalt und beeinflussten alle Bereiche des menschlichen Lebens: Geburt und Tod, Aussaat und Ernte, Sieg und Niederlage im Krieg, Recht und Politik. Sie waren bei allen Handlungen der Menschen anwesend. Priesterinnen und Priester opferten Nahrungsmittel oder Tiere in Tempeln oder auf öffentlichen Altären. So wollten sie die Götter gnädig stimmen oder ihren vermeintlichen Zorn besänftigen. Beim Tieropfer wurden aus den Eingeweiden Vorhersagen abgeleitet. Danach wurden die Eingeweide verbrannt. Das Fleisch wurde gemeinsam verzehrt, an Arme verteilt oder auf dem Markt verkauft. In jedem römischen Haus gab es einen Hausaltar für die Hausgötter. Hier opferte der Vater der Familie an Feiertagen. Wenn es der Familie gut ging, lag es daran, dass alle religiösen Regeln erfüllt worden waren.

M4 Altar für die Hausgötter in einer Villa

4 I Fasse zusammen, wie die Religion Staat und Familie beeinflusste (T1, M1, M2).
   II Nimm Stellung dazu, inwiefern Opfer ein Handel zwischen Menschen und Göttern waren (T2).
   III Erkläre, wie die Berufung auf die Götter zu Machtmissbrauch führen konnte (T1, M1, M2).
5 Fasse die wichtigsten Informationen über die römische Religion zusammen (T1). Hilfe
6 Ordne den Götternamen ihre Zuständigkeit und ihr Symbol zu. Hilfe

M1 So ungefähr sah es in einer römischen Stadt wie Köln, Xanten, Mainz oder Trier aus (heutige Zeichnung)

Römisches Leben in der Provinz

T1 Römisches Köln

In Germanien gründeten die Römer Städte, die es noch heute gibt. Hier finden sich Überreste aus der Zeit der Römer.

Auch die Stadt Köln wurde von den Römern gegründet. Sie trug den Namen Colonia Claudia Ara Agrippinensium und wurde im Jahre 50 n. Chr. zur Hauptstadt der Provinz Nordgermanien. Die Stadt war von einer 2,5 Meter breiten und 8 bis 10 m hohen Mauer mit neun Toren eingefasst. 21 Türme waren in die Mauer eingebaut. So konnten mögliche Feinde abgewehrt werden. Die beiden Hauptstraßen besaßen eine Breite von 22 m, die Seitenstraßen von 11 bis 14 m. Eine Wasserleitung versorgte über eine Entfernung von 80 km aus der Eifel die Stadt mit Wasser.

Ungefähr 20 000 Menschen lebten in Köln, davon siedelten 5000 Menschen vor der Stadtmauer, weil von ihren Betrieben eine ständige Brandgefahr ausging: Glasbläser, Töpfer, Ziegelbrenner und Metallgießer. Auch die Gerber, die Tierhäute verarbeiteten, waren aus der Stadt verbannt, weil sich bei der Lederverarbeitung ein fürchterlicher Gestank entwickelte.

M2 Aufbau des römischen Köln um 200 n. Chr.

1 Beschreibe M1 und nenne Einzelheiten. *Hilfe*
2 Gestalte einen Steckbrief der Stadt Köln zur Römerzeit (T1). *Galeriegang*
3 Erläutere mithilfe von M2, dass Köln geplant angelegt wurde.
Auswahl 4 I Nenne Beweise dafür, dass Köln eine Römerstadt war (T1, M2).
II Erkläre, welche Merkmale Kölns auf eine römische Stadtgründung schließen lassen (T1, M2).
III Gestalte einen Kurzvortrag zum Thema „Köln – ein Rom nördlich der Alpen" (T1, M2).

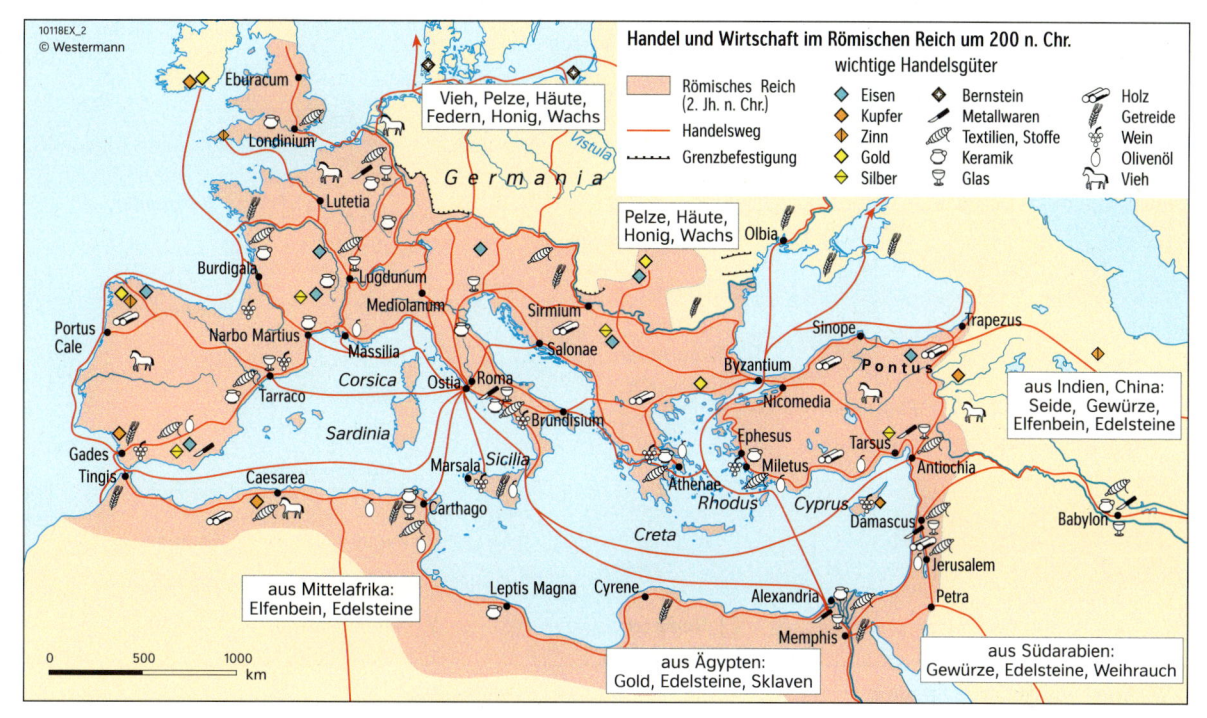

M3 Handelswege und Handelsgüter des Römischen Reiches

T2 Straßen verbinden und fördern den Handel

Waren aus allen Gegenden des Römischen Reiches wurden in den Städten am Rhein angeboten. Produkte aus Köln wie Töpfer-, Metall- und Lederwaren sowie Glasgefäße waren berühmt und wurden in Britannien, Holland und Italien gehandelt. Viele Waren aus fernen Ländern wurden auch in das Römische Reich eingeführt.

Dieser Fernhandel war nur möglich, weil ein dichtes Straßennetz die Städte im Römerreich miteinander verband. Ein Netz von ca. 85 000 km Straße verband Rom mit allen Teilen des Reiches.

Es gab Wegeverzeichnisse, Rasthäuser, Pferdewechselstationen und eine Straßenpolizei. Nur auf diesen Straßen konnten Fernhändler mit ihren Fuhrwerken ihre Waren sicher durch das Römische Reich transportieren. Im Krieg nutzten die Soldaten die Straßen, um schnell vorwärts zu kommen.

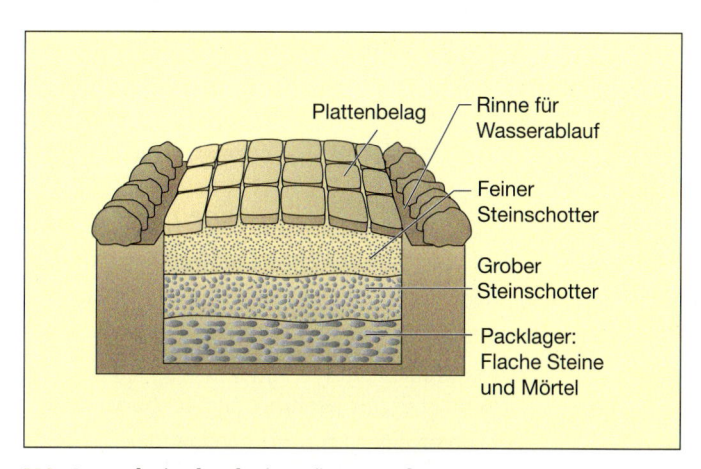

M4 Querschnitt durch eine Römerstraße

---

5 Nenne fünf Gebiete, mit denen die Römer Handel trieben und zähle die Handelswaren auf (M3).

6 Fasse zusammen, wie das Straßennetz der Römer ausgebaut war (T2).

7 Beschreibe den Aufbau einer römischen Straße (M4).

8 Erkläre, wie die Römer dieses Straßennetz schaffen konnten (Seite 111, T3). *Hilfe*

9 I Fasse die wichtigsten Informationen über das römische Straßennetz zusammen (T2, M3).
II Erkläre, warum durch das Straßennetz das Römerreich zusammengehalten wurde (T2, M3).
III Erläutere das Sprichwort „Alle Wege führen nach Rom" (T2, M3).

Wichtige germanische Stämme (um 100 n. Chr.)

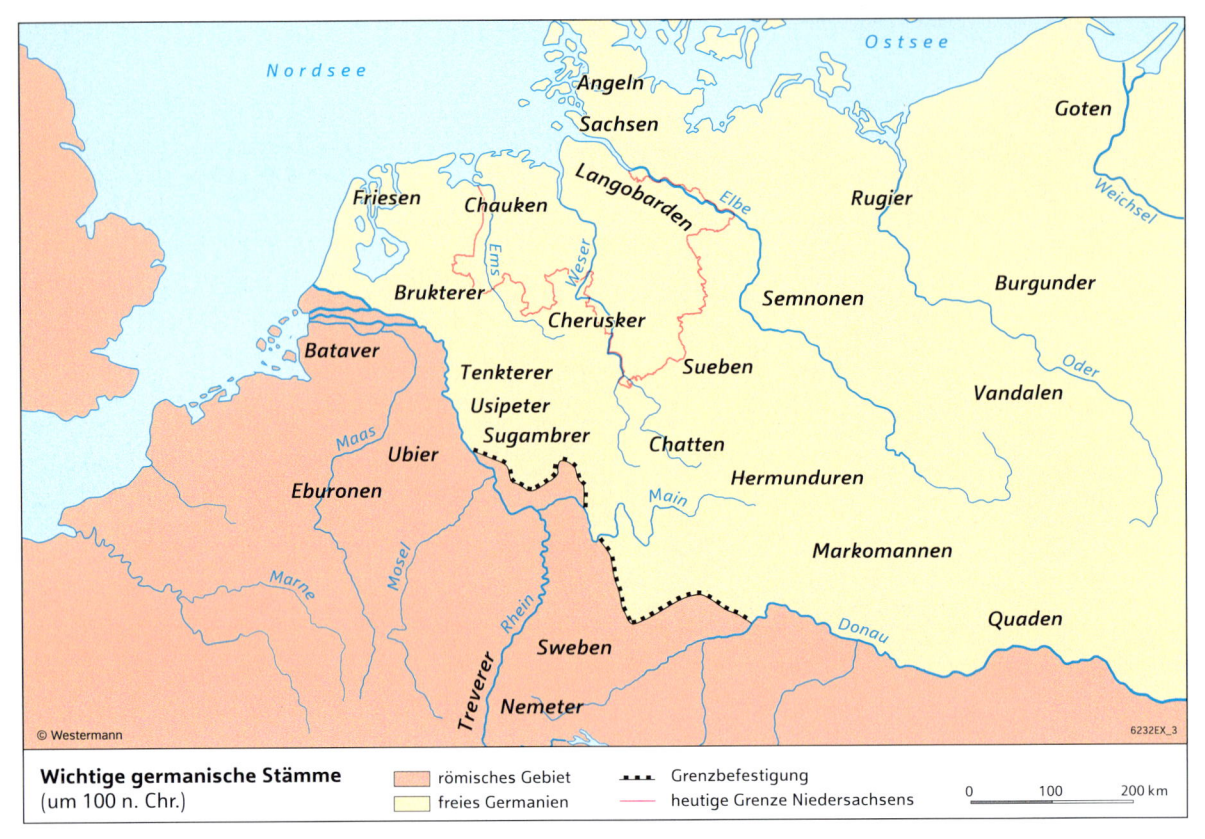

- römisches Gebiet
- freies Germanien
- ▪▪▪ Grenzbefestigung
- heutige Grenze Niedersachsens

M1 Germanien um 100 n. Chr.

Die Germanen – viele Stämme

T1 Unser Wissen über die Germanen

Die Germanen haben keine schriftlichen Aufzeichnungen hinterlassen, jedoch wissen wir einiges über sie durch Ausgrabungen der Archäologie. Außerdem hat der römische Schriftsteller Tacitus ein Buch mit dem Titel „Germania" verfasst. Daraus wissen wir, wie die Römer um 100 n. Chr. die Germanen gesehen haben. Allerdings werden diese Informationen aus der Sicht der Römer durch die Wissenschaft kritisch betrachtet.

T2 Stämme der Germanen

Alle Stämme der Germanen verehrten dieselben Götter. Sie fühlten sich aber nicht als ein gemeinsames Volk. Blutsverwandte bildeten eine Sippe. Nur die Sippe konnte den Einzelnen schützen. Mehrere benachbarte Dörfer bildeten einen Gau, alle miteinander verwandten Sippen einen Stamm. Es war durchaus möglich, dass benachbarte Stämme gegeneinander Krieg führten.

Bei den Germanen gab es Freie und Unfreie. Unfrei waren Menschen, wenn sie Kriegsgefangene waren, wenn sie zu hohe Schulden hatten oder wenn sie von Unfreien abstammten. Der Herr konnte seine Unfreien verkaufen, ihnen einen Ehepartner zuteilen oder eine Heirat verbieten. Die Freien erkannte man an ihren Waffen sowie daran, dass sie ihre Haare lang trugen.

> *Wer von uns würde wohl unsere schönen Länder am Mittelmeer verlassen und in Germanien leben wollen? Germanien ist landschaftlich ohne Reiz, rau im Klima und trostlos für den Bebauer. Das Land zeigt zwar ... einige Unterschiede; doch im Ganzen macht es mit seinen Wäldern einen schaurigen, mit seinen Sümpfen einen widerwärtigen Eindruck.*

M2 Nach Tacitus um 100 n. Chr.

M3 So könnte eine germanische Familie ausgesehen haben (heutige Zeichnung).

T3 Aussehen und Kleidung der Germanen

Aus Sicht der Römer waren die Germanen sehr groß. Die Männer waren zwischen 1,70 m und 1,80 m groß, die Frauen 1,60 m bis 1,65 m. Das belegen Skelettfunde.

Die germanischen Männer trugen lange Hosen und darüber einen kurzen Kittel, der von einem Gürtel zusammengehalten wurde. Daran waren sein Kurz- und Langschwert befestigt. Gegen die Kälte schützte eine Decke, die wie ein Mantel als Umhang getragen wurde.

Die Frauen trugen ein leinenes Untergewand mit einem Gürtel. Auch sie trugen einen Überwurf, der von kunstvollen Broschen, den Fibeln, zusammengehalten wurde. An diesen Schmuckstücken konnte man die Stellung und den Reichtum der Frau erkennen.

> *Die äußere Erscheinung ist bei allen dieselbe: wild blickende blaue Augen, rötliches Haar und große Gestalten, die allerdings nur zum Angriff taugen ... In jedem Haus wachsen die Kinder nackt und schmutzig zu diesem Körperbau, zu dieser erstaunlichen Größe heran.*

M4 Tacitus um 100 n. Chr. über die Germanen

---

1 *Nenne die Germanenstämme, die a) im Römischen Reich, b) in Germanien und c) auf dem Gebiet des heutigen Niedersachsen lebten (M1).* 👥 *Stühletausch*

2 *Fasse die wichtigsten Informationen über Germanien nach Tacitus zusammen (M2).*

3 *Beschreibe das Zusammenleben der Germanen (T2).* Hilfe

4 *Arbeite die wichtigsten Punkte über die Bekleidung der Germanen heraus (T3, M3).*

5 I❚❚ *Fasse die Informationen über die germanische Gesellschaft zusammen (T1 - T3, M2 - M4).*
  II❚ *Erkläre, warum die Germanen trotz gleicher Kultur kein gemeinsames Volk bildeten (T1 - T3, M2 - M4).*
  III *Vergleiche die Lebensweise der Germanen mit der der Römer (T1 - T3, M2 - M4).*

M1 So könnte ein germanisches Dorf ausgesehen haben (heutige Zeichnung).

Leben und Arbeit der Germanen

T1 Germanische Siedlungen

Kühles, feuchtes Klima, große Wälder mit Bären und Wölfen, Sumpf- und Moorgebiete – das war der Lebensraum der Germanen. In dieser Wildnis lebten sie verstreut in kleinen Dörfern als Ackerbauern und Viehzüchter in Großfamilien zusammen.

> *Dass die Stämme der Germanen keine Städte bewohnen, ist hinreichend bekannt. Sie hausen einzeln, gerade wie ein Quell, eine Fläche, ein Gehölz ihnen zusagt. Ihre*
> 5 *Dörfer legen sie nicht in unserer Weise an, dass sie verbunden sind und aneinanderstoßen. Jeder umgibt sein Haus mit freiem Raum. Nicht einmal Bruchsteine oder Ziegel sind bei ihnen im Gebrauch; zu allem verwenden sie unbehauenes Holz, ohne auf*
> 10 *ein gutes oder freundliches Aussehen zu achten.*

M2 Nach Tacitus um 100 n. Chr.

T2 Germanische Hallenhäuser

Die Hallenhäuser mit einer Breite von ungefähr 6 m und einer Länge von ca. 20 m waren mit Stroh und Schilf eingedeckt. Die Wände bestanden aus senkrechten Holzbalken, die mit waagerechten Querbalken verbunden waren. Die Zwischenräume wurden mit geflochtenem Reisig und Lehm abgedichtet.

Hier lebten Mensch und Tier unter einem Dach. Wohnbereich und Stallungen waren durch eine Querwand voneinander getrennt. Nach diesem Grundriss wurden in Norddeutschland noch bis ins 18. Jahrhundert die Bauernhäuser errichtet. Die Einrichtung der Häuser war sehr einfach. Wichtigster Teil war die Herdstelle mit dem offenen Feuer. Der Rauch zog durch Öffnungen im Dach ab. Fenster gab es nicht. Die Vorräte wurden in Tongefäßen aufbewahrt. An den vier Wänden waren Sitz- und Schlafbänke angebracht. Im Raum stand ein Webstuhl, auf dem die Tuche für die Kleidung hergestellt wurden. Ein Stuhl diente als Ehrensitz für den Hausherrn.

Verderbliche Lebensmittel wurden auf dem Hof vor dem Haus in Grubenhäusern unter der Erde kühl gelagert. Das Getreide musste trocken aufbewahrt werden. Es kam in Speicher, die auf Pfählen standen und überdacht waren.

M3 Eine germanische Familie in ihrem Haus (heutige Zeichnung)

T3 Landwirtschaft und Handwerk

Die Germanen holzten den Wald ab und rodeten die Wurzeln, um Acker- und Weideland zu schaffen. Dann bauten sie Gerste, Hafer, Hirse, Weizen, Roggen, Kohl, Rüben, Erbsen und Bohnen an. Die Ernte erbrachte nur etwa ein Zehntel heutiger Ernten. Als Haustiere züchteten die Germanen Schweine, Ziegen, Schafe, Geflügel und Rinder. Pferde wurden nur als Reittiere, nicht aber als Arbeitstiere genutzt.

Das Vieh war kleiner als heute und gab nur wenig Milch. Die Menschen sammelten Beeren, Pilze, Obst und aßen auch Fisch und das Fleisch von Wildtieren.

Fast alles, was die Familie zum Leben brauchte, wurde auf den Höfen selbst hergestellt: Aus Flachs und Wolle fertigten die Menschen Kleidung, aus Ton und Lehm formten sie Schüsseln und Krüge, aus Leder wurden Schuhe hergestellt.

T4 Das Thing

Die wehrfähigen freien Männer eines Stammes trafen sich regelmäßig bei Neu- oder Vollmond zu einer Ratsversammlung, dem Thing. Hier berieten sie über die Bestrafung von Verbrechen, entschieden über Krieg und Frieden und wählten sich ihren Heerführer für einen Kriegszug. Wenn sie für einen Antrag stimmten, schlugen sie ihre Speere zusammen, lehnten sie ihn ab, so taten sie dies durch brummendes Murren kund.

M4 Germanisches Thing (heutige Zeichnung)

1. Beschreibe die germanische Siedlungsweise (T1, M1, M2). *Placemat*
2. Fasse die Informationen über den Hausbau der Germanen zusammen (T2, M2).
3. Landwirtschaft und Handwerk waren Basis der germanischen Wirtschaft. Erkläre (T3).
4. Erkläre die Bedeutung des Thing für die germanischen Stämme (T4, M4).
5. I Fasse zusammen, was die Seite über Leben, Wohnen und Arbeiten der Germanen berichtet.
   II Erkläre den Satz „Die Germanen waren Selbstversorger" (T1 - T3, M1 - M3).
   III Vergleiche das Leben in einer römischen Stadt mit dem in einem germanischen Dorf.

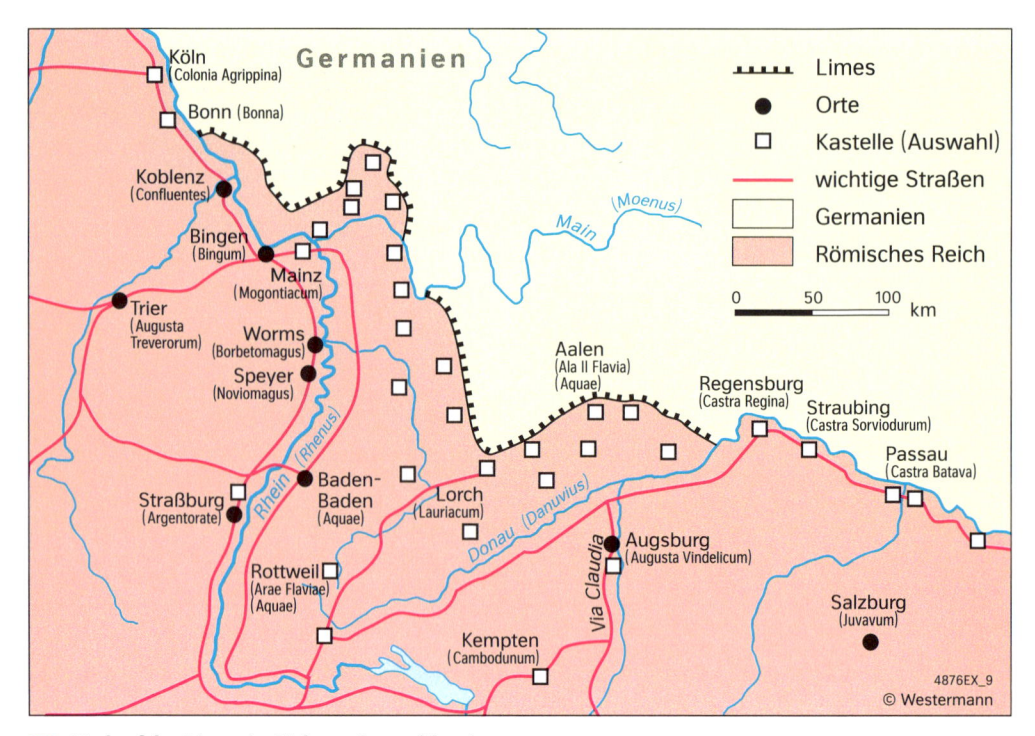

M1 Verlauf des Limes in Südwestdeutschland

Begegnung von Römern und Germanen

T1 Die gescheiterte Eroberung Germaniens

Kaiser Augustus wollte die Ostgrenze des Römischen Reiches vom Rhein nach Osten bis an die Elbe verschieben und damit weitere Teile Germaniens in das Römische Reich eingliedern. Nachdem jedoch die Germanen den römischen Truppen im Jahre 9 n. Chr. eine vernichtende Niederlage zugefügt hatten, entschied sich Kaiser Augustus, jetzt nur noch die bestehenden Grenzen in Germanien zu sichern.

T2 Der Limes

Dazu wurden Rhein und Donau als natürliche Grenzen zwischen dem Römischen Reich und Germanien gesichert. Die Landgrenze zwischen der Donau im Süden und dem Rhein im Westen sicherten die Römer durch den Limes. Diese Grenzbefestigungsanlage sollte gegen Überfälle von Stämmen aus dem freien Germanien schützen. Sie war ca. 540 km lang. Der Limes bestand entweder aus einer Steinmauer oder einem Holzpalisadenzaun. Möglichst auf Anhöhen und immer in Sichtweite voneinander lagen Wachtürme. So konnten Signale und Nachrichten von Turm zu Turm schnell weitergegeben werden. Die Wachsoldaten waren in über hundert Kastellen untergebracht. Diese lagen alle gesichert hinter dem Limes.

M2 Rekonstruierter Limes-Wachturm in Grab, Baden-Württemberg

M3 Tauschhandel am Limes (Modell im Limes-Museum Aalen)

T3 Der Limes – Ort der Begegnung

Am Limes trafen sich Römer und Germanen, um miteinander Handel zu treiben Es wurden die verschiedensten Waren getauscht. Die Germanen interessierten sich für römische Luxuswaren wie Schmuck, Silbergeschirr, Glasbecher und Metalltöpfe. Die Römer wiederum kauften Wachs, Felle, Sklaven und blondes Frauenhaar für Perücken, die bei den vornehmen Damen Roms sehr begehrt waren.

T4 Germanen lernen von den Römern

Viele Menschen aus dem freien Germanien reisten über die Grenze ins Römische Reich ein und arbeiteten für die Römer. So lernten sie die römische Lebensweise kennen: große Städte mit prächtigen Häusern aus Stein, mit gepflasterten Straßen, mit Badeanstalten, Theatern und Tempeln. Und sie lernten andere Dinge kennen, die sie gerne benutzten und deren Bezeichnungen sie von den Römern übernahmen.

M4 Lateinische Begriffe, die zu Lehnwörtern wurden

---

1 Beschreibe den Verlauf des Limes in Südwestdeutschland (M1).
2 Nenne fünf Städte, die am Limes liegen und die es noch heute gibt (M1).
3 Begründe, warum die Römer ihr Reich nicht weiter ausdehnen wollten (T1).
4 Arbeite die wichtigsten Bauelemente des Limes heraus (T2, M2). *Partnervortrag*
5 Erkläre, warum die Begegnung am Limes für Römer und Germanen vorteilhaft war (T3, T4).
6 Gestalte einen Text, in dem du möglichst viele Lehnwörter aus M4 verwendest.
7 I Nenne Möglichkeiten des Austausches und der Begegnung am Limes (T3, T4, M3).
  II Verfasse ein Gespräch zwischen einem Römer und einem Germanen über den Limes. *Hilfe*
  III Erkläre den Ausspruch „Der Limes trennte und verband" (T1 - T4, M1 - M4).

Das römische Weltreich

1. Wie wurde Rom zu einem Weltreich?

Die Römer errichteten ihre Weltherrschaft durch die Tapferkeit ihrer Heere und brachten sie zur größten Ausdehnung durch die überaus anständige Behandlung der Unterworfenen. Und sie blieben so sehr frei von
5 *Grausamkeit und Rachsucht. ... Denn während die Besiegten der härtesten Bestrafung als einstige Feinde gewärtig waren, ließen sich die Sieger als Mäßigung von keinem anderen übertreffen. Als die Römer aber nahezu die ganze bewohnte Erde beherrschten, da*
10 *begannen sie, ihre Herrschaft durch Terror und die Vernichtung der ansehnlichsten Städte zu sichern ...*

M1 Diodor, griech. Geschichtsschreiber, 1. Jh. v. Chr.

Wir sind das Volk, das Krieg führt für die Freiheit anderer, damit nirgends ungerechte Herrschaft besteht, sondern überall Recht und Gesetz.

M2 Titus Livius, römischer Geschichtsschreiber

Wie sie selbst berichten, sind ihre Gründer mit der Milch einer Wölfin genährt worden. So hat auch das ganze Volk Wolfsherzen. Sie sind unersättlich, blutrünstig, immer hungrig und gierig nach Macht und Reichtum. 5

M3 Pompeius Trogus, gallischer Geschichtsschreiber

▌▌▌ Beschreibe, wie die Römer ihr Weltreich errichteten.
▌▌ Arbeite heraus, wie unterschiedlich die Errichtung des Römerreiches dargestellt wird.
▌ Verfasse anhand der Quellen einen Text zur Entstehung des Römischen Weltreiches. Berücksichtige die unterschiedlichen Quellen.

2. Wie lebten die Menschen in Rom?

Wasseranschluss – Mietwohnungen – Atrium – Leben auf engstem Raum – angenehmes Raumklima – Ein-Zimmer-Wohnungen – kostbare Mosaik-Fußböden – Straßenbrunnen – Fußbodenheizung – Gemeinschaftstoiletten – verdreckte Straßen – Läden im Erdgeschoss

▌▌▌ Ordne die Begriffe in einer Tabelle a) den Mietshäusern und b) den vornehmen Stadthäusern zu.
▌▌ Verfasse einen Text über die Wohnsituation der ärmeren und reicheren Menschen in Rom und verwende dabei die obigen Begriffe.
▌ Vergleiche die Wohnsituation damals und heute.

Am Tiber entsteht ein Bauerndorf

753 v. Chr. Nach der Sage Gründung Roms

Rom wird Landmacht

1000 v. Chr. — 900 — 800 — 700 — 600 — 500 — 400 — 300

3. Welche Rolle spielten die Sklaven in Rom?

M4 Ein Haussklave bedient seinen Herrn

M5 Landsklaven bei der Arbeit

Ⅰ Nenne am Beispiel der beiden Bilder Arbeiten, welche Haussklaven einerseits und Landsklaven andererseits verrichten mussten.
Ⅱ Beschreibe die Bilder und erkläre, wie Haussklaven und Landsklaven behandelt wurden.
Ⅲ Beurteile die Sklaverei im Römischen Reich aus heutiger Sicht.

4. Wie begegneten die Römer fremden Kulturen?

M3 Begegnung zwischen Römern und Germanen am Limes

Ⅰ Beschreibe, was die Personen auf dem Bild gerade tun.
Ⅱ Gestalte eine Spielszene zu der Situation im Bild vorne links.
Ⅲ Erkläre den Satz: Begegnung zwischen Römern und Germanen – ein Gewinn für beide Seiten.

Rom wird Seemacht

Kulturen begegnen sich

Die Römer errichten eine Grenzmauer zur Grenzsicherung

200 | 100 | Christi Geb. | 100 | 200 | 300 | 400 | 500 n. Chr.

Wissen und Können

WES-101633-507
Lösungen zu Wissen und Können

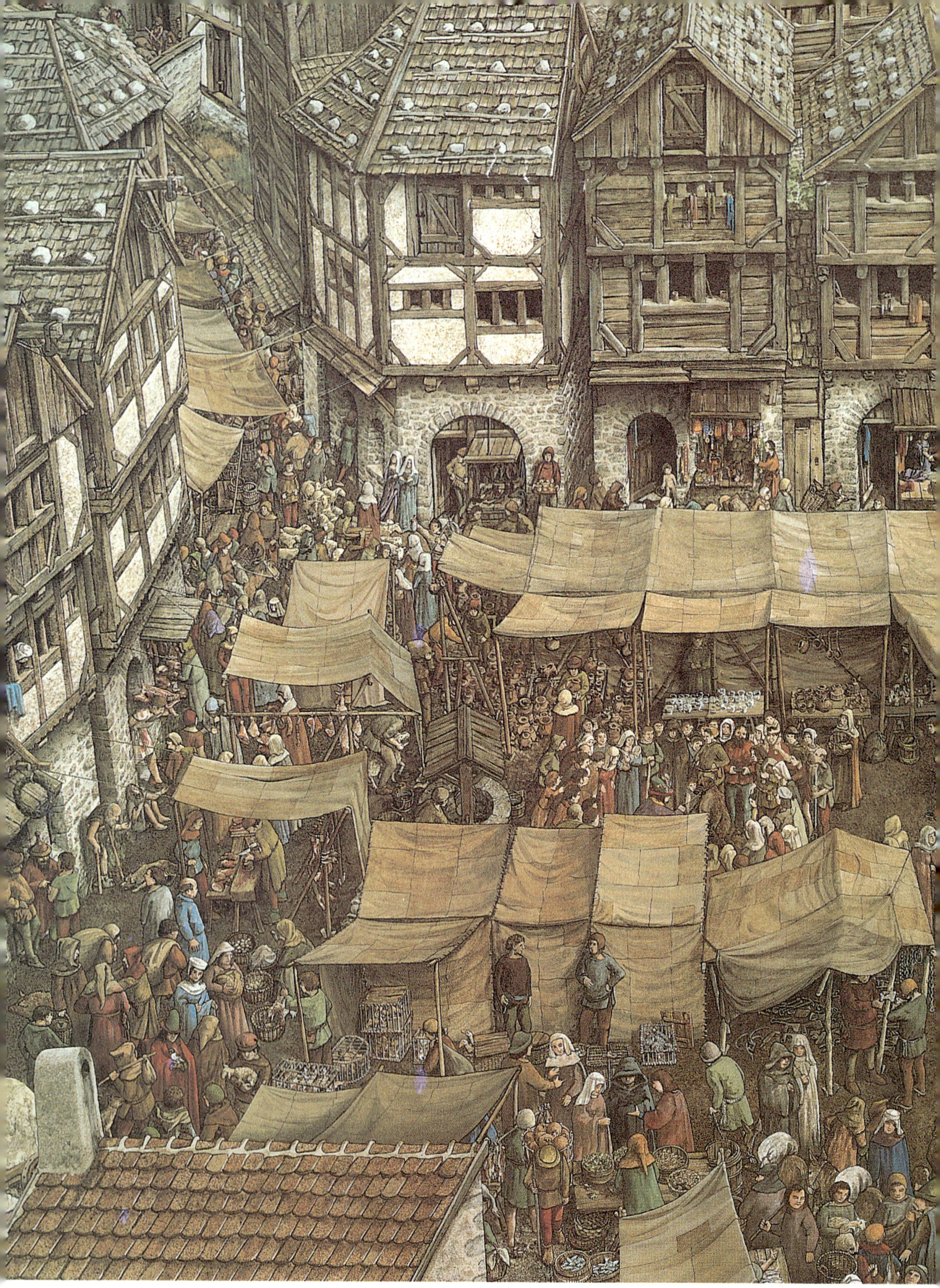

Leben im Mittelalter

M2 Kaiser Friedrich I. Barbarossa schlägt seine Söhne 1184 zu Rittern (Sächsische Weltchronik, 14. Jh.)

M3 Arbeiten von Bauern im September (Gemälde von Hans Wertinger, um 1520)

→ Welche Ordnung bestimmte das Leben der Menschen im Mittelalter?
→ Wie lebte es sich auf dem Dorf, in der Stadt, auf der Burg, im Kloster?
→ Warum entstanden im Mittelalter so viele Städte?

M1 Markt in einer mittelalterlichen Stadt (heutige Zeichnung)

WES-101633-601
Erklärvideo zu Karl dem Großen

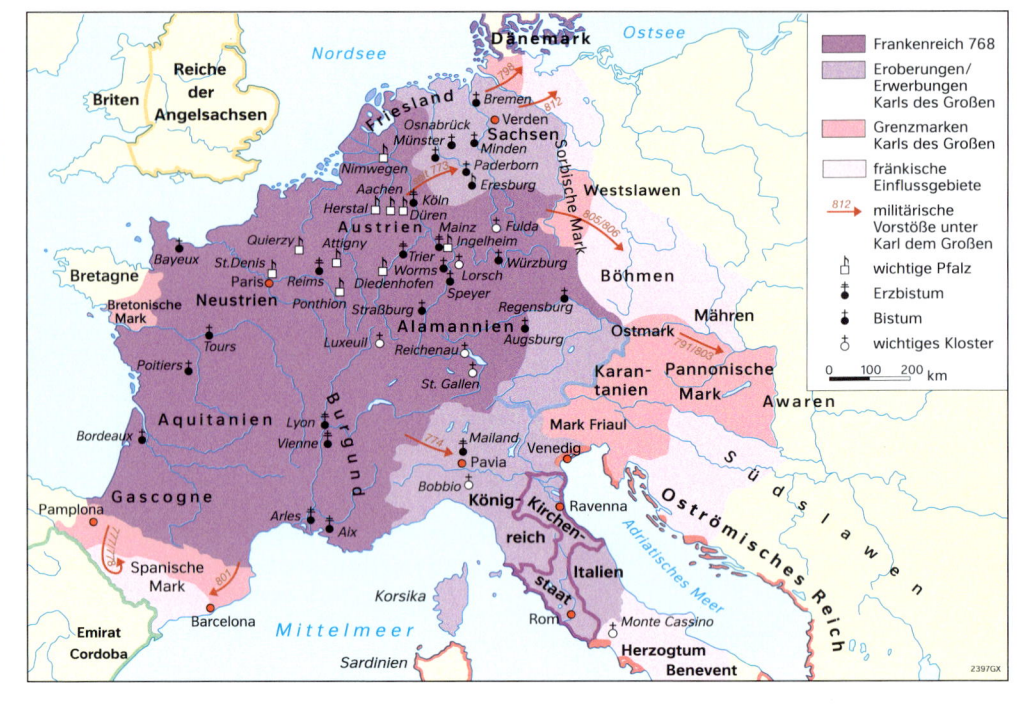

M1 Das Reich Karls des Großen

	Frankenreich 768
	Eroberungen/ Erwerbungen Karls des Großen
	Grenzmarken Karls des Großen
	fränkische Einflussgebiete
→812	militärische Vorstöße unter Karl dem Großen
⌂	wichtige Pfalz
✝	Erzbistum
•	Bistum
⌂	wichtiges Kloster

Von Königen und Kaisern

T1 Karl der Große

Karl: bedeutender König und Kaiser im Mittelalter (747–814). Er erhielt den Beinamen „der Große".

Im Norden des heutigen Frankreichs hatte sich zwischen Antike und Mittelalter der germanische Stamm der Franken angesiedelt. Das Mittelalter ist der Zeitabschnitt der europäischen Geschichte zwischen dem 6. und 15. Jahrhundert. Im Jahre 768 wurde Karl aus dem Geschlecht der Karolinger König der Franken. Könige im Mittelalter waren Alleinherrscher. Sie hatten große Macht. Karl führte viele Kriege und vergrößerte sein Reich. Am längsten dauerte der Krieg gegen die Sachsen. Karl ließ nach einem Aufstand etwa 6000 Sachsen bei Verden an der Aller hinrichten. Er machte aus den Sachsen mit Gewalt Christen.

Im Jahr 800 verlieh der Papst Karl den Titel „Kaiser der Römer". Nun war Kaiser Karl der Große wie schon die weströmischen Kaiser weltliches Oberhaupt aller Christen. Der Papst war geistliches Oberhaupt und damit Oberhaupt der Kirche.

T2 Ein deutsches Reich entsteht

Unter Karls Nachfolgern wurde das Frankenreich aufgeteilt. Aus dem westfränkischen Reich ging Frankreich, aus dem ostfränkischen Reich Deutschland hervor. Im Jahr 919 fiel die Königswürde im ostfränkischen Reich an den Sachsenherzog Heinrich. Sein Sohn Otto I. wurde 962 in Rom zum Römischen Kaiser gekrönt. Dieses Reich bestand bis 1806. Es hieß vom 15. Jahrhundert an „Heiliges Römisches Reich Deutscher Nation".

Karl der Große (Bronzestatue)

1 Der Beiname „der Große" wird besonders herausragenden Herrscherpersönlichkeiten gegeben. Erläutere, warum Karl den Beinamen erhalten haben könnte (T1, M1). Think – Pair – Share
2 Nenne Maßnahmen, mit denen Karl die Sachsen unterworfen hat (T1).
3 Erkläre, wie die Kaiserwürde Karls an das weströmische Kaisertum anknüpft (T1).
4 Das Jahr 962 gilt als das „Geburtsjahr" eines deutschen Reiches. Begründe (T2).
5 Deutsche Herrscher waren auch römische Kaiser. Schildere, was das bedeutete (T1, T2).

M2 Der König mit seinem Gefolge auf einem Umritt durch sein Reich (heutige Zeichnung)

T3 Der König auf Reisen

In der Zeit Karls des Großen gab es keine Hauptstadt, von der aus er regieren konnte. Daher reiste Karl mit seinem Gefolge in seinem Reich umher. Auf seinen Reisen wohnte Karl in seinen Königshöfen, den Pfalzen. Diese hatte er über das Land verteilt errichten lassen. Sie lagen meist einen Tagesritt voneinander entfernt.

So konnte er seine Untergebenen in allen Landesteilen besuchen, um ihre Arbeit zu kontrollieren. In den Pfalzen hielt Karl Gerichtstage ab, erteilte seine Befehle, erließ Gesetze und verhandelte mit seinen Vasallen. Vasallen waren zumeist Fürsten. Sie hatten ein besonderes Treueverhältnis zu ihrem König und mussten ihm dienen.

Zu Karls Gefolge gehörten Ritter, Schmiede, Köche und viele mehr. Sie alle mussten vor Ort versorgt werden. Wenn dort die Vorräte verbraucht waren, reiste Karl weiter.

① Königshalle
② Wohngebäude für Familienmitglieder und hohe Gefolgsleute
③ Unterkünfte für Bedienstete
④ Eingangshalle mit Gerichtssaal
⑤ Pfalzkapelle, kleines Gebäude für Gottesdienste und Gebete
⑥ Therme
⑦ Säulengang mit Innenhof

M3 Kaiserpfalz Aachen (heutige Zeichnung)

6 Erkläre, woran zu erkennen ist, wer der König in der Zeichnung M2 ist.

7 Begründe, warum die Aufenthalte des Königs in den Pfalzen nur von kurzer Dauer waren (T3).
Hilfe

8 I Versetze dich in eine Person aus Karls Gefolge. Schreibe einem Angehörigen, wie so ein Besuch in einer Pfalz ablief (M3, T3).
II Erläutere, wie Karl auch ohne Hauptstadt sein Reich regierte (M3, T3).
III Erörtere die Notwendigkeit der Reisen Karls (M1, M3, T3).

Macht und Herrschaft im Mittelalter

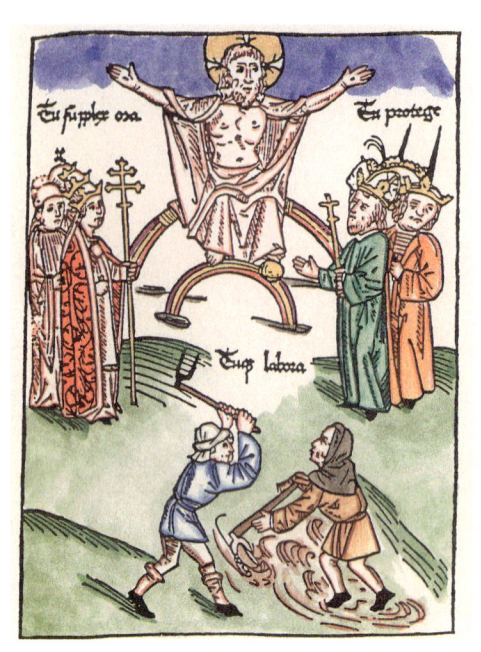

T1 Ständeordnung

Im Mittelalter war der christliche Glaube für die Menschen sehr wichtig. Die religiösen Vorschriften bestimmten ihr Leben. Sie glaubten, dass Gott ihnen von Geburt an ihren Lebensweg vorgegeben hatte.

So gab es im Mittelalter eine feste Ordnung der Gesellschaft. Sie galt von Gott so gewollt. Die Menschen wurden in einen der drei Stände hineingeboren. Jeder Stand hatte verschiedene Rechte und Aufgaben:

→ Geistliche: z. B. Bischöfe und Priester. Sie sollten für die Menschen beten.
→ Adlige: z. B. Herzöge und Ritter. Sie sollten Land und Bevölkerung schützen.
→ Alle anderen: z. B. Bauern, Handwerker und Händler.
Sie versorgten die Menschen mit Waren und boten ihre Dienste an.

WES-101633-602 Interaktives Arbeitsblatt zur Ständegesellschaft

M1 Christus teilt den Menschen Aufgaben zu: „Du bete! Du beschütze! Und du arbeite!" (Holzstich von 1492)

> *Das Haus Gottes ist dreigeteilt: Die einen beten, die anderen kämpfen, die dritten arbeiten. Diese drei Stände können nicht getrennt werden. Die Dienste des einen sind die Voraussetzung für die Werke der beiden anderen. Jeder trägt seinen Teil zum Ganzen bei.*

M2 Der Bischof von Laon zur Ständeordnung (1016)

M3 Ständeordnung im Mittelalter (heutige Zeichnung)

1 Erkläre, was der Holzstich in M1 darstellen soll.
2 Erläutere, warum die Menschen im Mittelalter in Stände eingeteilt wurden (T1).
 Think – Pair – Share
Auswahl 3 I Beschreibe den Aufbau der mittelalterlichen Ständeordnung (T1, M3). *Hilfe*
 II Begründe, warum die Ständeordnung das Leben der Menschen bestimmte (T1, M1–M3).
 III Vergleiche die mittelalterliche Ständeordnung mit der heutigen Gesellschaft.
4 Begründe, warum die Menschen im Mittelalter die Ständeordnung akzeptierten (T1, M1).

T2 Amt und Land gegen Dienste

Auch im Mittelalter konnte der König sein Reich nicht allein regieren. In den verschiedenen Landesteilen herrschten zum Beispiel Herzöge oder Bischöfe. Dieses Land und die Herrschaft darüber wurde ihnen vom König übertragen. Für das Land und die Herrschaft verlangte er von ihnen Treue und bestimmte Dienste. So mussten sie die Befehle des Königs ausführen. Ein Beispiel ist die Pflicht, mit ihm in den Krieg zu ziehen. Aber wurden sie angegriffen, musste der König ihnen helfen. Es bestand ein gegenseitiges Treueverhältnis.

Sowohl das Land als auch das Amt wurden vom König verliehen. Daher hieß es Lehen. Der Lehnsherr vergibt Lehen und der Lehnsmann oder Vasall erhält Lehen.

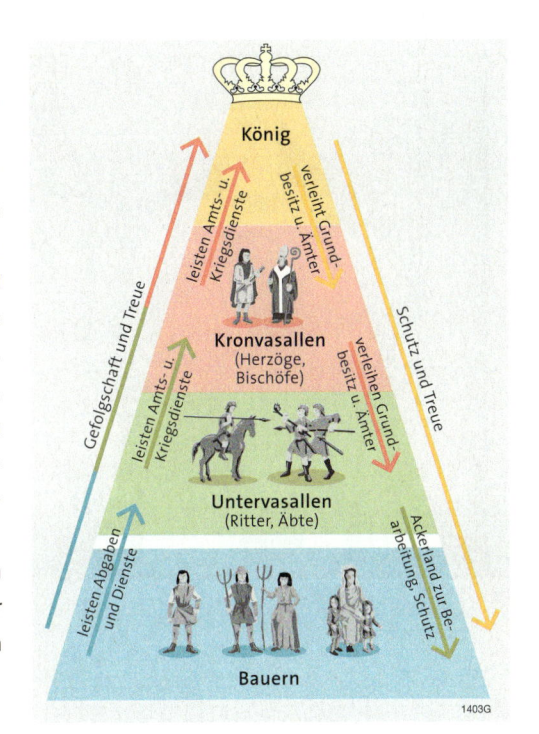

M5 Das Lehnswesen im Mittelalter

T3 Kronvasallen und Untervasallen

Der bedeutendste Lehnsherr war der König. Seine Lehnsmänner waren mächtige Fürsten und hießen Kronvasallen. Diese teilten ihr Land auf und vergaben es als Lehen an Untervasallen. Das waren zum Beispiel Ritter oder die Vorsteher von Klöstern. Bei diesen Lehnsverhältnissen versprachen sich beide Seiten Schutz und gegenseitige Treue. Lehnsherren konnten untreuen Vasallen Land und Amt wieder wegnehmen.

Zu den Lehen gehörten auch die Bauern, die dort in den Dörfern lebten. Ihre Aufgabe war es, das Land des Herrn zu bewirtschaften und ihn mit Lebensmitteln zu versorgen. Dadurch war es den Lehnsherren möglich, ihre Aufgaben als Untervasall zu erfüllen.

Das mittelalterliche System mit Lehnsherren und Vasallen heißt Lehnswesen.

M4 Fürsten schwören ihrem König Treue und Dienstbereitschaft (Buchmalerei)

WES-101633-603
Hörszene zur Vergabe eines Lehens

5 Was ist ein Lehen? Erkläre (T2).
6 Erläutere, wie das Lehnswesen funktionierte (T2, T3, M4, M5). Hilfe
7 Amt und Land als Leihgabe: Arbeite die Vor- und Nachteile des Lehnswesens heraus.
8 Begründe, warum die Bauern im Lehnswesen wichtig waren (T3).
9 a) Überprüfe, ob der Begriff „Treue" im Mittelalter und heute die gleiche Bedeutung hat.
   b) Begründe deine Meinung (T2, M4).

M1 Kaiser und Papst (aus einer mittelalterlichen Handschrift)

„Ich, Heinrich, verzichte auf alle Investitur mit Ring und Stab und gestatte allen Kirchen in meinem Reich freie Wahl der Bischöfe."

„Ich, Calixtus, gestehe dir, o mein geliebter Sohn Heinrich, das Recht zu, dass du bei der Wahl der Bischöfe anwesend sein darfst und dass die Wahlen frei sein sollen. Der gewählte Bischof aber soll von dir mit dem Zepter die fürstlichen Rechte erhalten und dir dafür die Dienste leisten, die er dir schuldig ist."

M2 Aus dem Wormser Konkordat (1122)

Kaiser, Papst und Fürsten ringen um die Macht

WES-101633-604
Hörszene über den Gang nach Canossa

Investiturstreit: Streit um die Einsetzung von Bischöfen in ihr Amt zwischen Kaiser und Papst

T1 Wer setzt Bischöfe ein? – ein Streit

Bischöfe waren Geistliche, die einen größeren Kirchenbezirk verwalteten. Sie mussten den Anordnungen des Papstes gehorchen. Sie regierten aber auch im Auftrag des Kaisers und Königs einige Teile des Reiches. So mussten sie auch die Weisungen des Kaisers befolgen.

Wer durfte diese Bischöfe ernennen? Der Papst oder der Kaiser? Diese Fragen führten im 11. Jahrhundert zu einem erbitterten Machtkampf zwischen Kaiser Heinrich IV. und Papst Gregor VII. Dieser Konflikt wird als „Investiturstreit" bezeichnet.

Der Papst verbot dem Kaiser, weiterhin Bischöfe einzusetzen. Er drohte ihm mit dem Kirchenbann, also dem Kirchenausschluss.

T2 Verlauf des Machtkampfs

Heinrich bekräftigte in einem Brief sein Recht, Bischöfe einsetzen zu dürfen. Daraufhin verhängte der Papst über Heinrich den Kirchenbann. Das bedeutete, niemand durfte dem Herrscher mehr dienen und gehorchen, sonst würde er sich versündigen und große Schuld auf sich laden. Heinrichs Herrschaft war nun bedroht. Deshalb begab er sich zu einem Gang zur Burg von Canossa, um dort den Papst um Verzeihung zu bitten. Daraufhin befreite der Papst ihn vom Bann.

Aber die Streitigkeiten zwischen Kaiser und Papst dauerten an. Erst Heinrichs Nachfolger schloss 1122 einen Vertrag mit dem Papst, der die Streitigkeiten beseitigte, das sogenannte Wormser Konkordat.

1 *Gib mit eigenen Worten wieder, wie es zum Streit zwischen Kaiser und Papst kam (T1).*
2 *Schildere den Verlauf des Machtkampfs zwischen Papst und Kaiser (T1, T2, M1, M2).*
   Partnervortrag
3 *Erkläre, warum der Kirchenbann als „Waffe" des Papstes im Machtkampf mit dem Kaiser so gut wirkte (T2).* Hilfe
4 *Stelle dar, wie nach dem Wormser Konkordat die Einsetzung eines Bischofs verlief (M2).*
5 *Begründe, ob das Bild M1 das Verhältnis von Papst und Kaiser während des Investiturstreits oder nach dem Wormser Konkordat zeigt.*

T3 Kampf mit den Städten

Kaiser Friedrich I. Barbarossa musste während seiner Regierungszeit (1152–1190) mehrfach gegen Städte und Fürsten kämpfen. Sie verweigerten ihm den Gehorsam und gefährdeten die Einheit des Reiches.

So weigerten sich zum Beispiel die reichen Städte in Oberitalien Bologna und Mailand, ihm Steuern zu zahlen. Der Kaiser war aber auf die hohen Steuerzahlungen angewiesen. Deshalb stellte er ein Ritterheer auf, belagerte die Städte und ließ sie zerstören, wenn sie nicht nachgaben.

Friedrich musste insgesamt sechsmal nach Oberitalien ziehen, um den Gehorsam der Städte zu erzwingen. Erst 1186 beendete ein Frieden den Konflikt. Die Städte erhielten darin mehr Rechte und der Kaiser verlor an Einfluss.

M4 Eroberung und Plünderung einer mittelalterlichen Stadt (15. Jh.)

M3 Bronzener Löwe mit Blick nach Osten im Hof der Braunschweiger Burg Dankwarderode, errichtet von Heinrich dem Löwen (aktuelles Foto)

T4 Kampf mit Heinrich dem Löwen

Heinrich der Löwe war Herzog von Sachsen und Bayern. So war er gleich nach dem Kaiser der mächtigste Mann im Reich. Um seine Macht allen zu zeigen, errichtete er die Pfalz Dankwarderode in Braunschweig.

Als Friedrich die Hilfe von Heinrich dem Löwen im Kampf gegen die oberitalienischen Städte brauchte, half dieser nicht. Dazu war er aber nach dem Lehnseid verpflichtet. Ohne Heinrichs Ritter erlitt Friedrich eine schwere Niederlage. Wegen seiner Untreue sollte Heinrich deshalb vor Gericht gestellt werden. Dieser erschien aber nicht.

Deshalb verhängte Friedrich die Reichsacht über ihn. Das bedeutete, dass Heinrich aus der Gemeinschaft ausgeschlossen war. Er verlor seinen Besitz und jeder konnte ihn töten. Heinrich der Löwe war damit entmachtet.

6 Beschreibe M4. Schildere, was bei einer Eroberung einer Stadt geschah.
7 Friedrich wollte mit seinen Maßnahmen gegen aufständische Städte abschrecken. Begründe.
8 I Beschreibe, wie der Konflikt mit den oberitalienischen Städten (T3) oder mit Heinrich dem Löwen (T4) ablief.
   II Arbeite Gründe, Verlauf und Ergebnis der Machtkämpfe im Reich heraus (T3, T4).
   III Kaiser Friedrich Barbarossa musste sich gegen verschiedene Widersacher wehren. Beurteile die Gründe, warum es im Heiligen Römischen Reich immer wieder Machtkämpfe gab.

M1 Mittelalterliches Bauernhaus (heutige Zeichnung)

Menschen auf dem Land

T1 Wie die Bauern wohnten und lebten

Die meisten Menschen im Mittelalter lebten als Bauern in Dörfern. Sie wohnten in Häusern, die sie selbst aus Holz, Stroh und Lehm gebaut hatten. Die Menschen schliefen auf Stroh, das auf dem Lehmfußboden ausgebreitet war. Als Möbel dienten ein Tisch, Bänke und einige Truhen.

Menschen und Tiere schliefen unter einem Dach. Die Körperwärme der Tiere diente als Heizung. Toiletten gab es nicht.

Wasser wurde aus Bächen und Brunnen geholt. Zum Kochen diente eine Feuerstelle im Haus. Der Rauch zog durch eine Öffnung im Dach ab.

Das wichtigste Nahrungsmittel war Getreide, aus dem grobe Brote und Getreidebrei gemacht wurde. In guten Erntejahren hatten die Bauern gerade genug, um zu überleben. Wurde die Ernte durch Trockenheit oder Unwetter vernichtet, mussten viele Bauern hungern.

T2 Die Grundherrschaft

Im frühen Mittelalter gehörten den Bauern ihre Höfe und Felder. Freie Bauern hatten allerdings die Pflicht, in den Krieg mitzuziehen. Da dies häufig zur Zeit der Ernte geschah, verfielen viele Höfe. Ein Ausweg für die Bauern war, ihren Besitz an einen Grafen oder einen Klostervorsteher zu übergeben. Dann waren sie von der Kriegspflicht befreit, mussten aber Abgaben zahlen und Dienste für die neuen Besitzer, die Grundherren leisten.

Die Bauern schuldeten ihrem Grundherrn Treue und Gehorsam. Sie waren hörig. Hörige durften nicht einfach wegziehen oder heiraten. Dafür mussten sie die Erlaubnis ihres Grundherrn haben. Aber der Grundherr beschützte die abhängigen Bauern im Kriegsfall. Zur Not durften sie auf den Burgen Schutz suchen.

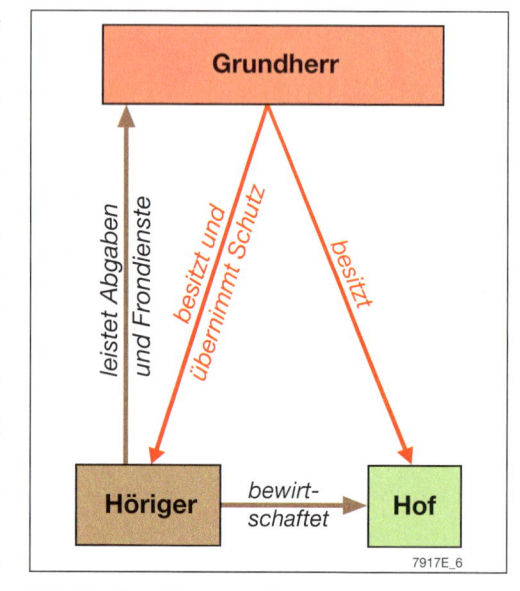

Hörige: Personen, die von einem Grundherrn abhängig waren. Sie mussten Abgaben zahlen und Frondienste (Herrendienste) leisten.

M2 Die Grundherrschaft

→ Heu ernten
→ dem Grundherrn bei der Jagd helfen
→ Schweine zur Mast in den Wald treiben
→ Weintrauben ernten
→ pflügen und säen
→ Getreide mähen und Schafe scheren

M3 Auswahl von Tätigkeiten der Bauern über das Jahr (Darstellungen von 1513/15)

T3 Die Arbeit der Bauern

Die verschiedenen Arbeiten der Bauern hingen von den Jahreszeiten ab. Die Ackerflächen in den Dörfern wurden unter den Bauern aufgeteilt. Auf diesen Feldern bauten die Bauern im Wechsel unterschiedliche Feldfrüchte an oder ließen sie brachliegen. So konnten sich die Felder immer wieder erholen. Das erhöhte die Ernteerträge.

Die Wege, Wiesen, Teiche, Bäche und Wälder konnten alle Dorfbewohner gemeinsam nutzen. Diesen Gemeinschaftsbesitz nannte man Allmende.

1 **I** *Beschreibe das mittelalterliche Bauernhaus in M1.*
   II *Stelle Vor- und Nachteile des Wohnens und Lebens der Bauern im Mittelalter dar (T1, M2).*
   III *Führe eine Person durch das Bauernhaus in M1. Erkläre den Aufbau (T1).*
2 *Erläutere in einem kurzen Text, wie die Grundherrschaft funktionierte (T2, M2).* Hilfe
3 *a) Stelle Vor- und Nachteile der Grundherrschaft für die Bauern gegenüber.*
   b) Erkläre, warum sie sich in die Abhängigkeit begaben. Stühletausch
4 *a) Die Arbeit der Bauern war von den Jahreszeiten abhängig (T3, M3). Erkläre.*
   b) Ordne die in M3 genannten Tätigkeiten den Bildern im Jahresverlauf zu. Hilfe
5 *Zeige auf, welche Vorteile die Allmende für die Dorfbewohner hatte (T3, M3).*

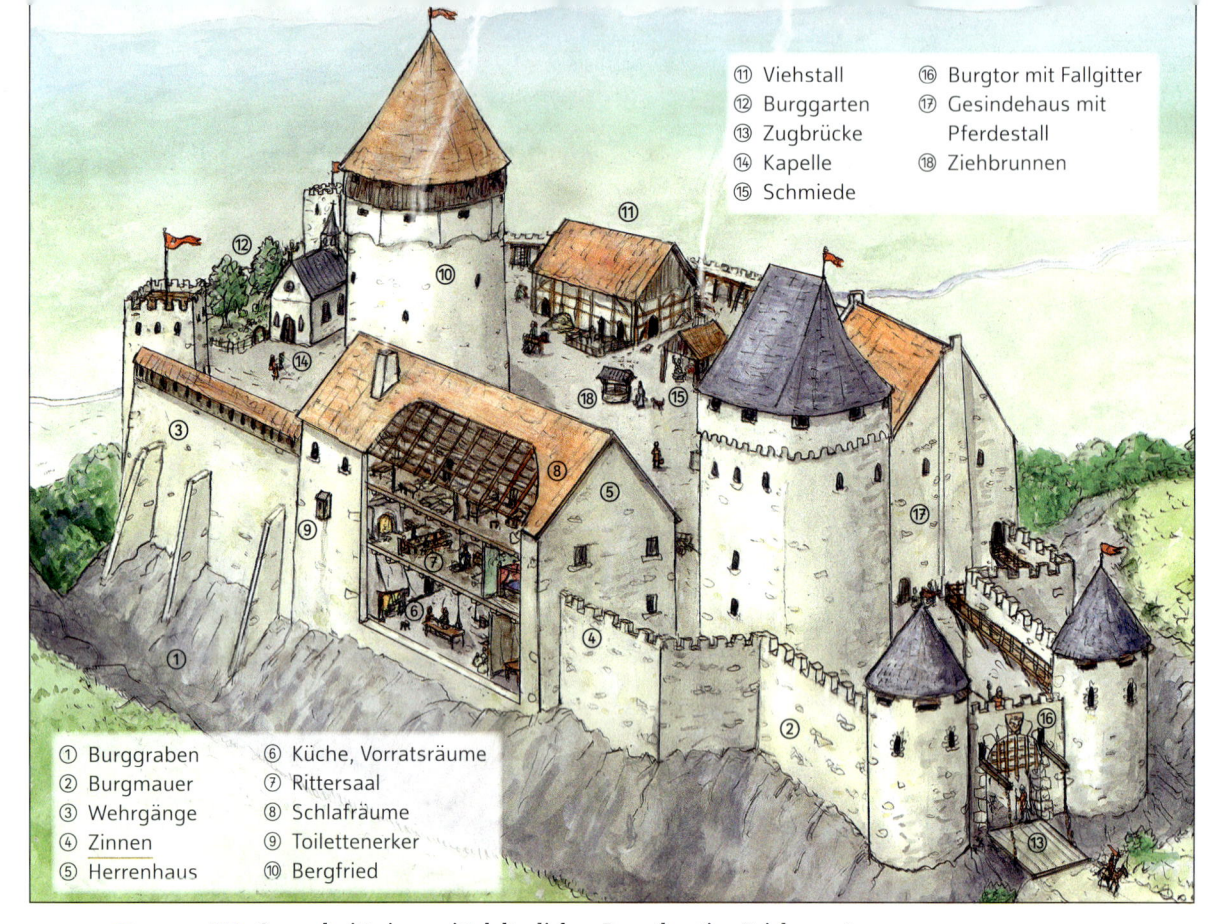

⑪ Viehstall
⑫ Burggarten
⑬ Zugbrücke
⑭ Kapelle
⑮ Schmiede
⑯ Burgtor mit Fallgitter
⑰ Gesindehaus mit Pferdestall
⑱ Ziehbrunnen

① Burggraben
② Burgmauer
③ Wehrgänge
④ Zinnen
⑤ Herrenhaus
⑥ Küche, Vorratsräume
⑦ Rittersaal
⑧ Schlafräume
⑨ Toilettenerker
⑩ Bergfried

M1 Querschnitt einer mittelalterlichen Burg (heutige Zeichnung)

Zinnen: Schutz auf der Burgmauer vor dem feindlichen Beschuss. Durch die Lücke zwischen zwei Zinnen konnte der Schütze schießen.

*WES-101633-605
Interaktives Arbeitsblatt zu einer mittelalterlichen Burganlage*

Leben auf den Burgen

T1 Bedeutung von Burgen

Burgen dienten als Wohnsitz und der Verteidigung. Sie waren auch der Mittelpunkt einer Grundherrschaft. Hier lebten Ritter mit ihren Familien und ihrem Gefolge. Ritter waren adlige Krieger und häufig Grundherren. Sie herrschten über ihre Ländereien und ihre hörigen Bauern rund um die Burg.

In Kriegszeiten diente die Burg dem Ritter und seinen bewaffneten Männern als Stützpunkt. Für die Bauern war sie ein Zufluchtsort. Hier lagerten auch die Abgaben der hörigen Bauern.

T2 Aufbau einer Burg

Burgen wurden an Standorten gebaut, die gut zu verteidigen waren, z. B. auf Bergen oder mit Wasser rundherum. Starke Verteidigungsmauern und Gräben sollten die Burgen vor Angreifern sichern. Eine Zugbrücke diente als Eingang.

Im Inneren gab es einen starken Turm, der nur mit Leitern erreichbar war. Dieser Turm hieß Bergfried. Er war die letzte Zuflucht der Burgbewohner, wenn der Feind die Burgmauern überwunden hatte. Hier lagerten die Waffen und die Vorräte.

1 *Arbeite heraus, wozu Burgen dienten (T1).*

Auswahl 2 Ⅰ *Beschreibe den Aufbau einer Burg (T2, M1).*
 Ⅱ *Führe eine Person durch die Burg in M1. Erkläre dabei die Bedeutung der einzelnen Einrichtungen auf der Burg.* Hilfe
 Ⅲ *Erörtere den Sinn der Bestandteile einer Burg für die Bewohner (T1, T2, M1).*

3 *Informiere dich über Burgen in deiner Umgebung. Erstelle ein Plakat.* Galeriegang

M2 Ein Ritterturnier wird nachgespielt. (Schloss Kaltenberg in Oberbayern 2004)

M4 Szenen aus dem Ritterleben (aus einer Liederhandschrift, 14. Jh.)

T3 Ausbildung zum Ritter

Nur die Söhne eines Ritters konnten sich zum Ritter ausbilden lassen. Sie wurden im Alter von sieben Jahren Page. Zunächst lernten sie „höfisches" Benehmen, vor allem Tischmanieren und Umgangsformen. Sie verhielten sich „höflich". Ab dem Alter von zwölf bis vierzehn Jahren hießen sie Knappen. Nun übten sie Reiten, Jagen und den Umgang mit Waffen. Die Ausbildung endete im Alter von 21 Jahren mit der Aufnahme in den Ritterstand. Sie erhielten den „Ritterschlag". Ritter waren verpflichtet, sich für die Christenheit einzusetzen und schwachen Menschen zu helfen.

T4 Höfische Feste

Neben Kriegsdiensten boten vor allem höfische Feste eine Abwechslung im Leben eines Ritters. Zauberer, Akrobaten und Sänger unterhielten die Besucher eines solchen Festes. Auch Tanz, Musik und Festessen gehörten zum Programm. Höhepunkt waren aber häufig die Kampfspiele auf sogenannten Turnieren. Bei diesen Ritterspielen kämpften jeweils zwei mit Lanzen bewaffnete Ritter auf Pferden gegeneinander. Sie versuchten, sich gegenseitig aus dem Sattel zu stoßen. Dabei gab es Verwundete und sogar Tote.

WES-101633-606
Film über das Leben auf der Burg

WES-101633-607
Film über die Ausbildung zum Ritter

Ich gelobe, die Schwachen zu verteidigen.
Ich gelobe, die Kirche zu schützen.
Ich gelobe, die Pflichten gegenüber meinem Lehnsherrn zu erfüllen.
Ich gelobe, allen Armen gegenüber großzügig zu sein.
Ich gelobe, immer für das Recht zu kämpfen.
Ich gelobe, immer zu meinem Wort zu stehen.

M3 Auszug aus dem Schwur eines Ritters bei seiner Ritterweihe

- *Niemand soll sich während des Essens über die Schüsseln legen und dabei schnaufen und schmatzen.*
- *Man rede nicht mit vollem Munde.*
- *Ehe man trinkt, wische man den Mund ab, damit nicht Fett an den Trank kommt.*
- *Man stochere nicht mit dem Messer in den Zähnen herum.*
- *Man schiebt nicht die Speise mit den Fingern auf den Löffel.*

M5 Auswahl von höfischen Tischsitten im Mittelalter (um 1250, nach Tannhäuser)

4 Erkläre die Herkunft der Begriffe „höflich" und „ritterlich" und ihre Bedeutung (T3, M3).
5 Verfasse als Knappe einen Brief an deine Eltern über deine Ausbildung zum Ritter (T3, M5).
6 Schreibe einen Beschwerdebrief an den König über einen Ritter, der seine Pflichten vernachlässigt (T3, M3). Hilfe
7 Schildere, welche Veranstaltungen zu höfischen Festen gehörten (T4, M2, M4).
 Placemat
8 Vergleiche die höfischen Tischsitten aus dem Mittelalter mit denen von heute (M5).

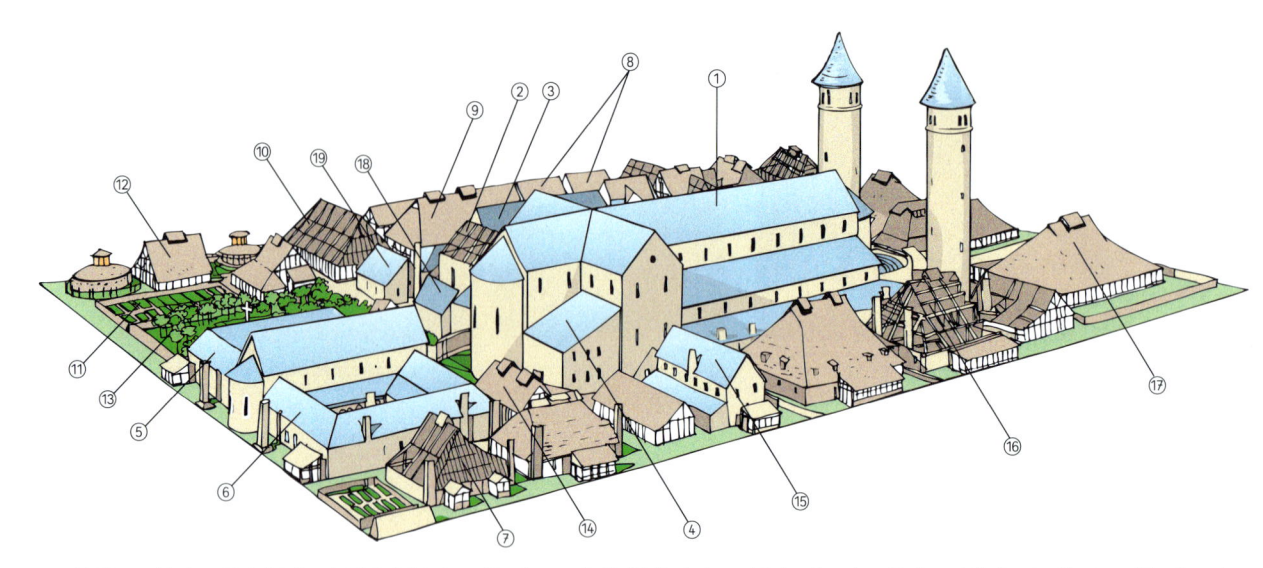

① Klosterkirche, ② Schlafsaal, ③ Refektorium (Speisesaal), ④ Bibliothek und Schreibstube, ⑤ Unterkünfte der Novizen (Neulinge), ⑥ Spital (Krankenhaus), ⑦ Arzt, Apotheke, ⑧ Brauerei, Bäckerei, ⑨ Handwerker, ⑩ Kornscheune, ⑪ Gemüsegarten, ⑫ Geflügelzucht, ⑬ Friedhof, ⑭ Küche, ⑮ Abthaus, ⑯ Herberge für vornehme Gäste, ⑰ Wirtshausgebäude, ⑱ Heizung, ⑲ Aborte (Toiletten), dahinter Bad

M1 Modell einer Klosteranlage nach dem Klosterplan von St. Gallen von 820

Leben im Kloster

T1 Ein Leben nach festen Regeln

Für alle Menschen im Mittelalter spielte der christliche Glaube eine große Rolle. Viele Menschen glaubten, dass ein Leben im Kloster Gott gefällt. Diese Frauen und Männer lebten getrennt voneinander abgeschieden von der Außenwelt in Klöstern. Die Frauen in Klöstern hießen Nonnen, die Männer Mönche.

Alle Nonnen und Mönche verpflichteten sich zu Armut, Ehelosigkeit und Gehorsam. Sie trugen eine schlichte Kleidung und schliefen angekleidet gemeinsam in einem Schlafraum. Auch das Essen war einfach.

Ein Grundsatz für das Leben in einem Kloster war „Bete und arbeite!" Der Tagesablauf der Menschen im Kloster war streng organisiert. Sie waren an das Kloster, in das sie eingetreten waren, ein Leben lang gebunden.

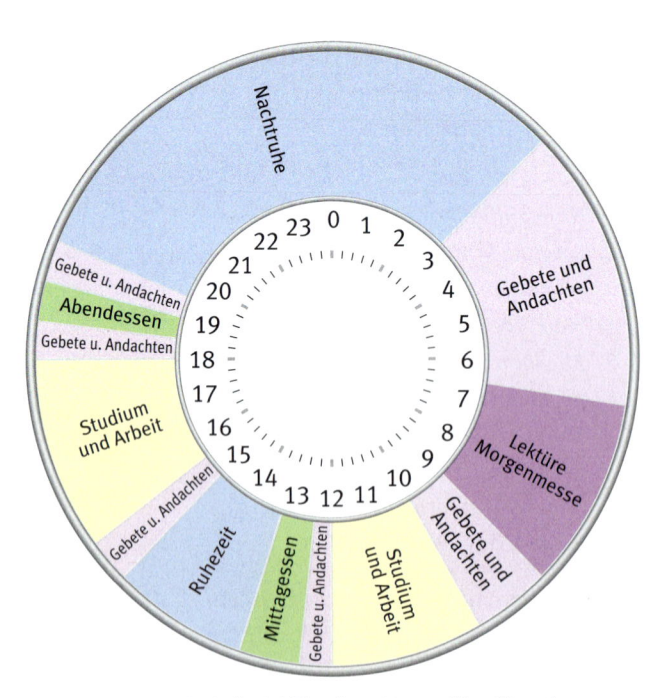

M2 Beispiel für einen Tagesablauf im Kloster

1 Schreibe einen Führer durch die Klosteranlage von M1.

Auswahl 2 ▮▮ Beschreibe den Tagesablauf in einem Kloster in einem Brief (T1, M2).

▮▮ Erläutere, wie die Klosterregel „Bete und arbeite" im Tagesablauf der Nonnen und Mönche beachtet wurde (T1, M2).

▮▮ Vergleiche den Tagesablauf im Kloster mit deinem Tagesablauf (T2).

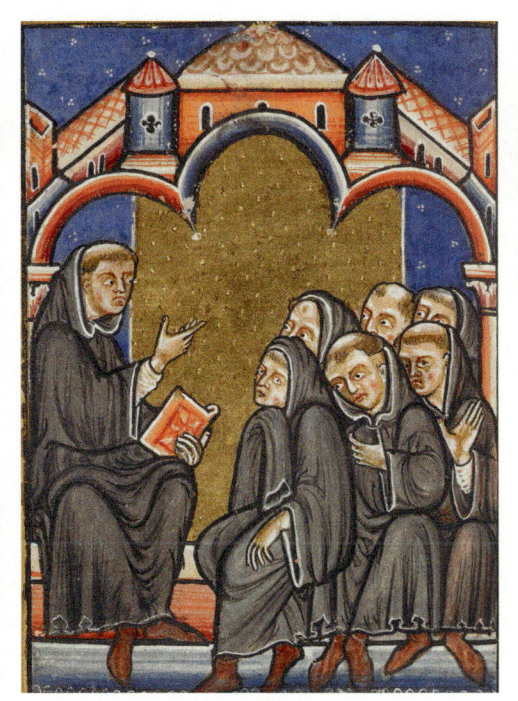

M3 Mönch beim Unterrichten (12. Jh.)

M5 Nonnen bei der Krankenpflege (12. Jh.)

M6 Mönche bei Schreibarbeiten (12. Jh.)

T2 Aufgaben der Klöster

Die Nonnen und Mönche kümmerten sich auch um die Armen und Kranken. Sie versorgten Hungernde mit Mahlzeiten, Reisende mit einer Unterkunft und pflegten Kranke in den klostereigenen Krankenhäusern, den Spitälern.

> - … Alles Nötige soll sich innerhalb des Klosters befinden: Wasser, Mühle, Garten, Werkstätten.
> - Alle Gäste sollen wie Christus aufgenommen werden.
> - Für Arme soll immer Kleidung bereitliegen. …
> - Die Sorge für die Kranken muss vor und über allem stehen.

M4 Aus den Klosterregeln Benedikts von Nursia (bearbeitet)

Klöster richteten Schulen ein. Hier lernten Klosterneulinge und zum Beispiel angehende Pfarrer lesen und schreiben, vor allem die lateinische Sprache.

Die Klöster waren Orte des Wissens. In den Bibliotheken der Klöster standen auch Bücher der antiken Schriftsteller. Mönche schrieben die Bücher ab und übersetzten sie.

In Klöstern wurden zum Beispiel Heilpflanzen gezüchtet und Arzneien hergestellt. Ihr Wissen über die Natur hielten die Nonnen und Mönche in Büchern fest. Sie gaben ihre Erkenntnisse im Bereich der Landwirtschaft an die Menschen in der Umgebung weiter.

Eine bedeutende natur- und heilkundige Gelehrte war die Äbtissin Hildegard von Bingen.

WES-101633-608
Erklärvideo zu Hildegard von Bingen

3 Welche Aufgaben hatten Nonnen und Mönche außer dem Beten und Arbeiten? Liste auf (T2, M3–M6). *Bushaltestelle*

4 Versetze dich in eine Nonne oder einen Mönch. Berichte einem Reisenden von deinem Leben im Kloster. *Kugellager* Hilfe

5 Erläutere die Vorteile, die die Menschen hatten, wenn ein Kloster in der Nähe lag.

M1 Die Stadt Lüneburg im Jahr 1444

Stadtgründungen im Mittelalter

T1 Neue Städte entstehen

Die meisten Menschen lebten im Mittelalter in Dörfern oder auf einzelnen Höfen. Erst ab etwa 1000 n. Chr. gründeten adlige Grundherren an bevorzugten Siedlungsplätzen zahlreiche neue Städte. Dazu zählte die Lage an Handelswegen, Flussübergängen und Häfen oder die Nähe an Pfalzen, Burgen, Bischofssitzen oder Klöstern.

Viele Städte konnte man äußerlich schon an der Stadtmauer, den Kirchen und den Häusern aus Stein erkennen. Außerdem erhielten die Städte und ihre Bewohner eigene Rechte und einen Markt. Vor allem Handwerker und Kaufleute siedelten sich dort an.

T2 Vorteile der Stadtgründungen

Die adligen Stadtgründer erhofften sich von den neuen Stadtbewohnern zusätzliche Einnahmen. Sie erhielten von ihnen Zölle, Miete für die Grundstücke und andere Abgaben.

Für die Kaufleute und Handwerker war es wichtig, auf einem Markt Abnehmer für ihre Waren zu finden und sichere Lagerplätze zu bekommen. Beides boten die neuen Städte. Auf den Märkten konnten gute Geschäfte gemacht werden. Die hohen Stadtmauern sorgten für einen Schutz vor Überfällen. Dies war wichtig für die Händler, denn es gab noch keine Polizei. Bauern der Umgebung versorgten die Stadtbewohner mit Lebensmitteln.

M2 Bevorzugte Orte für neue Städte im Mittelalter

1 a) Stelle dir vor, du würdest dich im Mittelalter der Stadt Lüneburg nähern (M1). Was fällt dir auf?
b) Schildere, wie sich Städte von Dörfern unterschieden (T1).

2 a) Erkläre, wo im Mittelalter bevorzugt Städte gegründet wurden (T1, M2).
b) Nenne Vorteile der einzelnen Orte. **Hilfe**

3 Stelle zusammen, welche Vorteile adlige Grundherren, Kaufleute und Handwerker von den Stadtgründungen hatten (T2).

T3 Entwicklung der Städte

Viele neue Bürger erhofften sich in den Städten ein besseres und freieres Leben. „Stadtluft macht frei" lautete ein Rechtssatz im Mittelalter.

Für die Leibeigenen bedeutete das, dass ihr Grundherr sie nicht mehr zurückfordern konnte, wenn sie ein Jahr und einen Tag unerkannt in der Stadt lebten. Leibeigene waren Diener ihres Herrn. Sie waren sein Eigentum und mussten Frondienste für ihn leisten. Sie durften seinen Hof nicht unerlaubt verlassen.

Die Stadtbürger mussten keine fremden Dienste leisten, konnten Eigentum erwerben oder mussten niemanden fragen, wenn sie heiraten wollten. Wegen dieser neuen Freiheiten und der Hoffnung auf Wohlstand zogen immer mehr Menschen in die Städte.

Allerdings waren die damaligen Städte für unsere Verhältnisse klein. Um 1500 hatten zum Beispiel in Niedersachsen die meisten Städte weniger als 1000 Einwohner. Nur 15 Städte hatten mehr als 10000 Einwohner. Die größte Stadt in Niedersachsen war Braunschweig mit 17000 Einwohnern.

T4 Entwicklung mit Hürden

Die Stadtentwicklung verlief nicht ohne Probleme. In kriegerischen Auseinandersetzungen wurden viele Städte zerstört und verwüstet. Brände vernichteten in den engen Gassen ganze Stadtviertel. An Seuchen starben im Mittelalter viele Menschen. Besonders die Pest, eine hochansteckende tödliche Krankheit, bedrohte die Menschen. Jeder dritte Einwohner starb an der Pest.

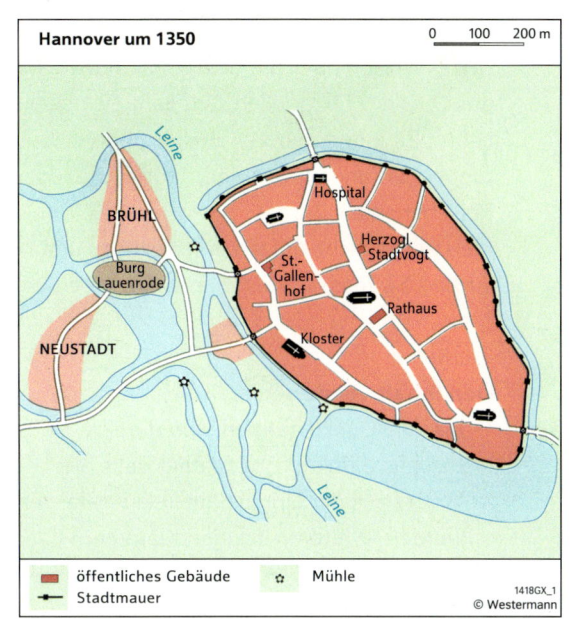

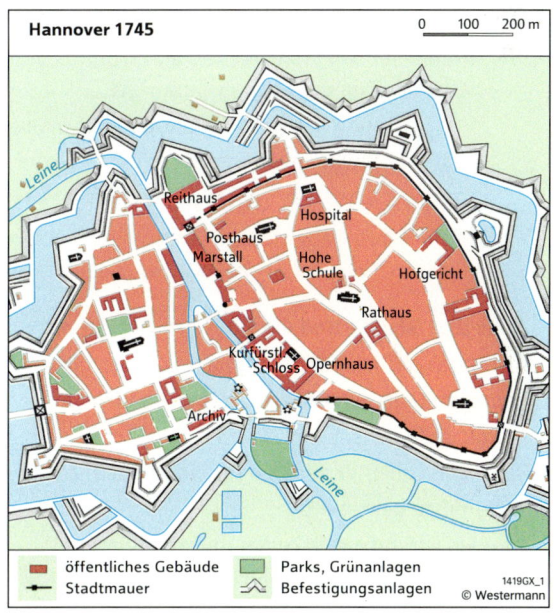

M3 Hannover um 1350 (oben) und 1745 (unten)

4
- I Stelle dar, was der Grundsatz „Stadtluft macht frei" für viele Stadtbewohner bedeutete (T3).
- II Erläutere, warum immer mehr Menschen in die Städte zogen (T3).
- III Erstelle einen Vortrag darüber, wie sich Städte im Mittelalter entwickelten (T3, T4).
    Partnervortrag

5 Vergleiche die beiden Karten von Hannover (M3). Hilfe
- a) Schreibe die Informationen der Karten jeweils in die Spalten einer Tabelle.
- b) Formuliere Gemeinsamkeiten und Unterschiede der beiden Karten.
- c) Gib das Ergebnis deines Kartenvergleichs wieder.

6 Begründe, warum Stadtbewohner von der Pest mehr gefährdet waren als die Menschen auf dem Land (T4).

WES-101633-609
Hörszene zur Stadt im Mittelalter

Textquellen auswerten

Unser Wissen über die Geschichte haben wir aus Quellen. Textquellen sind zahlreich überliefert. Zu ihnen gehören Bücher, Briefe, Zeitungen, Urkunden, Verträge, Tagebücher oder Reiseberichte.
Meist ist es nicht einfach, alte Texte zu untersuchen. Sie müssen zuerst verstanden werden.

Außerdem ist es wichtig, sich kritisch mit der Textquelle auseinanderzusetzen. Daher muss geprüft werden, wer den Text verfasst hat, an wen er gerichtet ist und welche Absicht der Verfasser damit verfolgt. Das Geschriebene könnte ganz oder teilweise erfunden sein, weil der Verfasser etwas Bestimmtes erreichen will.

Schritt 1 ●
Den Inhalt verstehen
→ Lies die Quelle aufmerksam durch.
→ Hinweis: Punkte … bedeuten, dass hier Wörter aus der Originalquelle ausgelassen wurden. Wörter in eckigen Klammern [ ] sind zum besseren Verständnis eingefügt worden oder sind Erklärungen von schwierigen Begriffen.
→ Lies den Text ein zweites Mal.
→ Notiere, was du verstanden hast.
→ Tipp: Nutze die W-Fragen (wer, wann, wo, was, wie, warum).
→ Markiere Wörter, die du nicht verstehst.
→ Kläre ihre Bedeutung.

Schritt 2 ●●
Die Textquelle untersuchen
→ Bestimme, um welche Art von Quelle es sich handelt (Urkunde, Bericht, Brief, Tagebuch, Zeitungsartikel usw.).
→ Nenne Datum oder Zeitpunkt, wann die Quelle entstanden ist.
→ Beschreibe, was du über den Verfasser der Quelle weißt.
→ Finde heraus, an wen sich der Text richtet.
→ Beschreibe, wovon der Text handelt.

Schritt 3 ●●●
Die Textquelle einordnen
→ Untersuche, ob bestimmte Interessen oder Einstellungen des Verfassers deutlich werden.
→ Bewerte, ob dir die Textquelle glaubwürdig erscheint.

Daher sollen das jetzt lebende und die künftigen Geschlechter wissen, dass wir nach reiflicher Überlegung und vorsorglicher Beratung mit unsern Getreuen unseren Bürgern, welche in unsere neue Stadt Celle ziehen, dort Häuser bauen und
5 *wohnen wollen, neben allen Vorrechten für ein Jahrzehnt völlige Abgabenfreiheit gewähren.*
Außerdem erlassen wir auf ewige Zeiten unseren Bürgern jegliche Abgabe von Schweinen und den Grundzins, den wir in unserer alten Stadt Celle gehabt haben, … und [geben] unseren
10 *oben genannten Bürgern … alle Weiden, welche an die genannte Stadt grenzen, zur Weide für ihr Vieh oder ihre Schweine …*
Außerdem bestimmen wir, dass ein jeder, welches Standes er sei, der aus der Heide oder sonst woher in unsere neue Stadt Celle zieht, um dort zu verbleiben, frei sein soll, wenn er nicht
15 *Jahr und Tag zurückgefordert wird.*
Zum Zeugnis alles dieses geben wir diesen Brief und bekräftigen seine Echtheit durch Anhängen unseres Siegels. Gegeben im Jahr des Herrn 1292 am heiligen Pfingsttage.

M1 Urkunde von Otto II., Herzog von Braunschweig und Lüneburg, zur Verlegung der Stadt Celle vom 25.05.1292 (vereinfacht)

M2 Foto der Urkunde zur Verlegung der Stadt Celle

Musterlösung zu M1

Schritt 1 ●

Das habe ich verstanden:
Wer? Otto, Herzog von Braunschweig und Lüneburg
Wann? 25. Mai 1292
Wo? Celle
Was? Urkunde
Wie? Schreiben an alle Bürger
Warum? Verlegung der Stadt Celle

Diese Wörter muss ich klären:
Beispiel Grundzins:
an den Grundherrn zu entrichtende Abgabe für die Nutzung des Bodens

Schritt 2 ●●

Quellenart: Urkunde
Zeitpunkt der Entstehung: 25. Mai 1292
Verfasser: Otto II., Herzog von Braunschweig und Lüneburg
Adressat: Neue Bürger der Stadt Celle

Inhalt/Thema:
Bei der Quelle handelt es sich um die Gründungsurkunde der Stadt Celle.
Die Quelle handelt davon, dass neuen Bürgern, die in der neuen Stadt siedeln wollen, Angebote gemacht werden.
Der Herzog bestätigt, dass Neubürger ein Jahrzehnt abgabenfrei sind.
Die Menschen dürfen alle Weiden am Stadtrand für ihr Vieh und ihre Schweine nutzen.
Sie sind frei, wenn sie ein Jahr und einen Tag in der Stadt leben.

Schritt 3 ●●●

Absicht des Verfassers:
Der Verfasser möchte erreichen, dass möglichst viele Bürger nach Celle ziehen.
Der Verfasser verspricht sich von den neuen Bürgern wahrscheinlich in Zukunft höhere Einnahmen, denn die Abgabenfreiheit gilt nur in den Anfangsjahren.
Er verspricht den neuen Bürgern in Celle verschiedene Vorrechte, um möglichst viele Menschen anzulocken.
Das hat für die Bevölkerung zumindest in den ersten Jahren große Vorteile.

Bewertung der Glaubwürdigkeit der Quelle:
Mir erscheint die Quelle glaubwürdig, weil sie die originale Gründungsurkunde von Celle darstellt.
Ich erkenne an dem Siegel, dass sie echt ist.

In meinem Eigentum Freiburg habe ich einen Markt gegründet im Jahre 1120 n. Chr. Nachdem angesehene Kaufleute überallher zusammengerufen wurden, habe ich jedem ein Grundstück für die Errichtung von Häusern zugeteilt, wovon mir jährlich ein Schilling Zins bezahlt werden soll.
Allen, die meinen Marktort aufsuchen, garantiere ich Frieden und Sicherheit, soweit meine Macht reicht ...
Wenn einer von meinen Bürgern stirbt, kann seine Witwe mit den Kindern das volle Erbe behalten.
Allen meinen Kaufleuten erlasse ich den Marktzoll. Meinen Bürgern werde ich stets nur den zum Vogt und zum Priester einsetzen, den sie selbst gewählt haben.
Wenn es zu einem Rechtsstreit unter meinen Bürgern kommt, soll nicht nach meinem Ermessen, sondern nach dem Recht der Kaufleute ein Urteil gesprochen werden.
Wenn einer in Not gerät, kann er seinen Besitz jedem beliebigen Käufer verkaufen.

M3 Aus der Gründungsurkunde der Stadt Freiburg im Breisgau durch den Herzog Konrad I. von Zähringen (1090–1152)

Konrad von Zähringen verleiht Freiburg das Stadtrecht

1 *Werte die Textquelle M3 anhand der Schritte von Seite 152 aus.*

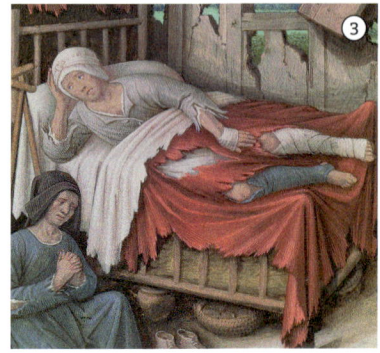

M1 Menschen in der mittelalterlichen Stadt

Menschen in der Stadt

T1 Freiheit ohne Gleichheit

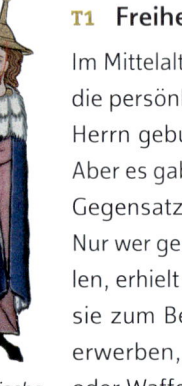

Im Mittelalter lebten Menschen in den Städten, die persönlich frei waren. Sie waren an keinen Herrn gebunden wie Hörige und Leibeigene. Aber es gab unter den Menschen einen großen Gegensatz zwischen Armen und Reichen.
Nur wer genug Geld hatte, um Steuern zu zahlen, erhielt das Bürgerrecht. Als Bürger hatten sie zum Beispiel das Recht, Grundstücke zu erwerben, vor dem Stadtgericht zu klagen oder Waffen zu tragen.

T2 Die städtische Gesellschaft

Die mittelalterliche Stadt wurde geführt von den adligen und geistlichen Stadtherren. Auch die reichen Kaufleute gehörten zur Oberschicht, zu den sogenannten Patriziern.
Die meisten Stadtbewohner gehörten zur Mittelschicht. Das waren vor allem Handwerker und kleinere Händler, städtische Angestellte und Ackerbürger. Die Ackerbürger lebten in der Stadt, hatten aber ihre Felder außerhalb.
Zur Unterschicht gehörten arme Menschen und Menschen, deren Beruf als unehrenhaft galt, wie Henker oder Totengräber.

In der christlich geprägten Gesellschaft mittelalterlicher Städte hatten die Menschen jüdischen Glaubens eine Sonderrolle. Sie gehörten zwar allen Schichten an, mussten zumeist aber in eigenen Stadtvierteln wohnen. Sie wurden oft von den christlichen Stadtbewohnern ausgegrenzt.

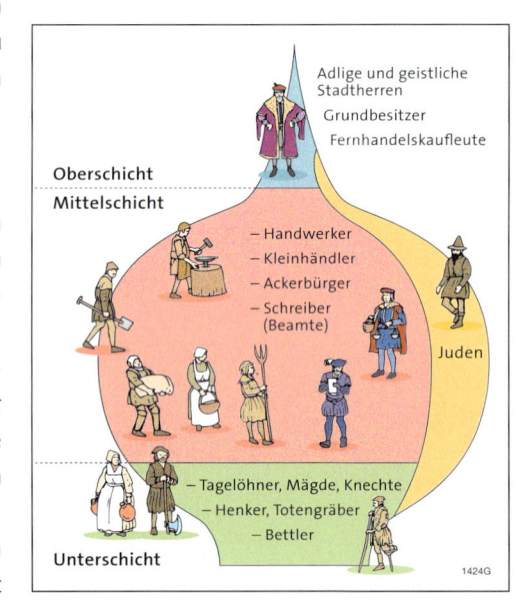

Jüdische Stadtbewohner mussten zur Erkennung besondere Kleidung tragen. (Buchmalerei)

M2 Aufbau der städtischen Gesellschaft

1 a) Beschreibe die Personen in den Bildern von M1. **Hilfe**
b) Ordne sie einer gesellschaftlichen Schicht zu (T2, M2). Begründe. *Marktplatz*
2 Stelle die unterschiedlichen Gruppen der Stadtbewohner vor (T1, T2, M2). Arbeite in einer 3er-Gruppe.
3 „Die Stadt macht frei, aber nicht gleich." Begründe diese Aussage (T1).
4 Beschreibe, wie die Juden in mittelalterlichen Städten eine Sonderrolle erhielten (T2).

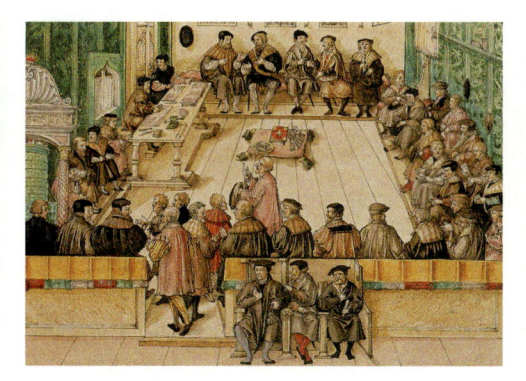

M3 Städtische Ratsversammlung in Augsburg 1368 (Malerei, 16. Jh.)

M4 Altstadt-Rathaus in Braunschweig (aktuelles Foto)

T3 Herrschaft in der Stadt

Jede mittelalterliche Stadt hatte bei ihrer Gründung einen Stadtherrn. Er legte das Stadtrecht fest, in dem die Rechte und Pflichten der Bürger festgehalten waren. Er bestimmte alles. Dabei verdiente er zumeist gut an den Zolleinnahmen und Marktgebühren.

Durch erfolgreichen Handel gelangten die reichen Kaufleute, die Patrizier, zu großem Reichtum und Selbstbewusstsein. Sie wollten in der Stadt mitbestimmen. Deshalb stellten sie sich oft mit eigenen Kämpfern gegen den Stadtherrn. In vielen Fällen konnten sie ihn vertreiben. Dann bildeten Vertreter der Patrizier einen Stadtrat, der alle wichtigen Entscheidungen fällte. An der Spitze der Stadt stand ein Bürgermeister.

Seit dem 13. Jh. versuchten auch die Handwerker und anderen Stadtbewohner, sich an der Macht zu beteiligen. Die Kämpfe für mehr Mitbestimmung im städtischen Rat waren oft gewaltsam und blutig. Die Stadtherrschaft veränderte sich immer wieder.

- *Keine Frau soll mantelartige Überwürfe tragen, auf denen Zierbänder, Perlen oder Spangen angebracht sind.*
- *Das Werfen mit Schnee ist verboten.*
- *Wer Mist auf die Straße trägt und ihn auch bis zum vierten Tag liegen lässt, muss pro Tag sechzig Pfennige Strafe zahlen.*
- *Bei Aufruhr müssen Ehefrauen und Mägde im Haus bleiben.*

M5 Auswahl von Ratsbeschlüssen

Im Jahre 1374 ... wurde ein Teil der Ratsherren (von den Bürgern) totgeschlagen, ein Teil gefangen genommen und geköpft, ein Teil aus der Stadt vertrieben. ... Sie führten den Bürgermeister ... unter schmählicher Missachtung vor die Stadt, liefen dann in sein Haus und nahmen, was sie fanden, sie legten Feuer an das Haus ..., dann schlugen sie ... (dem Bürgermeister) den Kopf ab.

M6 Machtkampf in Braunschweig

---

5 Beschreibe die städtische Ratsversammlung in Augsburg von 1368 (M3). Hilfe

6 I Schildere, wie sich die Herrschaft in den mittelalterlichen Städten veränderte (T3).
II Begründe, warum sich die Machtverhältnisse in der Stadt im Laufe der Zeit veränderten (T3).
III Lege in einem Vortrag dar, wie Städte im Mittelalter regiert wurden. Gehe auf die Machtwechsel ein (T3, M6).

7 Die Räte von Städten regelten auch den Alltag. Diskutiere die Ratsbeschlüsse in M5.

8 a) Zeige auf, wie die Bürger ihren Stolz für ihre Eigenständigkeit der Stadt zeigten (T3, M4, M5).
b) Recherchiere, welche Bedeutung Rolandstatuen hatten und wo sie errichtet wurden.

M1 Schuhmacherwerkstatt mit Verkauf (Holzschnitt um 1560)

Handwerker und Zünfte

T1 Die Handwerker

In den Städten lebten viele verschiedene Handwerker. Die Wohnung, die Werkstatt und der Verkaufsraum der Handwerker lagen in einem Haus. Meist wohnten die Handwerker eines Berufes in der gleichen Straße. So gab es auch die Straßennamen „Bäckerstraße", „Schustergasse", „Webergasse" oder „Schneiderwinkel".

WES-101633-610
Film über die Walz in heutiger Zeit

Was ich während meiner Lehrzeit ausgestanden habe, würde kaum in einem großen Buch zu beschreiben sein.
- *Arbeit von 3 oder 4 Uhr morgens bis abends 9 oder 10 Uhr*
- *Arbeiten: Auf das Sorgfältigste Figuren sticken, Wassertragen, Hauskehren, Hin- und Herlaufen in und außerhalb der Stadt, Schuldeneintreiben*
- *mitunter Schläge, Hunger und Durst*

M2 Auszug aus den Erinnerungen eines Schneiders 1494–1498 (bearbeitet)

T2 Lehrlinge und Gesellen

Die Handwerksmeister arbeiteten entweder allein oder sie hatten Helfer. Das waren Auszubildende in ihrem Handwerk, Lehrlinge genannt, oder schon ausgebildete Handwerker, sogenannte Gesellen.

Im Mittelalter begann die Lehrzeit schon im Alter von 10 bis 14 Jahren. Nur Jungen erhielten eine Lehrstelle. Die meisten Frauen durften keinen Beruf erlernen. Nur im Textilgewerbe gab es mancherorts Meisterinnen.

Der Lehrling wohnte beim Meister und erhielt dort Unterkunft und Verpflegung. Dafür musste dessen Familie Lehrgeld bezahlen. Der Meister übernahm die Rechte und Pflichten des Vaters, seine Frau die der Mutter.

Die Ausbildung dauerte 4 bis 6 Jahre. Danach war man Geselle. Oftmals gingen Gesellen auf Wanderschaft, auf die sogenannte Walz. Dort lernten sie bei anderen Handwerksmeistern vieles in ihrem Handwerk hinzu. Diese Berufserfahrung half bei einer dauerhaften Anstellung in einem Handwerksbetrieb im Anschluss an die Walz.

1 a) Beschreibe das Geschehen in M1. Gehe auf die Personen und Tätigkeiten ein. **Hilfe**
b) Schildere, wie und wo die Handwerker im Mittelalter wohnten und arbeiteten (T1, M1).

2 Werte den Text T2 aus. *Partnervortrag*
a) Berichte über die Lehrlinge.
b) Berichte über die Gesellen.

3 Versetze dich in die Lage des Schneiderlehrlings, die er in M2 beschreibt. Verfasse einen Brief, in dem du um die Verbesserung deiner Arbeits- und Lebensbedingungen bittest.

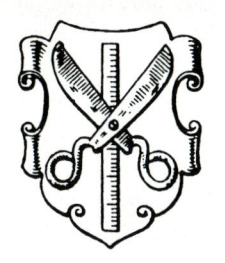

M3 Zunftzeichen aus dem Mittelalter

M5 Brotmaß am Freiburger Münster

T3 Die Zünfte

Die verschiedenen Handwerksmeister einer Stadt schlossen sich in ihren Berufsgruppen zu Zünften zusammen. Nur wer in der Zunft war, durfte seinem Handwerk nachgehen. Die Zünfte regelten für ihre Berufsgruppe alle wichtigen Angelegenheiten. Dazu zählte die Ausbildung der Lehrlinge, die Anzahl der Gesellenjahre, die Meisterprüfung. Sie legten die Löhne der Gesellen, die Qualität und die Preise der Waren in dem Handwerk fest. Sie bestimmten die Zahl der Handwerksmeister in einer Stadt. So stellten sie sicher, dass alle genug Waren für ein ausreichendes Einkommen verkaufen konnten.

- Wer in diesem Handwerk ... ist, der soll den Meistern jederzeit gehorsam sein.
- Niemand soll ein Stück Ware verkaufen, es sei denn zuerst im Tuchhaus geprüft.
- Wer sein Tuch zu kurz oder zu schmal macht, muss sechs Schilling Buße zahlen ...
- Wenn zum Totengeleit aufgerufen wird und einer dem nicht nachkommt, zahlt er ein halbes Pfund Silber Buße.
- Die Meister sollen zwei Meister aus ihren Reihen wählen, und diese sollen ... das Amt in Ehren halten und regieren.

M4 Auszug aus der Zunftordnung der Kölner Leineweber (1397)

Kein Reepenschläger darf schlechtes Garn verwenden, womit ein Unkundiger betrogen werden könnte. ... Wenn unsere Amtsbrüder ... versammelt sind, dann soll niemand Streit anfangen. ... Wenn ein Geselle sich in unserer Zunft selbstständig machen will, dann muss er in dieser Zunft Jahr und Tag gedient haben. ... Wenn der Geselle eines Meisters Witwe heiraten will ... soll er ein Meisterstück ... anfertigen. ... Ein Lehrjunge soll drei Jahre und nicht weniger in der Lehre sein. ...

M6 Aus der Zunftordnung der Lübecker Reepenschläger (Seilmacher) von 1390

4 Beschreibe die mittelalterlichen Zunftzeichen in M3 und ordne ihnen Berufe zu. `Hilfe`

5 Erkläre, warum das Brotmaß am Freiburger Münster (M5) öffentlich sichtbar angebracht wurde.

6 Gib in Stichworten wieder, welche Vorschriften die Zunftordnung in M4 oder in M6 macht.

7 I Zeige die Bedeutung von Zünften für ihr Handwerk auf (T3).
 II Arbeite heraus, welche Bereiche in den Zunftordnungen geregelt wurden (T3, M4–M6).
 III Setze dich mit den Zunftregeln auseinander. Stelle Vor- und Nachteile der Regeln für Handwerker und Kunden gegenüber (T3, M4–M6).

8 Diskutiert in der Klasse, welche Zunftregeln auch heute noch vorteilhaft wären.

Wir suchen nach Spuren des Mittelalters

Wer mit offenen Augen durch die Städte geht, der wird einige Spuren des Mittelalters entdecken. Oft gibt es auffällige Gebäude aus dieser Zeit wie zum Beispiel Kirchen, Klöster und Burgen oder Rathäuser. Aber auch städtische Wohnhäuser, Bauernhäuser, Straßen und Plätze können eine spannende Geschichte haben. Reste von Stadtmauern und Wallanlagen verraten viel über die Vergangenheit. Informationen über die Geschichte eurer Region erhaltet ihr in der Bücherei, einem Heimat- und Stadtmuseum oder aus dem Internet. Mithilfe der folgenden Anleitung könnt ihr mittelalterliche Spuren in eurer Region selbst erforschen.

Schritt 1 •
Vorbereitung
→ Einigt euch auf einen Ort in der Nähe, den es schon seit dem Mittelalter gab.
→ Recherchiert über die Geschichte des Ortes und wann er gegründet wurde.
→ Informiert euch über interessante Erkundungsziele.
→ Beratet in der Klasse, was ihr erkunden wollt.
→ Teilt die Klasse in Gruppen ein. Jede Gruppe ist für ein Thema zuständig. Mögliche Themen könnten sein: Stadtmauer, Stadttore, Kirche(n), Rathaus, Namen von Straßen und Plätzen ...

Schritt 2 ••
Durchführung
→ Sammelt Fragen zu eurem Erkundungsziel, z. B.:
 – Wann wurde es erbaut?
 – Wie wurde es genutzt?
 – Was ist daran besonders typisch für das Mittelalter?
 – Wie ist seine Geschichte?
 – Wie wird es heute genutzt?
 – Welche Straßennamen deuten noch heute darauf hin, dass dort früher Handwerker lebten?
→ Tragt Informationsmaterial zu diesen Fragen zusammen.
→ Legt die einzelnen Orte fest, die ihr besuchen wollt, und plant eure Route.
→ Zeichnet auf einem Stadtplan die Lage und euren Weg ein.
→ Besichtigt euer Erkundungsziel. Macht dabei Fotos, Zeichnungen und Notizen.

Schritt 3 •••
Auswertung und Präsentation
→ Einigt euch, wie ihr die Ergebnisse der Erkundung präsentieren wollt.
Mögliche Formen:
Plakat, Wandzeitung, Bildschirmpräsentation, Ausstellung, Informationsheft oder ein Vortrag am Erkundungsziel.
→ Bereitet die Präsentation vor. Nutzt dazu eure Notizen, Fotos und Zeichnungen.
→ Präsentiert eure Ergebnisse.

M1 Informationen beschaffen: vor Ort und in der Bücherei

M2 Rolandfigur in Bremen als Sinnbild der Eigenständigkeit der Stadt

M5 Zunfthäuser am Hildesheimer Marktplatz: Bäcker (links), Knochenhauer (rechts)

M8 Breites Tor in Goslar

Michaeliskirche in Hildesheim

M9 Der Alte Kran im Lüneburger Hafen

M6 Die Braunschweiger Elle, ein am Rathaus öffentlich ausgestelltes Längenmaß

M4 Altes Rathaus in Osnabrück

M7 Kloster in Wienhausen

M10 Schiefer Kirchturm von Suurhusen

Durchblick aktiv

159

M1 Marktstände in einer mittelalterlichen Stadt (heutige Zeichnung)

Die Stadt – ein Handelstreffpunkt

T1 Markt in der Stadt

In regelmäßigen Abständen gab es im Mittelalter Markttage in den Städten. Weil er meistens einmal die Woche stattfand, hieß er Wochenmarkt.

Die Bauern aus der Umgebung und die Handwerker der Stadt verkauften hier ihre Waren. Gleichzeitig besorgten sie sich hier ihre Waren, die sie nicht selbst herstellen konnten. Auch Fernhändler boten Waren aus fremden Ländern an. Das waren zum Beispiel kostbare Stoffe, Tierfelle oder Gewürze, die sich allerdings nur die Reichen leisten konnten.

Der Stadtherr erhielt für alle gekauften Waren Abgaben und verdiente somit am Markt. Es gab eine Marktordnung, um das Marktgeschehen zu regeln.

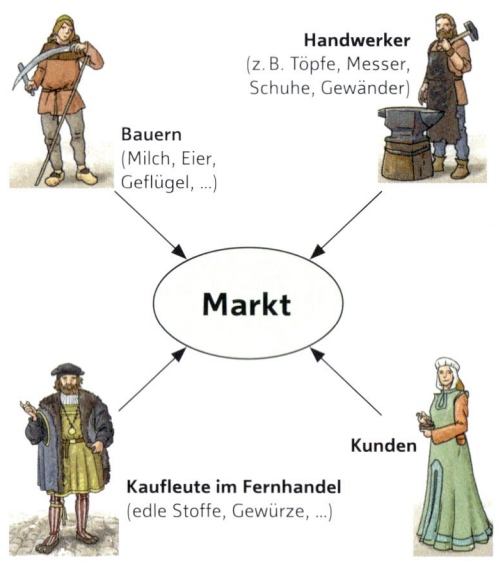

Bauern (Milch, Eier, Geflügel, …)
Handwerker (z. B. Töpfe, Messer, Schuhe, Gewänder)
Kaufleute im Fernhandel (edle Stoffe, Gewürze, …)
Kunden
Markt

M2 Treffpunkt Markt

1 a) Nenne Waren, die Händler, Handwerker, Kaufleute und Bauern auf einem Markt kauften und verkauften (T1, M2).
b) Stelle das Schaubild „Treffpunkt Markt" (M2) in einem Text dar.

Auswahl 2 I Beschreibe M1. Gehe auf die Personen und Tätigkeiten ein. *Bushaltestelle*
II Schreibe eine Geschichtserzählung über einen Markttag (T1, M2, M1 auf S.136/137). *Hilfe*
III Erörtere die Bedeutung von Märkten für die Menschen im Mittelalter. Unterscheide zwischen Stadtherrn, Bauern und Handwerkern, Fernkaufleuten und Kunden (T1, M1, M2).

3 Vergleiche den mittelalterlichen Markt in M1 mit einem heutigen Markt. Stelle Unterschiede und Gemeinsamkeiten heraus.

1. Wir verbieten, Schwerter und Dolche innerhalb der Stadt zu tragen. Werden Leute mit Schwertern angetroffen, müssen sie eine Strafe bezahlen oder ihnen wird die Hand abgeschlagen. ...
4. Wucherer erklären wir für rechtlos.
5. Wir verordnen feste Preise für Fleisch. Verkäufer, die sich nicht an diese Preise halten, müssen der Stadt Strafe zahlen. ...
10. Keine Waren dürfen außerhalb des öffentlichen Marktes verkauft werden.

M3 Auszug aus der Marktordnung von Landshut von 1256 (vereinfacht)

M4 Eine Diebin mit sogenannter Halsgeige (heutige Zeichnung)

T2 Bestrafung im Mittelalter

Städtische Beauftragte kontrollierten die Einhaltung der Regeln der Marktordnung: den Platz und die Art der Verkaufsstände, die Maße und Gewichte, die Preise. Wenn man sie nicht befolgte, kam man vor das Marktgericht. Der Marktrichter sprach gegenüber Dieben und Betrügern meistens Geldstrafen aus. Aber viele Beschuldigte wurden auch dem Spott der Leute ausgesetzt. Ihnen wurde eine sogenannte Halsgeige umgelegt oder sie kamen an den Pranger. Dann wurden Hände und Füße mit eisernen Ketten an eine Säule gefesselt, ein Eisen um den Hals gelegt. Jeder durfte die Angeketteten beschimpfen und mit Abfall bewerfen.
Bei schweren Vergehen ging den Urteilen oftmals eine Folter voraus. Die Methoden der Folter reichten vom Auspeitschen bis zum Abschneiden von Fingern. Folter war keine Strafe, sondern ein grausames Mittel zur „Wahrheitsfindung".

M5 „Taufe" eines Bäckers im Mittelalter (Zeichnung um 1900)

4 Erkläre mit Beispielen, was Marktordnungen regelten und warum sie wichtig waren (T2, M3).
5 Stelle die Strafen zusammen, die ein Marktrichter auf mittelalterlichen Märkten verhängte (T2, M4, M5).
6 a) Folter war im Mittelalter normal (T2). Erkläre.
b) Begründe, warum heute ein erpresstes Geständnis durch Folter in Deutschland verboten ist.
7 Die Frau in M4 hat ein Brot gestohlen, weil sie großen Hunger hatte. Sollte sie bestraft werden? Diskutiert in der Klasse.

M1 Hafen der Hansestadt Stralsund, um 1500 (Schulwandbild aus dem Jahr 1960)

Die Hanse – ein Städtebund

Hanse: von althochdeutsch „hansa" = Gruppe, Gefolge, Schar

T1 Bedrohungen im Fernhandel

Viele Kaufleute betrieben schon im Mittelalter Fernhandel. Waren wurden über weite Strecken zu Wasser und zu Lande transportiert. Dabei bedrohten Räuberbanden auf den Straßen, Piraten und Unwetter auf dem Meer die Kaufleute und ihre Waren auf ihren Handelsreisen. Außerdem waren sie in anderen Ländern recht- und schutzlos.

Darüber hinaus wollten die Landesfürsten ihren Nutzen aus dem Reichtum der Fernkaufleute ziehen und mitverdienen. Sie wollten ihren Einflussbereich auf die Städte ausdehnen und bedrohten so deren Freiheit.

T2 Bündnis der Städte und Kaufleute

Um 1300 schlossen sich norddeutsche Städte zu einem Städtebund, zur Hanse, zusammen, um gemeinsam die Bedrohungen im Handel abzuwehren. Verträge verschafften den Mitgliedern der Hanse Schutz, Sicherheit und die Möglichkeit zum freien Handel. In Lübeck, der Hauptstadt der Hanse, trafen sich die Vertreter der Städte zu Hansetagen und fassten Beschlüsse über gemeinsame Angelegenheiten. Wenn sich eine Stadt nicht an die Regeln des Bündnisses hielt, wurde sie „verhanst": Allen anderen Hansestädten war es verboten, mit dieser Stadt Handel zu treiben.

1 Werte das Bild M1 vom Hafen der Hansestadt Stralsund aus. *Hilfe*

2 Stelle die Gefahren für die Kaufleute im Fernhandel zusammen (T1).

Auswahl 3 I Zeige auf, warum Städte und Kaufleute sich zur Hanse verbündeten (T1, T2).
II Die Hanse handelte nach dem Prinzip „Gemeinsam sind wir stark!". Begründe (T1, T2).
III Vermute, wie es im Fernhandel und in Lübeck ohne Hanse ausgesehen hätte (T1, T2, M1).

4 Wurde eine Stadt „verhanst", so war das ihr wirtschaftliches Todesurteil. Erkläre (T2).

M2 Städte, Wege und Güter der Hanse

T3 Koggen und Kontore

Um 1300 herum begannen deutsche Kaufleute gemeinsam mit ihren speziellen Fracht- und Kriegsschiffen, den Koggen, ihre Waren über das Meer fahren, zu fischen und sich Stützpunkte in fremden Ländern zu erkämpfen. Rund 100 Städte gehörten der Hanse an, auch Binnenstädte.

In den Hafenstädten der Nord- und Ostsee wurden Handelsniederlassungen gegründet, sogenannte Kontore. Mit wichtigen Städten wie London und Brügge schloss die Hanse Verträge ab, zum Beispiel zur Sicherung der Ein- und Ausfuhr oder zum Schutz vor Konkurrenz. Bald beherrschte die Hanse den Handel in ganz Nordeuropa.

T4 Niedergang der Hanse

Ende des 15. Jahrhunderts ging die Macht der Hanse zurück. Nach und nach gewannen die Landesfürsten die Macht über die meisten Hansestädte in ihrem Gebiet. Nur Hamburg und Bremen blieben bis in die Gegenwart „Freie Hansestädte".

Transportmittel	Personen	Transportdauer Danzig–Lübeck
1 Kogge	20 Seeleute	4 Tage
100 Pferdefuhrwerke	100 Fuhrleute	14 Tage

M3 Bedarf für 200 Tonnen (t) Ladung – ein Vergleich

---

5 Stelle die Bedeutung der Koggen und Kontore für die Hanse dar (T3, M3). *Hilfe*

6 a) Nenne fünf Handelsgüter der Hanse und ihre Herkunftsorte (M2).
b) Ermittle die Länder, zu denen die Hansestädte heute gehören (M2, Atlas).
c) Recherchiere, welche norddeutschen Städte noch heute den Namen Hansestadt führen.

7 Plane eine Handelsreise von Nowgorod nach Antwerpen. Lege Handelsgüter, Weg und Transportmittel fest (M2, M3). *Stühletausch*

Leben im Mittelalter

1. Lebenswelten im Mittelalter

M1 Lebenswelten im Mittelalter

1. Nenne die Personengruppen, die im Mittelalter eine Rolle spielten (M1).
2. Wähle ein Bild aus. Schreibe einen kurzen Bericht, wie die abgebildeten Personen lebten.
3. Würdige die Rolle, die die abgebildeten Personen im Mittelalter hatten.

2. Ordnung im Mittelalter

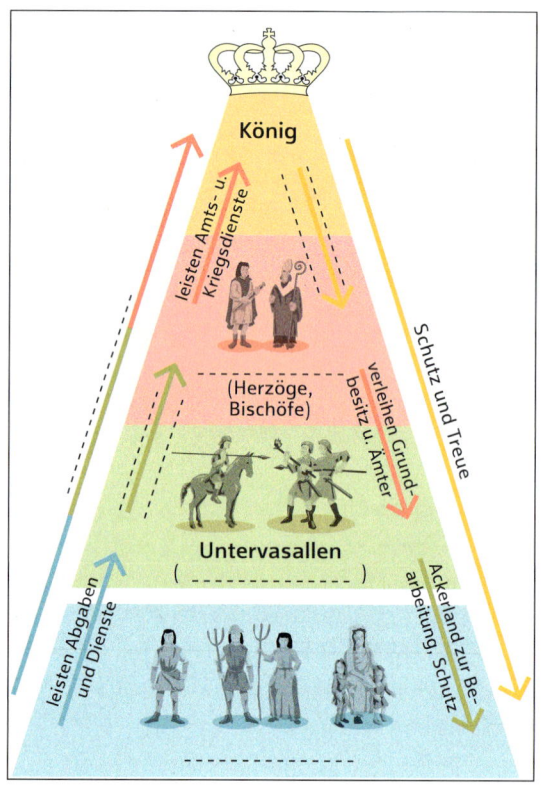

M2 Lehnspyramide

1. Zeichne das Schaubild M2 ab und ergänze die fehlenden Begriffe.
2. Erkläre das Lehnswesen mit eigenen Worten.
3. Bewerte den Aufbau der mittelalterlichen Gesellschaft.
Vergleiche mit heute.

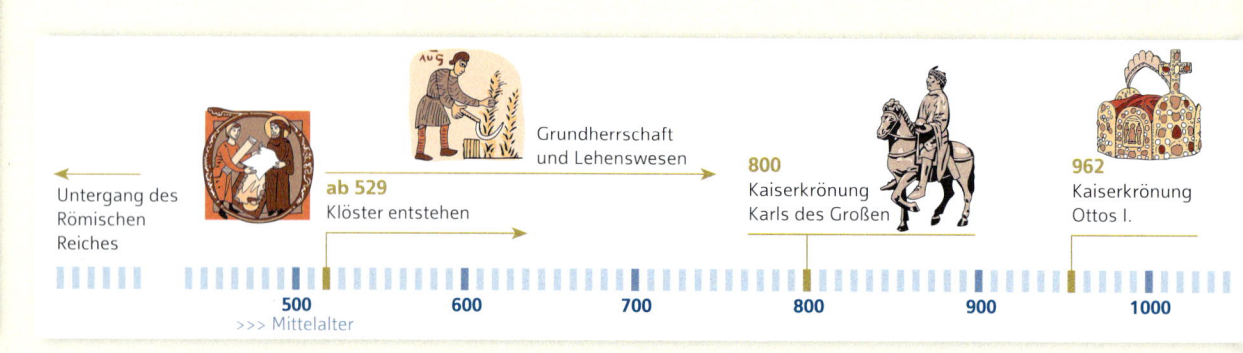

Untergang des Römischen Reiches

ab 529 Klöster entstehen

Grundherrschaft und Lehenswesen

800 Kaiserkrönung Karls des Großen

962 Kaiserkrönung Ottos I.

>>> Mittelalter

M3 Eine typische mittelalterliche Stadt (heutige Zeichnung)

3. Stadt im Mittelalter

I Nenne anhand der Rekonstruktion M3 typische Merkmale einer mittelalterlichen Stadt
II Erläutere die Bedeutung der Straßennamen und Bauwerke.
III Entwickle einen Stadtführer, in dem wichtige Gebäude und andere Einrichtungen sowie die Straßennamen erklärt werden.

4. Der Markt

I Schildere, welche Bedeutung Märkte für eine mittelalterliche Stadt hatten.
II Bringe Marktgeschehen und Stadtgründungen in einen Zusammenhang. Charakterisiere die Interessen der beteiligten Personengruppen.
III Prüfe die Gründe der verschiedenen Gruppen für ihren Kampf um die Stadtherrschaft und beurteile sie.

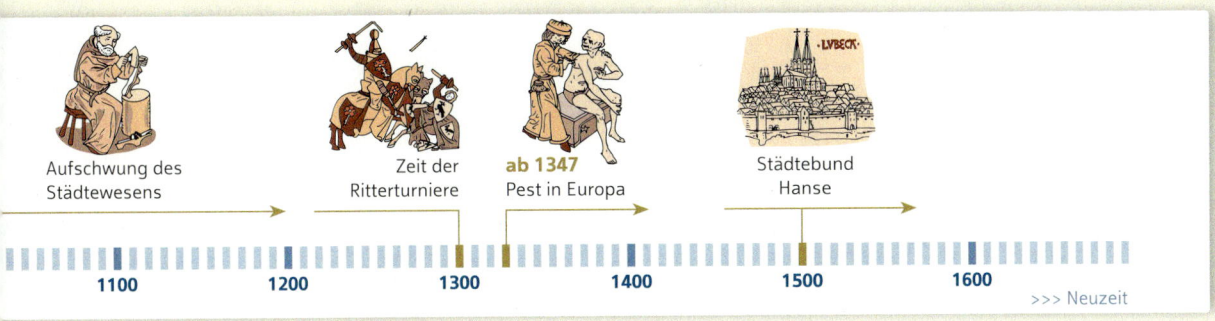

Aufschwung des Städtewesens — Zeit der Ritterturniere — **ab 1347** Pest in Europa — Städtebund Hanse

1100 — 1200 — 1300 — 1400 — 1500 — 1600 — >>> Neuzeit

WES-101633-611
Lösungen zu Wissen und Können

165

166

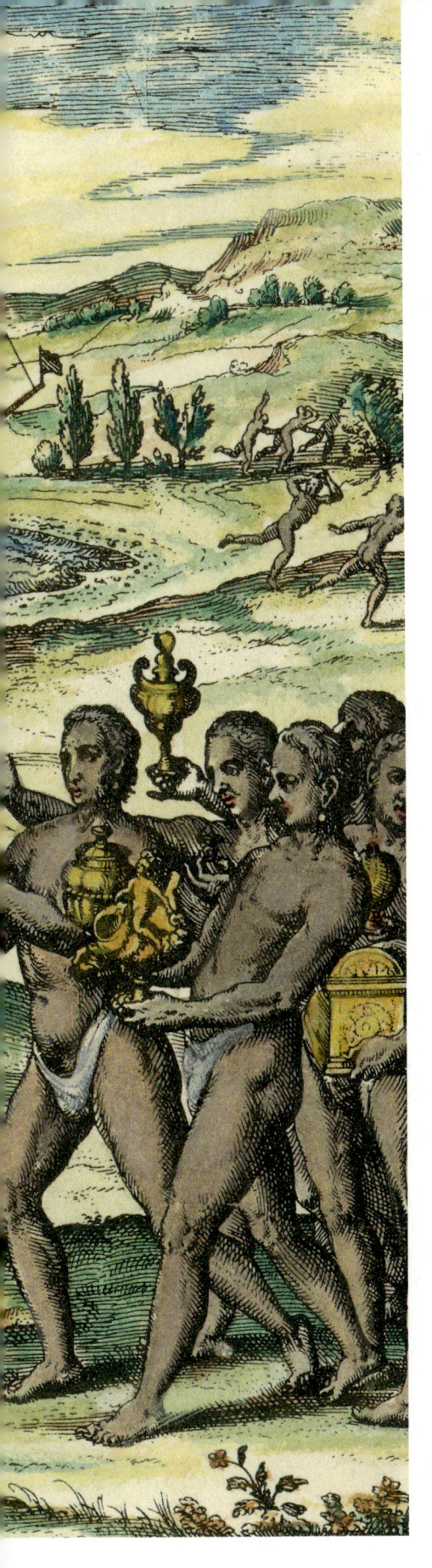

Erfindungen und Entdeckungen

M2 In einer Buchdruckerwerkstatt um 1500 (Kupferstich, 1632)

M3 Demonstration in San Salvador gegen die Privatisierung von Trinkwasser (Foto 2021)

→ Welche Folgen hatten wichtige Erfindungen?
→ Warum unternahmen die Europäer Entdeckungsreisen?
→ Wie wurden die einheimischen Völker von den Eroberern behandelt?

M1 Ankunft des Kolumbus auf der Insel Guanahani, heutiger Name San Salvador (Kupferstich von Theodor de Bry, 1594)

M1 „Das Abendmahl" von Leonardo da Vinci ist eines der ersten Gemälde mit räumlicher Wirkung (Wandgemälde 1494–1498, Ausschnitt).

Veränderung durch neues Denken

T1 Wissenschaft im Mittelalter

Theologie:
Wissenschaft über die Religion, ihre Lehre, ihre Regeln und ihre Geschichte

Im Mittelalter war die wichtigste Wissenschaft die Theologie. Theologen waren zumeist Geistliche der Kirche. Sie forschten in der Bibel und beschrieben das Leben der Menschen als Vorbereitung auf das Leben nach dem Tod. Was in der Bibel stand, galt als unumstößliche Wahrheit. Wer eine andere Auffassung vertrat als die Bibel und damit die Kirche, musste mit schwersten Bestrafungen bis hin zur Todesstrafe rechnen.

T2 Der Mensch im Mittelpunkt

Um 1500 änderte sich dieses Denken grundlegend. Daher wird dieses Jahr als der Beginn der Neuzeit bezeichnet.

Viele Fürsten, Gelehrte und Künstler interessierten sich nun weniger für die Bibel. Vielmehr studierten sie alte lateinische oder griechische Schriften und sammelten antike Kunstwerke. Sie glaubten, dass die Menschen vollkommener werden, wenn sie von den Griechen und Römern lernten.

Baumeister und Bildhauer nahmen griechische und römische Tempel und Statuen als Vorbilder für ihre Werke. Diese Epoche wird Renaissance genannt, weil sie die Antike wieder aufleben ließ.

Renaissance:
(französisch) bedeutet Wiedergeburt

Die Forschung stellte den Menschen in den Mittelpunkt der Wissenschaft. Der Mensch sollte seine Kräfte, Begabungen und Fähigkeiten erkennen und nutzen. Dieses neue Denken erhielt die Bezeichnung Humanismus.

Auch in der Malerei gab es Veränderungen: Künstler malten Bilder, die räumlich wirkten. Bildung, Kunst, Wissenschaft und Forschung gelangten zu großer Bedeutung. Die Stadt Florenz in Italien war das Zentrum der Renaissance. Hier förderte die Adelsfamilie der Medici Künste und Wissenschaften. Noch heute finden sich berühmte Kunstwerke der Renaissance in der Stadt.

1 Beschreibe das Bild M1 und erkläre, wie die räumliche Wirkung geschaffen wird. **Hilfe**

2 Ordne in einer Tabelle mit den Spalten „Mittelalter" und „Neuzeit" die folgenden Begriffe zu: Humanismus, Ausrichtung auf das Leben nach dem Tod, Mensch im Mittelpunkt, neues Denken, Theologie, Bibel als Wissensgrundlage, Renaissance, antike Vorbilder (T1, T2).
 Think – Pair – Share

3 Renaissance bedeutet „Wiedergeburt". Erkläre, wer bzw. was wiedergeboren wurde (T2).

T3 Leonardo da Vinci – Künstler, Forscher und Erfinder

Einer der größten Gelehrten, Forscher und Erfinder der Renaissance war Leonardo da Vinci. Er hatte zunächst in Florenz eine Lehre als Maler und Bildhauer absolviert.

Als Freund des Stadtherrn Lorenzo de Medici erhielt Leonardo auch als Maler, Bildhauer, Architekt und Erfinder Aufträge für dessen Familie in Florenz. Auch der Herzog von Mailand, der Papst in Rom und der König von Frankreich erteilten ihm Aufträge.

Über 7000 Seiten an Zeichnungen, Plänen und wissenschaftlichen Aufsätzen beweisen, wie vielfältig Leonardos Können war.

Er plante ganze Städte, Wasserversorgungssysteme und Festungsanlagen.

Aber seine Pläne für ein Unterseeboot, den Fallschirm und den Hubschrauber ließen sich nicht verwirklichen, weil die technischen Voraussetzungen zu der Zeit noch nicht erfüllt waren.

---

1. *Ich kann außerordentlich leichte und ohne jede Schwierigkeit transportierbare Brücken herstellen ...*
2. *Ich verstehe es, bei der Belagerung eines Platzes die Wassergräben trockenzulegen ...*
3. *... zur See ... kann ich viele Arten von wirksamem Gerät zum Angriff und zur Verteidigung herstellen ...*
4. *... Auch will ich Skulpturen in Marmor, Bronze oder Ton machen;*
5. *ebenso alles auf dem Gebiet der Malerei so gut wie jeder andere, wer er auch sein möge.*

M2 Aus dem Bewerbungsschreiben Leonardos an den Herzog von Mailand 1482 (bearbeitet)

Leonardo da Vinci (1452–1519)

WES-101633-701
Film über Leonardo da Vinci

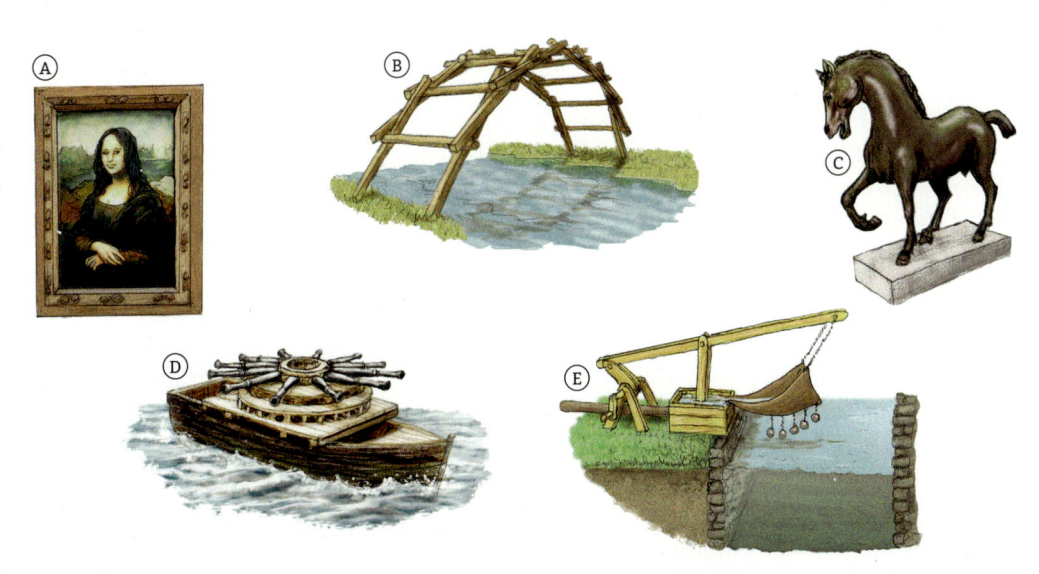

M3 Kunstwerke von Leonardo da Vinci und Modelle nach seinen Plänen

---

4 Nenne drei Berufe, die Leonardo ausübte (T3).

5 Erkläre, woran deutlich wird, dass Leonardo ein sehr bedeutender Künstler und Erfinder war (T3, M2).

6 Ordne den Ziffern 1 bis 5 aus M2 die Bilder A bis E aus M3 zu. **Partnervortrag**

7 I Weise nach, dass Leonardo da Vinci ein bedeutender Künstler und Erfinder war (T3, M2, M3).
II Nimm Stellung dazu, dass Leonardos Werke im Mittelalter undenkbar gewesen wären.
III Gib wieder, wie der Humanismus das Denken und Handeln der Menschen in Kunst und Wissenschaft veränderte.

M1 Öffnung einer Leiche (Holzschnitt von 1493) 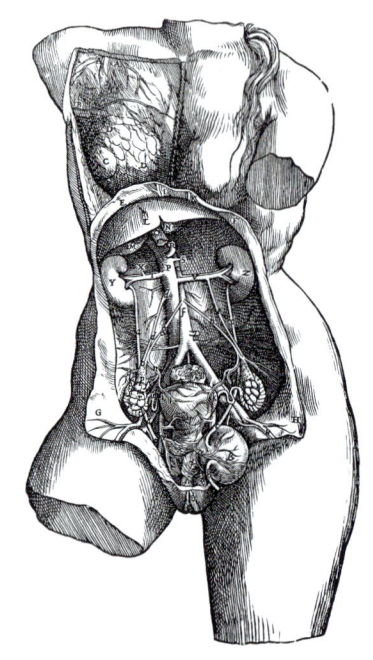   **M2** Abbildung aus einem Medizinbuch (1543)

Fortschritt durch neue Erkenntnisse

T1 Neue Erkenntnisse und Erfindungen

Viele Wissenschaftler begannen die Natur zu erforschen, Experimente durchzuführen und Maschinen zu entwickeln.
Ärzte schnitten Leichen auf, um das Innere des menschlichen Körpers zu erforschen. Sie entdeckten die Blutbahnen, die Beschaffenheit der Organe und die Ursachen von Krankheiten.
Auch der Kompass wurde zu dieser Zeit erfunden, sodass sich Seefahrer in unbekannten Gewässern und auf hoher See zurechtfinden konnten.
In ganz Europa entstanden Universitäten. Hier wurden wie im Mittelalter Rechtswissenschaften und Theologie gelehrt, allerdings kamen nun in der Neuzeit zum Beispiel naturwissenschaftliche und medizinische Forschungen dazu.

Kompass: ermöglicht die Feststellung der Himmelsrichtung und dient damit zur Orientierung zu Lande und zu Wasser

> *Wir sollten unser Augenmerk auf die Kraft, die Auswirkungen und die Folgen von Erfindungen richten, die nirgends auffälliger waren als im Fall jener Erfindungen, nämlich dem Buchdruck, dem Schießpulver und dem Kompass.*
> *Diese drei Errungenschaften haben das Erscheinungsbild und den Zustand der ganzen Welt verändert.*

M3 Aus Francis Bacon „Neues Organ der Wissenschaften", 1612 (bearbeitet)

1 Beschreibe einen möglichen Zusammenhang zwischen M1 und M2. **Hilfe**

2 Fasse zusammen, was du über
  a) die Tätigkeiten von Wissenschaftlern,
  b) ihre Erfindungen und Entdeckungen sowie
  c) die sich daraus ergebenden Folgen erfahren hast (T1). **Kugellager**

3 a) Nenne die von Francis Bacon angeführten Erfindungen (M3).
  b) Erkläre, warum diese Erfindungen nach seiner Meinung die Welt verändert haben.

Erfindungen und Entdeckungen

M4 Mönch beim Abschreiben eines Buches (um 1450)

M5 In einer Buchdrucker-Werkstatt (um 1500)

T2 Die Erfindung des Buchdrucks

Bis ins 15. Jahrhundert gab es nur wenige Bücher. Dies waren von Hand mühsam aufgeschriebene Einzelstücke. Ein weiteres Exemplar konnte nur durch zeitaufwendiges Abschreiben hergestellt werden. Fast ausschließlich Mönche und Nonnen in den Klöstern schrieben Bücher ab.

Das änderte sich um 1450, als Johannes Gutenberg den Buchdruck erfand. Nun konnten Bücher in hoher Anzahl hergestellt werden. Gutenberg wollte die Menschen mit seiner Erfindung beeindrucken. Deshalb druckte er als erstes großes Buch die Bibel.

Es wurden aber auch Flugblätter zu wichtigen und interessanten Themen gedruckt, die auch die einfachen Leute verstehen konnten. So wuchs in der Bevölkerung das Interesse für alle, lesen zu lernen.

> *Die gedruckte Bibel aus dem Jahre 1454 ist Gutenbergs Meisterwerk. Die zweibändige Bibel hat insgesamt 1282 Seiten. Gutenberg hat sie mit etwa 20 Mitarbeitern hergestellt. Für diese Bibel wurden 290 verschiedene Figuren gegossen. Die farbigen Zeichen fügte man nach dem Druck von Hand ein. Der Zeitraum von der Herstellung der Zeichen bis zum Druck wird auf etwa zwei Jahre geschätzt. Insgesamt wurden 180 Exemplare gedruckt. 49 davon sind erhalten. Im Jahre 1500 gab es von der Bibel in Europa bereits verschiedene Drucke. Es waren schon rund 40 000 Exemplare erschienen.*

M6 Aus einem heutigen Bericht über die Bibel Gutenbergs

4 a) Beschreibe die Herstellung eines Buches im Mittelalter (M4).
b) Arbeite die Unterschiede zwischen der Schreibstube im Kloster (M4) und der Druckerwerkstatt (M5) heraus. *Marktplatz*

5 Erkläre, warum die Herstellung einer Bibel im Mittelalter eine Lebensaufgabe war (T2).

6 Beschreibe das grundlegend Neue an Gutenbergs Erfindung (T2).

7 Fasse die wichtigsten Informationen über die Gutenberg-Bibel zusammen (M6). Hilfe

8 I Nenne Fortschritte in Wissenschaft und Technik am Beginn der Neuzeit.
II Erkläre, wie wissenschaftliche Erkenntnisse gewonnen wurden und schnell verbreitet werden konnten.
III Gestalte eine Präsentation zu wissenschaftlichen Erkenntnissen und deren Verbreitung am Beginn der Neuzeit mithilfe von M1, M2, M4 und M5.

Wir drucken mit Buchstaben

Ihr habt erfahren, dass durch die Erfindung von Johannes Gutenberg zu Beginn der Neuzeit Bücher und Flugschriften in großer Anzahl hergestellt werden konnten. Viele Menschen erhielten dadurch eine Fülle von Informationen, die im Mittelalter nur wenigen Menschen vorbehalten waren.
Wie der Buchdruck selbst funktionierte, könnt ihr euch im Folgenden selbstständig erarbeiten.

WES-101633-702
Interaktives Arbeitsblatt zum Buchdruckverfahren

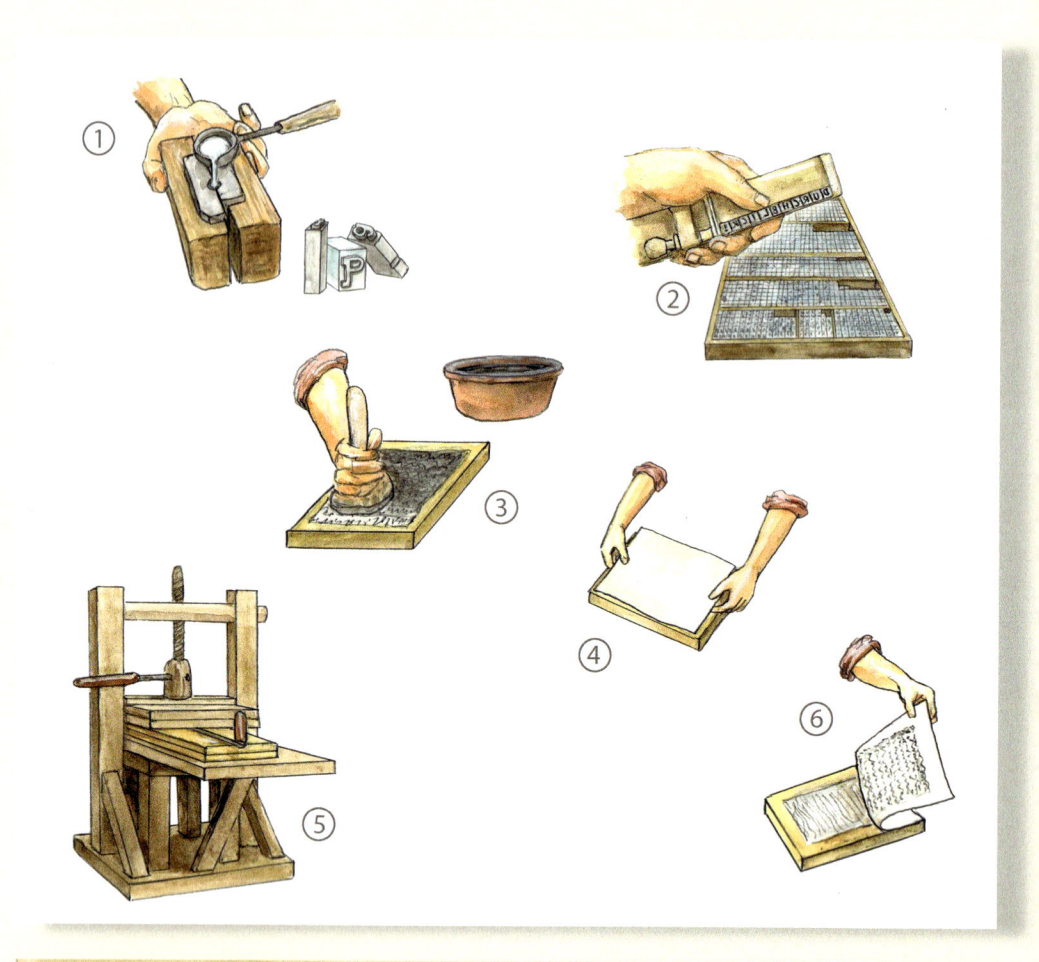

a) Der Text wird aus einzelnen gegossenen Buchstaben in Rahmen zusammengesetzt.
b) Die gedruckte Seite wird vom Rahmen gelöst.
c) Die Buchstaben für den Druck werden gegossen.
d) Der im Rahmen gesetzte Text wird mit Druckertinte eingeschwärzt.
e) Das Papier, das bedruckt werden soll, wird auf den gesetzten Text gelegt.
f) Der Textrahmen mit dem Papier wird in die Presse gelegt und gepresst, das heißt, der Text wird auf das Blatt gedruckt.

M1 Beschreibung der Arbeitsschritte in falscher Reihenfolge

1 a) Ordne den Arbeitsschritten 1 bis 6 die Aussagen a) bis f) richtig zu.
b) Erkläre die Funktionsweise des Buchdrucks.

Um nachzuvollziehen, wie die Erfindung des Johannes Gutenberg funktioniert, könnt ihr die einfache Technik des Kartoffeldrucks zugrunde legen.

Schritt 1 •
Materialien bereitstellen
→ Für die herzustellenden Buchstaben benötigt ihr Kartoffeln. Diese können durchaus Schadstellen oder Keime haben.

→ Stellt ferner ein Schneidebrett und ein Küchenmesser bereit.

→ Für den Druckvorgang benötigt ihr als „Druckerschwärze" Farbe aus eurem Tuschkasten.

→ Zum Verbinden der Buchstaben ist eine lange Stricknadel nützlich.

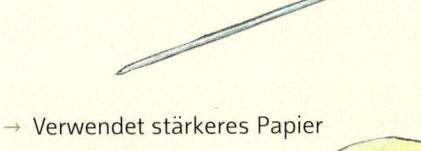

→ Verwendet stärkeres Papier oder einen Zeichenblock.

→ Nun braucht ihr nur noch Wasserglas und Pinsel.

Schritt 2 ••
Buchstaben und Worte herstellen
→ Schneidet die Kartoffel so auf, dass zwei in etwa gleiche Hälften entstehen. So erhaltet ihr das Rohmaterial für zwei Buchstaben.
→ Auf die glatte Schnittfläche zeichnet ihr jetzt die Umrisse des Buchstabens, den ihr drucken wollt.
ACHTUNG: der Buchstabe muss spiegelverkehrt gezeichnet sein, damit er beim Drucken das richtige Bild ergibt.
→ Mit dem Küchenmesser schneidet ihr nun das Kartoffelfleisch weg, welches nicht zum Buchstaben gehört. Übrig bleibt als glatte Fläche der Buchstabe.
→ Diesen Vorgang wiederholt ihr so oft, bis ihr alle Buchstaben eures geplanten Wortes hergestellt habt.
→ Nun legt ihr eure Buchstaben von links nach rechts in der richtigen Schreibweise nebeneinander. Achtet darauf, dass die Buchstaben gerade liegen.
→ Nun durchstecht ihr die Buchstaben mit der Stricknadel. Auf diese Weise werden die Buchstaben fixiert.

Schritt 3 •••
Worte drucken
→ Wählt für den Druck im Tuschkasten eine Farbe aus und legt den Zeichenblock bereit.
→ Tragt mit dem befeuchteten Pinsel die Farbe auf die glatte Fläche (die Buchstaben) auf.
→ Presst eure Buchstabenfolge kurz und fest auf das Papier des Zeichenblocks.
→ Nach Entfernen der Buchstabenfolge habt ihr auf eurem Zeichenblock das gedruckte Wort.
→ Ihr könnt eure Tätigkeiten beim Drucken auf den echten Vorgang übertragen, indem ihr den Arbeitsschritten aus M1 eure Tätigkeiten zuordnet.
→ Beispiel: Das Herausschneiden der Buchstaben aus der Kartoffel entspricht dem Guss der Lettern.

M1 Weltbild des Thales (6. Jh. v. Chr.):
Die Erde ist eine Scheibe, die wie ein Stück Holz auf dem Wasser schwimmt. Sonne, Mond und Sterne drehen sich um die Erde.

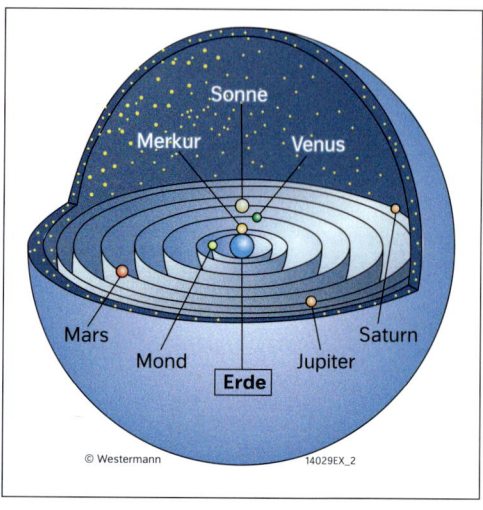

M2 Weltbild des Ptolemäus (2. Jh. n. Chr.):
Die Erde ist eine Kugel. Sie ist der Mittelpunkt des Weltalls. Sonne, Mond und Sterne drehen sich um die Erde.

Vom alten zum neuen Weltbild

T1 Welche Form hat die Erde? – Vorstellungen in der Antike

geozentrisches Weltbild: war in der Antike vorherrschend und behauptet, dass die Erde eine Kugelgestalt besitzt und der Mittelpunkt unseres Planetensystems ist.

Auch die Vorstellungen über die Form der Erde änderten sich. Bereits in der Antike hatten sich griechische Naturforscher mit der Frage nach der Gestalt unserer Erde beschäftigt. Um 600 v. Chr. beschrieb Thales von Milet, ein griechischer Mathematiker und Forscher, die Erde als Scheibe, die von den Himmelskörpern umkreist wird. Die Erde war nach seiner Vorstellung der Mittelpunkt unseres Universums.

Um 150 n. Chr. beschrieb der Grieche Ptolemäus das geozentrische Weltbild: Die Erde sei eine Kugel. Sie stehe im Mittelpunkt des Weltalls und alle Planeten kreisen um die Erde.
Im Mittelalter waren dann sowohl die Vorstellungen von der Erde als einer Scheibe als auch ihrer Kugelgestalt verbreitet.
Immer wurde jedoch das geozentrische Weltbild angenommen.

T2 Die Erde – eine Kugel

Mit der Erklärung des Thales gaben sich die Forscher am Beginn der Neuzeit nun nicht mehr zufrieden. Warum, so fragten sie, sieht man von einem Schiff am Horizont zuerst die Masten, dann aber erst das ganze Schiff? Die Erklärung war einfach: Die Erdoberfläche ist gekrümmt, die Erde hat die Form einer Kugel. Also musste Ptolemäus mit seiner Theorie recht haben. Den Beweis lieferte der Portugiese Magellan. Er umsegelte auf westlichem Kurs von 1519 bis 1522 die Erde.

1 *Nenne Gemeinsamkeiten und Unterschiede zwischen den Vorstellungen in der Antike über die Gestalt der Erde (M1, M2).*

2 *Nenne den Gelehrten, der die Auffassung vertrat, dass die Erde eine Kugel ist (T1.)*

3 *Erläutere,*
   a) welche Beobachtung dazu führte, die Kugelgestalt der Erde zu vermuten und
   b) wie der Beweis erbracht wurde (T2). Think – Pair – Share

Erfindungen und Entdeckungen

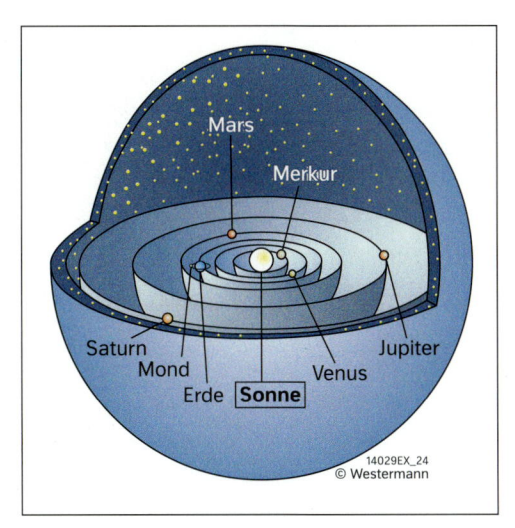

M3 Weltbild nach Kopernikus und Galilei: Die Erde ist eine Kugel. Die Sonne ist der Mittelpunkt des Weltalls. Die Erde dreht sich um die Sonne.

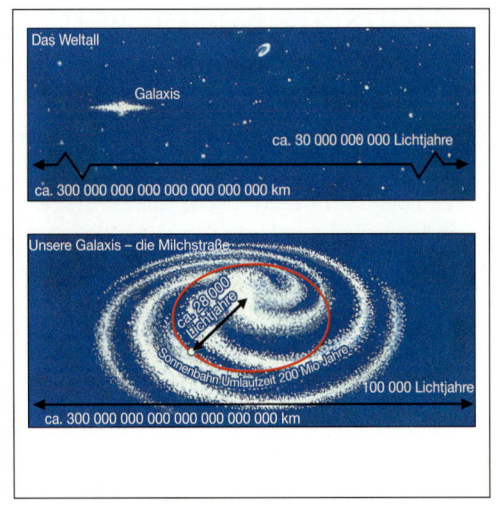

M4 Das heutige Weltbild: Die Sonne ist ein Stern der Milchstraße. Die Milchstraße ist nur eine von Milliarden Galaxien im Weltall.

T3 Die Erde – ein Planet unter vielen

Im 16. Jahrhundert gelangte der Astronom Nikolaus Kopernikus durch wissenschaftliche Berechnungen zu drei Erkenntnissen:
1. Nicht die Erde, sondern vielmehr die Sonne ist der Mittelpunkt unseres Planetensystems.
2. Die Erde kreist wie alle anderen Planeten um die Sonne.
3. Sie dreht sich um die eigene Achse.

Damit hatte Kopernikus das heliozentrische Weltbild beschrieben.

T4 Das neue Weltbild

Kopernikus war klar, dass sein heliozentrisches Weltbild im Widerspruch zur Lehre der Kirche stand. Für die Kirche waren die Erde und der Mensch der Mittelpunkt der Schöpfung. Da war es undenkbar, dass die Sonne nun diese Position einnahm. Aus Angst vor der Verfolgung durch Kirchengerichte hielt er seine Erkenntnisse zurück und ließ seine Schriften erst nach seinem Tod veröffentlichen.

Die Annahmen des Kopernikus bewies der italienische Physiker Galileo Galilei um 1600. Für seine Berechnungen wurde er vor ein Kirchengericht gestellt und musste seine Lehre bei Androhung von Folter widerrufen. Galilei hatte auch die Milchstraße entdeckt. Im Jahre 1919 stellte der Forscher Harlow Shapley fest, dass unser Sonnensystem nicht das Zentrum des Alls ist und am Rande der Milchstraße liegt.

heliozentrisches Weltbild: gilt seit Beginn der Neuzeit und besagt, dass die Sonne der Mittelpunkt unseres Planetensystems ist und alle Planeten die Sonne umkreisen

4 Gib die drei Kernpunkte der Lehre des Kopernikus mit eigenen Worten wieder (T3).

5 Erkläre, warum die Kirche mit allen Mitteln die Verbreitung des heliozentrischen Weltbildes verhindern wollte (M3, T4). *Partnervortrag*

6 Beschreibe die Entdeckung Shapleys (M4).

wahl 7 I◦◦ Stelle die Lehren von Thales, Ptolemäus, Kopernikus und Shapley gegenüber (M1–M4). Hilfe
II◦ Erkläre das geozentrische, das heliozentrische und das moderne Weltbild.
III „Die Neuzeit beginnt um 1500." Nimm Stellung zu dieser Aussage, indem du die Informationen der Seiten 168–171 sowie 174 und 175 verwendest.

Historische Karten vergleichen

Historische Weltkarten geben Aufschluss darüber, welche Teile der Erde zur Zeit der Herstellung der jeweiligen Karte den Menschen bereits bekannt waren. Der Vergleich mit neueren Karten gibt Aufschluss darüber, welche Teile der Welt inzwischen neu entdeckt wurden. Durch einen Kartenvergleich lassen sich historische Entwicklungen aufzeigen.
Aus der Art und Weise der Darstellung einer historischen Karte wird auch deutlich, dass die Menschen die Erde immer besser abbilden konnten.

Schritt 1 ●

Karten beschreiben
→ Nutze auch die Methodenseite „Historische Karten auswerten" auf Seite 114/115.
→ Ermittle und nenne die Entstehungszeit der Karten sowie ihren Entstehungsort.
→ Nenne das Thema der Karten.

Schritt 2 ●●

Inhalte der Karten erfassen
→ Notiere Angaben zu folgenden Punkten: Thema, fehlende/neue Gebiete, Genauigkeit der Karte, Besonderheiten
→ Tipp: Manchmal bietet es sich an, eine Tabelle anzulegen.

Schritt 3 ●●●

Vergleichsergebnisse auswerten
→ Fasse alle Ergebnisse oder Erkenntnisse aus deinem Kartenvergleich, die du dir notiert hast, zu einem Text zusammen.
→ Beschreibe genau, wie sich die Darstellung der Welt verändert hat.
→ Beurteile, welche Karte in der Darstellung der Kontinente genauer ist.
→ Gehe auf Gemeinsamkeiten und Unterschiede ein.
→ Formuliere einen zusammenfassenden Schlusssatz.

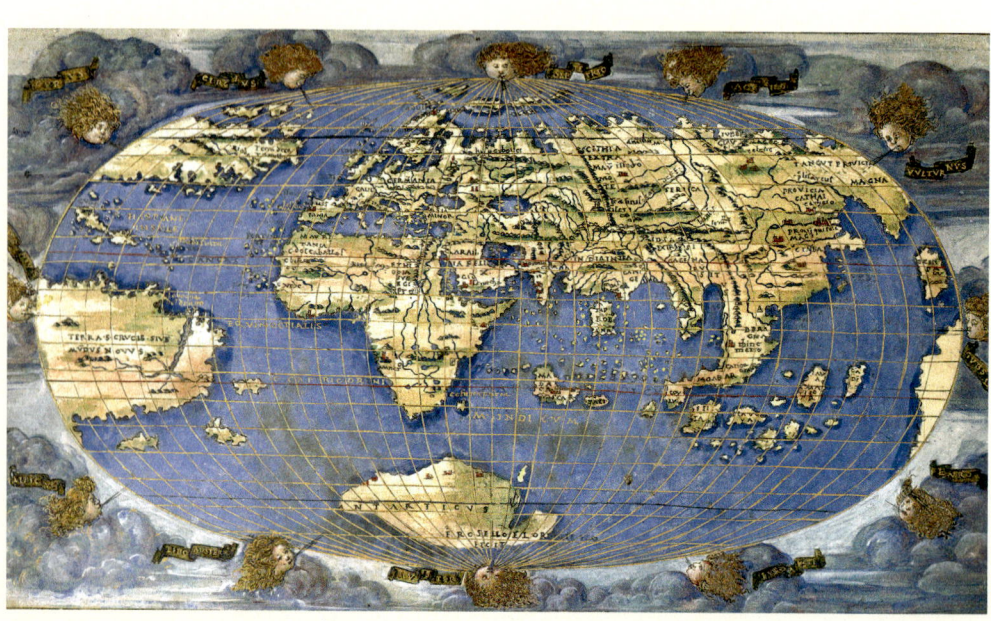

M1 Weltkarte des Anaximandros von Milet aus dem 6. Jh. v. Chr. (vereinfacht)

M2 Weltkarte des Francesco Rosselli aus Florenz von 1508

Musterlösung zu M1 und M2:

Schritt 1 •

→ Bei den zu vergleichenden Karten handelt es sich um historische Weltkarten.
→ Die Karte M1 wurde vermutlich im 6. Jh. v. Chr. hergestellt und wird dem griechischen Naturwissenschaftler Anaximandros zugeschrieben.
→ Das Entstehungsjahr von M2 ist konkret mit 1508 angegeben. M1 dürfte aus Milet stammen, da dies der Wirkungsort von Anaximandros ist.
→ M2 stammt von Francesco Roselli aus Florenz.
→ Die Karten M1 und M2 sind Weltkarten. Sie bilden die zu ihrer Entstehungszeit bekannten Kontinente ab.

Schritt 2 ••

→ Beide Karten wollen die Erde mit den in ihrer Zeit bekannten Kontinenten abbilden. M1 verzeichnet die Kontinente Europa, Asien und Afrika, welches als Libyen bezeichnet wird. M2 stellt die damals bekannten Kontinente Europa, Asien, Afrika, Amerika und Antarktis dar. Während M1 die Erde als Scheibe darstellt, geht M2 von der Kugelgestalt der Erde aus.

Schritt 3 •••

→ Gemeinsam ist beiden Karten M1 und M2, dass sie die Welt zeigen, wie sie sich die Gelehrten zur Zeit ihrer Entstehung vorstellten. M1 wurde im 6. Jh. v. Chr. in Milet hergestellt, wo der griechische Naturwissenschaftler Anaximandros lebte. M2 ist im Jahre 1508 in Florenz von Francesco Roselli hergestellt.
→ Deutliche Unterschiede weist die Darstellung der Erdgestalt und der Kontinente auf. Bei M1 fällt auf, dass der Mittelmeerraum und das Schwarze Meer gut zu erkennen sind. Die Erde ist als Scheibe dargestellt. In M2 hingegen ist die Erde als Kugel dargestellt. Der Doppel-Kontinent Amerika ist ebenfalls berücksichtigt.
→ In M1 sind die Kontinente wie Tortenstücke und in etwa gleich groß dargestellt. Sie entsprechen nicht ihrer tatsächlichen Gestalt. In M2 sind die Kontinente zu erkennen. Aber sie sind noch nicht in ihren realen Umrissen dargestellt.
→ Im abschließenden Vergleich stelle ich fest, dass M2 in der Darstellung der Erde der tatsächlichen Gestalt am ehesten entspricht und Rosellis Bild zur damaligen Zeit hochaktuell war.

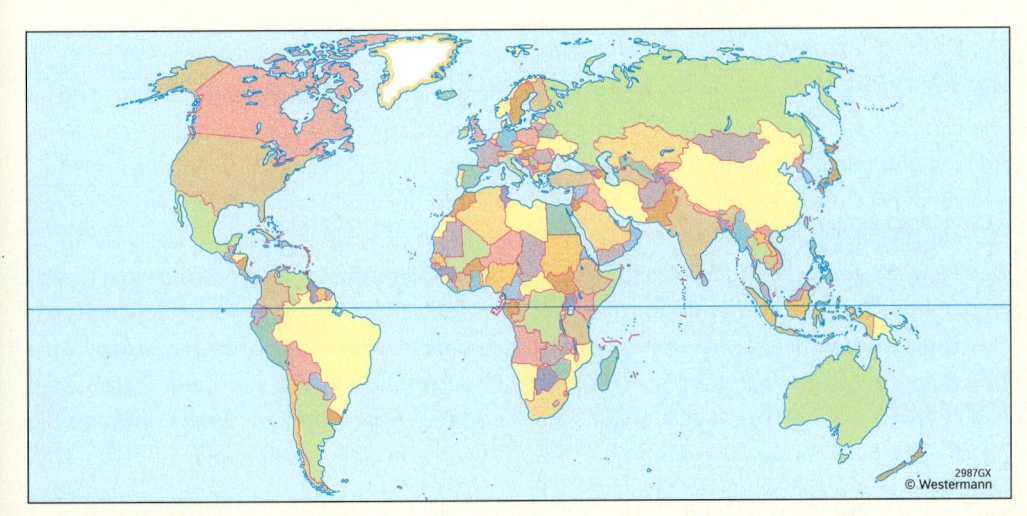

M3 Weltkarte von heute

1 *Vergleiche M2 und M3 anhand der Schritte von Seite 176.*

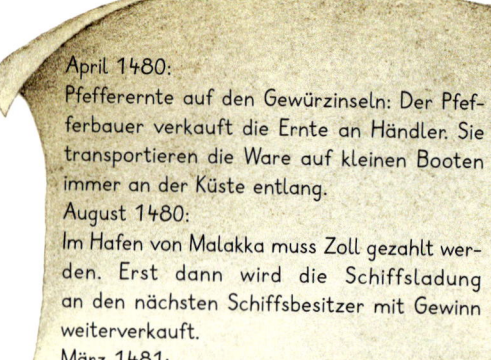

April 1480:
Pfefferernte auf den Gewürzinseln: Der Pfefferbauer verkauft die Ernte an Händler. Sie transportieren die Ware auf kleinen Booten immer an der Küste entlang.

August 1480:
Im Hafen von Malakka muss Zoll gezahlt werden. Erst dann wird die Schiffsladung an den nächsten Schiffsbesitzer mit Gewinn weiterverkauft.

März 1481:
Nach einem halben Jahr kommt die Ladung in Calicut in Indien an. Hier muss wieder Zoll gezahlt, die Ware verkauft und auf die nächsten Schiffe verladen werden. Dann Weiterfahrt zu den Häfen an der Küste des Indischen Ozeans. In jedem Hafen wiederholt sich das bekannte Verfahren. Und jeder Verkäufer erhöht den Preis, damit er Gewinn macht.

Mai 1481:
Ankunft in Aden nach gefährlicher Fahrt über den Indischen Ozean mit schweren Stürmen. Bei einem Piratenüberfall ging ein Schiff verloren. Von Aden geht es nach Dschidda. Dort werden die Waren Sack für Sack auf Kamele verladen. Die Karavanen bringen die Waren durch die Wüsten nach Kairo und Alexandria. Auch hierbei geht ein Teil der kostbaren Fracht an Räuber verloren.

Januar 1482:
In Alexandria sind hohe Zölle an den Sultan von Ägypten fällig. Nur Schiffe aus Venedig haben die Erlaubnis, die Waren nach Europa zu verfrachten.

März 1482:
Die begehrten Waren werden in Venedig an die europäischen Fernhändler verkauft – natürlich mit gutem Gewinn.

WES-101633-703
Interaktives Arbeitsblatt zum Schiffstyp Karavelle

M1 Der lange Weg der indischen Handelswaren

Neue Handelswege

T1 Der Orienthandel

Um 1500 waren Luxuswaren aus dem Orient wie Gewürze, Tee und wertvolle Stoffe bei Adligen und reichen Bürgern in ganz Europa sehr begehrt. Nur diese Menschen konnten sich solche Luxusgüter leisten.

Der Seeweg aus Asien nach Alexandria am Mittelmeer war eine Route für diese Waren. Ihr Transport bis ans Mittelmeer konnte bis zu zwei Jahre dauern. Der Landweg aus Ostasien nach Europa war noch zeitaufwendiger und beschwerlicher. Weil die Güter über viele Stationen immer weiterverkauft wurden, stieg ihr Preis ständig an. Nur die Kaufleute aus Venedig durften die Waren nach Europa transportieren. Sie trieben die Preise weiter in die Höhe.

Seit 1453 kontrollierten die Osmanen die Handelswege im östlichen Mittelmeerraum. Luxuswaren wurden knapp, die Preise explodierten. Venedigs Macht schwand. Es mussten andere Wege gefunden werden, um an die Waren aus Indien zu kommen.

1 Nenne die Stationen, die der Pfeffer von den Gewürzinseln bis nach Europa nahm (M1).
2 Arbeite heraus, wie lange der Transport des Pfeffers dauerte (M1).
3 Erkläre, warum der Preis für Pfeffer in Europa so hoch war (T1). *Kugellager*

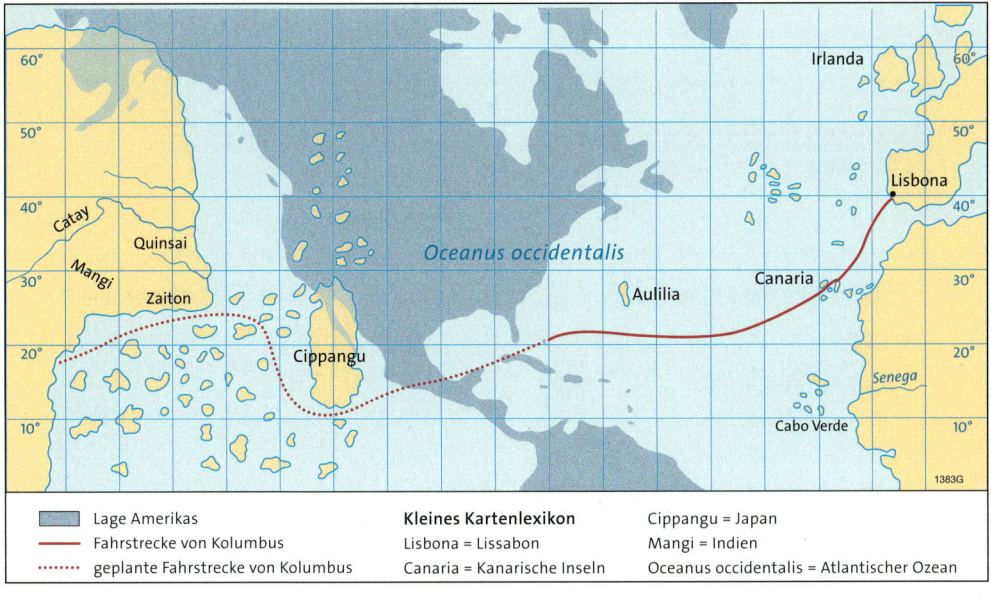

M2 Die Weltkarte des Paolo Toscanelli aus dem 15. Jahrhundert. Sie zeigt, wie sich Toscanelli und Kolumbus den Weg nach Indien und die Lage der Länder auf dem Weg dorthin vorstellten.

WES-101633-704
Hörszene zu Kolumbus' Aufbruch nach Westen

T2 Christoph Kolumbus entdeckt Amerika

Der Seefahrer Christoph Kolumbus aus Genua glaubte, Indien erreichen zu können, wenn er auf westlichem Kurs über den Atlantik segelte. 1492 hatte er das spanische Königspaar überzeugt, ihm eine Forschungsreise zu finanzieren. Natürlich erhofften sich die Herrscher große Reichtümer und Besitz an neuen Ländern, wenn Kolumbus mit seinem Unternehmen Erfolg haben sollte.

Mit einer Flotte von drei Schiffen ging er auf die gefährliche Reise. Als er die Insel Guanahani erreichte, glaubte er Westindien entdeckt zu haben. Die dort lebenden Ureinwohner nannte er daher Indianer. Bis zu seinem Tod erfuhr er nicht, dass er eine Insel des bis dahin unbekannten Kontinents Amerika erreicht hatte. Trotzdem gilt Kolumbus bis heute als <u>Entdecker Amerikas</u>.

Die Vergünstigungen, die Christoph Kolumbus erbeten hat …, sind …
Zum Ersten, dass Eure Hoheiten den … Christoph Kolumbus von jetzt an zu Ihrem Admiral über alle die Inseln und Festländer ernennen, die er entdeckt, auf Lebenszeit, und nach seinem Tode seine Erben und Nachfolger …
Außerdem, dass Eure Hoheiten den genannten Kolumbus zu Ihrem Vizekönig und Statthalter in allen oben genannten Inseln und Festländern, die er in den genannten Meeren entdecken oder gewinnen sollte, ernennen und dass Kolumbus von allen Waren für sich den zehnten Teil erhebe und behalte.

M3 Vertrag zwischen Kolumbus und dem spanischen Königshaus (1492)

Christoph Kolumbus (1451–1506)

Entdeckung Amerikas
Bereits vor der Ankunft der Europäer lebten in Amerika die Ureinwohner dieses Kontinents. Amerika musste also gar nicht erst „entdeckt" werden. Wenn von „Entdeckung" die Rede ist, ist gemeint, dass Europäer ihnen unbekannte Gebiete erstmalig erreichten.

4 Erkläre, warum das spanische Königspaar die Expedition des Kolumbus finanzierte (T2).
5 Gib wieder, was Kolumbus entdeckt hatte und was er glaubte, entdeckt zu haben (M2, T2).
6 Arbeite heraus, was Kolumbus vom spanischen Königshaus bewilligt wurde (M3).
7 Erkläre anhand von M2, warum Kolumbus an seinen Erfolg glaubte. *Bushaltestelle*
8 I Nenne möglichst viele Gründe dafür, dass Kolumbus auf Entdeckungsreise ging. *Hilfe*
II Erkläre die Ursachen der Reise von Kolumbus. *Hilfe*
III Erläutere die wirtschaftlichen Ursachen für die Reise von Kolumbus.

WES-101633-705
Erklärvideo zu Christoph Kolumbus

8.7.1497:
Unsere vier Schiffe mit 150 Mann Besatzung verlassen den Hafen von Lissabon mit Kurs Süd-West.

30.7.1497:
Kapverdische Inseln erreicht. Müssen Wasser und Lebensmittel ergänzen.

4.11.1497:
Endlich wieder Land in Sicht. Sankt-Helena-Bucht. Gehen an Land. Müssen Wasser und Lebensmittel aufnehmen. Schon 16 Tote durch Skorbut. Mannschaft braucht dringend Ruhe. Schiffe müssen repariert werden.

24.12.1497:
Weihnachten in Natal. Gehen an Land und tauschen bei Einheimischen Glasperlen gegen frisches Fleisch ein.

30.1.1498:
Große Ortschaft in Sicht: Kilimane. Müssen vor Anker gehen, weil Vorräte und Wasser knapp werden. Der Skorbut wütet wieder in unseren Reihen, sieben Tote.

4.3.1498:
Mozambique ist erreicht. Nehmen wieder Wasser auf. Es kommt zum Streit mit den Einheimischen. Lasse Warnschüsse aus unseren Bordkanonen abgeben.

7.4.1498:
Mombasa. Haltung der Einwohner feindlich. Nächtlicher Überfall kann abgewehrt werden.

17.4.1498:
Malindi. Sultan ist sehr freundlich. Gibt uns nach einigem Zögern einen Lotsen: einen Inder! Welch ein Glück!

21.5.1498:
Klarer Morgen. Land in Sicht! Der Inder meldet: „Wir sind da!" Wir lenken unsere Schiffe in den Hafen von Calicut.

Skorbut: lebensgefährliche Erkrankung durch Vitamin-C-Mangel

M1 So oder ähnlich könnten die Notizen von Vasco da Gama in seinem Logbuch gewesen sein.

Die Europäer entdecken neue Gebiete

T1 Vasco da Gama entdeckt den Seeweg nach Indien

Christoph Kolumbus hatte im Auftrag des spanischen Königspaares im Jahre 1492 den Seeweg nach Indien gesucht. Dabei hatte er sich auf westlichem Kurs gehalten und Amerika entdeckt.

Der Portugiese Vasco da Gama wollte auf einer anderen Route nach Indien gelangen. Im Jahre 1497 segelte er im Auftrag des portugiesischen Königs von Lissabon aus mit einer kleinen Flotte von vier Schiffen Richtung Süden. Er gelangte bis zur Südspitze Afrikas und umrundete diese. Dann fuhr er entlang der Ostküste Afrikas mit einigen Zwischenstopps auf nördlichem Kurs bis nach Malindi. Von dort aus wagte er den Weg über das offene Meer. Er überquerte den Indischen Ozean Richtung Nordosten. Am 21. Mai 1498 legte er im Hafen des indischen Calicut an.

In den folgenden Jahren gründeten die Portugiesen an den Küsten Afrikas und Indiens Handelsniederlassungen, die sie mit einer starken Flotte schützten.

Vasco da Gama (1469–1524)

1 Arbeite wichtige Informationen über die Reise von Vasco da Gama heraus (M1, T1). **Hilfe**

2 Suche im Atlas sieben Orte aus M1, die Vasco da Gama ansteuerte, und nenne den Namen des Landes, zu dem sie heute gehören. *Stühletausch*

3 Beurteile von der Zielsetzung her, ob Christoph Kolumbus oder Vasco da Gama mit ihrer Reise erfolgreich waren.

Erfindungen und Entdeckungen

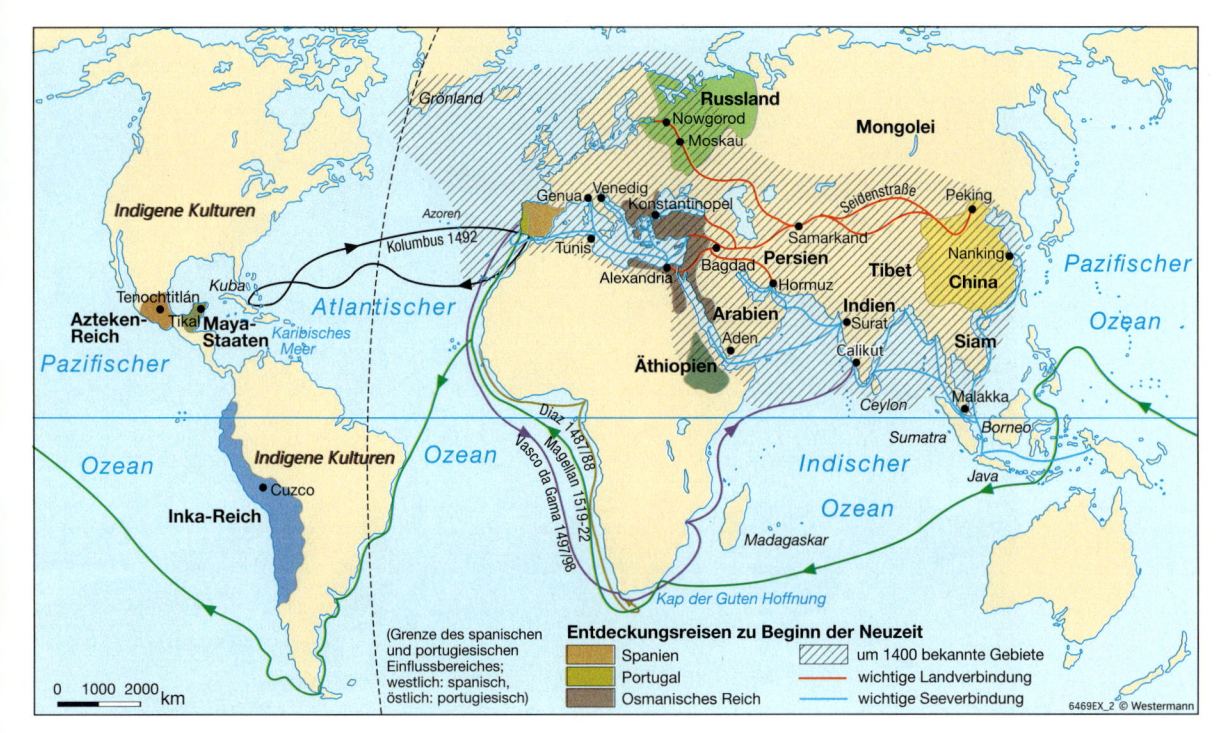

M2 Die wichtigsten Entdeckungsreisen zu Beginn der Neuzeit

T2 Die erste Weltumsegelung

Im Jahre 1519 brach eine spanische Flotte unter dem Befehl des portugiesischen Seefahrers Ferdinand Magellan von Spanien aus auf, um auf Westkurs die Erde zu umsegeln. Magellan starb unterwegs bei einem Kampf mit Einheimischen. Nur ein Schiff kehrte auf dem von Magellan vorgesehenen Kurs im Jahre 1522 nach Spanien zurück.

Ferdinand Magellan (1480–1521)

T3 Die Aufteilung der Welt

Die entdeckten Gebiete beanspruchten Spanien und Portugal für sich.
Papst Alexander VI. war damals das geistliche Oberhaupt der meisten Christen und wurde von den Herrschern Europas als neutraler Schiedsrichter in Streitigkeiten anerkannt. Er entwarf einen Teilungsplan, den die beiden Länder Spanien und Portugal 1494 annahmen und mit dem Vertrag von Tordesillas bestätigten.

> *Ihr habt euch vorgenommen, die genannten Inseln samt ihrer Bewohner euch zu unterwerfen und zum katholischen Glauben zu führen. Wir ... ermahnen euch, ... weiterhin die Völker zur Annahme des Christentums zu veranlassen. Deshalb übergeben wir euch als Stellvertreter Christi auf Erden die näher bezeichneten Inseln und Festländer.*

M3 Papst Alexander 1494

4 Beschreibe den „spanischen Weg" und den „portugiesischen Weg". *Marktplatz*
5 Berichte, welchen Beweis Magellan mit seiner Reise erbracht hat (T2).
6 Erkläre, welche Gegenleistung der Papst von Spaniern und Portugiesen erwartet (T3, M3).
7 I Nenne die Entdecker, ihre Reiseroute und das Ergebnis der Reise.
   II Entwickle Fragen für ein mögliches Interview mit einem der Entdecker.
   III Gestalte einen Kurzvortrag über wirtschaftliche Gründe und Entdeckermut als Motor der Entdeckungsreisen.

M1 Die Spanier und das Gold (kolorierter Kupferstich von Theodor de Bry, 1594)

Motive für Entdeckungsreisen

T1 Kolonien und Reichtum

Seefahrer wie Kolumbus, Vasco da Gama oder Magellan haben riskante und lebensgefährliche Reisen unternommen. Sie hatten es sich zur Aufgabe gesetzt, die Erde zu erforschen und neue Länder zu entdecken.

Gleichzeitig hofften sie auf schnellen Reichtum, auf Gold im Überfluss. Das waren Gründe für ihr Handeln. Sie sollten für ihre Könige neue Länder erobern und diese zu Kolonien machen. Dadurch würde der Reichtum und der Landbesitz vergrößert.

Auch wollten Spanier und Portugiesen die Ureinwohner missionieren, das heißt zum Christentum bekehren. Das wiederum war ganz im Sinne der katholischen Kirche und des Papstes. Schließlich wurden die Ureinwohner als billige Arbeitskräfte und Sklaven ausgebeutet.

Kolonien: ein Gebiet, das von einem anderen weit entfernten Staat beherrscht und meist ausgebeutet wird

11.–12. Oktober (1492): Ich rief die beiden Kapitäne, den Notar und sagte ihnen, dass ich im Namen des Königs von der genannten Insel Besitz ergreife. Sofort sammelten sich zahlreiche Eingeborene der Insel an. Ich glaubte, dass es sich um Leute handelte, die man besser durch Liebe als mit dem Schwerte retten und zu unserem heiligen Glauben bekehren könnte. Deshalb wollte ich sie zu Freunden zu machen ...

23. Dezember: Ich habe in der Umgegend schöne Stücke Goldes sammeln können. Gott helfe mir Goldminen zu finden, die es hier geben soll.

M2 Bordbuch des Kolumbus (bearbeitet)

1. Beschreibe das Bild M1.
2. Arbeite die Haltung des Kolumbus zu den Ureinwohnern und der Missionierung heraus (M2).
3. Erkläre, welches geschäftliche Interesse Kolumbus auf seiner Reise verfolgte (T1, M2).

T2 Ziele der Eroberer

Den Entdeckern folgten die Eroberer. Sie ließen verkünden, dass nun dem spanischen König nach Gottes Willen dieses Land gehöre. Es ging ihnen nicht um das Wohl der Ureinwohner, sondern ausschließlich darum, schnell zu Reichtum zu gelangen und die unterworfenen Völker auszubeuten.

> Als sie das Gold in ihren Händen hatten, brach Lachen aus den Gesichtern der Spanier hervor, ihre Augen funkelten vor Vergnügen, sie waren entzückt ... Nur nach Gold hungerten und dürsteten sie, es ist wahr! Sie schwollen an vor Gier und Verlangen nach Gold.

M3 Bericht eines Ureinwohners über die Spanier (Anfang 16. Jh.)

> Obgleich es unter den Spaniern hier gute Christen gibt, ... wird es kaum einen geben, der nicht gestünde, dass er unter dem Banner der Habgier gekämpft hat und dass der Hauptbeweggrund war, mehr in der Welt zu gelten und zu können und reicher zu werden, als er nach diesem Lande kam.

M4 Der Mönch Jerónimo de Mendieta 1562

> [Folgt ihr unseren Befehlen], dann ... erfüllt [ihr] eure Pflicht gegen ihre Hoheiten; dann werden wir ... euch mit Liebe und Güte behandeln, euch eure Frauen und Kinder und eure Äcker frei und ohne Dienstbarkeit belassen. Wir werden euch ... zwingen, Christen zu werden. Wenn ihr das aber nicht tut und böswillig der Verkündigung des Glaubens Schwierigkeiten in den Weg legt, dann werden wir ... mit Gottes Hilfe gewaltsam gegen euch vorgehen, euch unter das Joch und den Gehorsam der Kirche und ihrer Hoheiten beugen, euch selbst, eure Frauen und Kinder zu Sklaven machen.

M5 Aus einer Erklärung der spanischen Eroberer von 1513 (bearbeitet)

M6 Spanischer Priester bei der Zerstörung einer atztekischen Tempelanlage im 16. Jh.

4 Beurteile das Verhalten der Eroberer (M3, M4, M5, M6). *Placemat*

5 Vergleiche M1 und M3. *Hilfe*

6 I Stelle Gemeinsamkeiten und Unterschiede der Motive der Entdecker und Eroberer dar.
II Beurteile die unterschiedlichen Motive von Entdeckern und Eroberern.
III „Die Bekehrung zum Christentum war nur ein Vorwand zur Unterwerfung." Erkläre.

M1 Die Ruinen der Inka-Stadt Machu Picchu

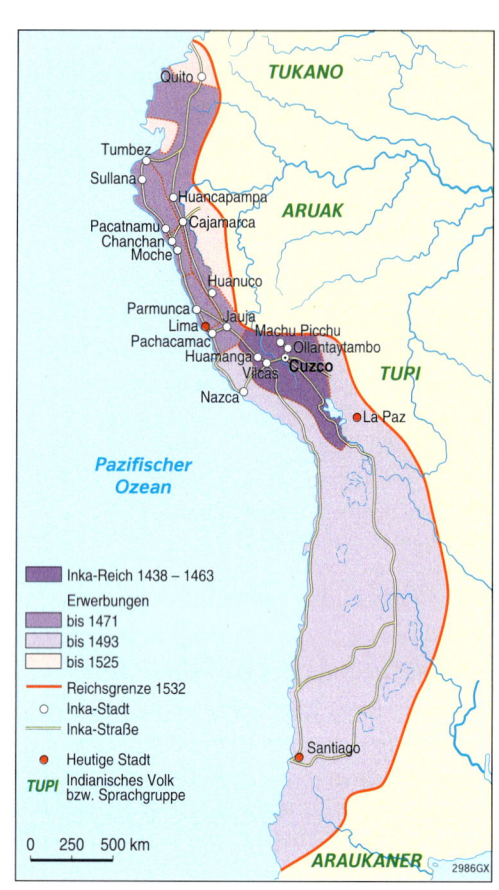

M2 Das Reich der Inka

Eine indigene Hochkultur

T1 Das Reich der Inka

Lange bevor die Spanier nach Südamerika kamen, entstand im 12. Jahrhundert das Reich der Inka mit der Hauptstadt Cuzco. Es entwickelte sich zu einer Hochkultur. Die Inka waren eine Adelsfamilie, aus der die Könige stammten. Der Inka war König und Stellvertreter des Sonnengottes. Im Inkareich gab es kein Privateigentum, denn alles gehörte dem Inka, und die Menschen mussten für ihn arbeiten. Dafür sicherte der Inka durch seine Beamten die Versorgung des Volkes mit Nahrung und Kleidung, auch im Krankheitsfall und im Alter.

T2 Gesellschaft und Leistungen der Inka

Geld gab es nicht. Das Gold galt als Symbol für den Sonnengott und wurde nur zur Herstellung von Schmuck und Kultgegenständen verwendet.

Die Gesellschaft war in eine feste Rangordnung gegliedert, in welcher der Inka oberster Herrscher war. Ihm unterstanden die Adligen und führenden Beamten. Das Volk musste ihren Anordnungen Folge leisten.

Eine gut organisierte Verwaltung und ein ausgebautes Straßennetz sicherten den Zusammenhalt dieses großen Reiches. Baukunst, Wasserversorgung und Astronomie waren auf einem hohen Stand. Trotzdem kannte man keine Reittiere oder Wagen. Lasten wurden von Menschen oder Lamas befördert. Eine Schrift gab es nicht, allerdings wurden Zahlen und Mengenangaben in Knotenschnüren dargestellt.

Hochkultur:
Sie zeichnet sich durch folgende Merkmale aus:
- gute Verwaltung
- große Städte
- Versorgungssystem für die Menschen
- viele verschiedene Berufe
- technisch und kulturell hohe Entwicklung

M3 Bauern bei der Arbeit für den Inka

M4 Der Inka und ein Beamter mit Knotenschnur

Binnen weniger Jahrzehnte erringen die Inka die Herrschaft über 250 Völker mit rund 9 Millionen Menschen, über 4600 Kilometer und 37 Breitengrade – ohne Pferde, ohne Rad, ohne Eisen. Überall treiben die Inka ihr grandioses Räderwerk an: jene allumfassende Planwirtschaft, die ihr (landwirtschaftlich geprägtes) Riesenreich am Laufen hält und gewährleistet, dass keiner ihrer Untertanen hungern muss. Der gesamte Boden gehört dem Staat, bestellt von singenden Arbeitsheeren, die mühsam mit dem Grabstock den Boden pflügen. Die „Felder des Inka" ernähren den Hof und die Beamten, die „Felder der Sonne" die Priester, Tempeldiener und religiösen Künstler. Die übrigen Äcker weisen die Beamten den Bauern selbst zu, damit sie dort für den Eigenbedarf Kartoffeln oder Mais anbauen können. Staatliche Magazine verteilen die Ernte, geben Almosen an Bedürftige, horten Vorrat für Missernten, Brände, Erdbeben und Überschwemmungen. Und weil jeder zu essen hat, muss auch jeder arbeiten. Schon die Kinder, so hat es der Inka Pachacuti bestimmt, schuften auf den Feldern, scheuchen Vögel aus dem Mais, schleppen Stroh und Feuerholz, sammeln Schnecken und Pilze. Faulheit und Müßiggang sind Diebstahl am Ganzen und werden bestraft. ... Beinamputierte können immer noch Stoffe weben, Körperbehinderte als Hofnarren auftreten. Erst mit 80 Jahren endet die Arbeitspflicht.

M5 Aus einem heutigen Bericht über das Inkareich

1. Beschreibe M1, indem du auf bauliche Besonderheiten eingehst.
2. Nenne mithilfe eines Atlas diejenigen heutigen Staaten, über die sich das Inkareich erstreckte (M2). *Stühletausch*
3. Berichte über den Aufbau der Hochkultur der Inka (T1, T2).
4. Beschreibe M3 und M4. *Hilfe*
5. Arbeite die wichtigsten Informationen über das Inkareich heraus (M5).
6. I Begründe, weshalb das Inkareich als eine Hochkultur anzusehen ist.
   II Gestalte einen Bericht über die Hochkultur des Inkareichs.
   III Beurteile die Art und Weise, in der das Leben der Menschen im Inkareich geregelt war.

M1 Der Inka-König Atahualpa wird von den Spaniern gefangen genommen. (Kupferstich, 16. Jh.)

Zerstörung einer Hochkultur

T1 Die Ermordung des Inka-Herrschers

Der spanische Eroberer Francisco Pizarro erforschte die Westküste Südamerikas. Dabei erfuhr er vom unermesslichen Reichtum der Inka. Im Jahre 1529 erhielt er von Kaiser Karl V. das Recht, Gebiete in Südamerika zu unterwerfen. 1532 begann er seinen Eroberungszug ins Innere des Inka-Reiches. Mit 180 Mann und zirka 40 Pferden begab er sich auf den Kriegszug.

Die Spanier waren bewaffnet mit Musketen, Armbrüsten, Lanzen, Piken und Geschützen. Bei dem Ort Cajamarca traf Pizarro mit seinem Heer auf den Inka-Herrscher Atahualpa und sein Gefolge. Atahualpa wurde gefangen genommen. Die Spanier töteten 6000 Inka-Krieger; Todesopfer aufseiten der Spanier gab es nicht. Atahualpa ließ als Lösegeld seine Gefängniszelle ungefähr zwei Meter hoch mit Gold füllen. Dennoch wurde er auf Pizarros Befehl hingerichtet.

M2 Pizarro kniet zur Begrüßung vor Atahualpa nieder. Wenig später nehmen die Spanier den Inka gefangen (Handschrift, 1615).

[Der Mönch Valverde sagte]: „Der Papst hat Macht über alle Herrscher der Welt. Er hat dem spanischen Kaiser den Auftrag erteilt, die Indianer zu unterwerfen und zu bekehren. Francisco Pizarro ist jetzt gekommen, diesen Befehl zu erfüllen. Ich fordere dich, Atahualpa, auf, eurem Irrglauben abzuschwören und das Christentum anzunehmen. Ihr sollt anerkennen, dass ihr dem spanischen König steuerpflichtig seid."

[Der Inka Atahualpa erwiderte]: „Ich werde keinem steuerpflichtig sein, denn ich bin der größte Fürst der Erde. Wie kann der Papst Länder verschenken, die ihm nicht gehören? Meinen Glauben werde ich nicht ablegen. Euer Gott ist von den Menschen getötet worden. Mein Gott – bei diesen Worten zeigte er auf die Sonne – lebt im Himmel und blickt auf seine Kinder herab."

M3 Aus einem zeitgenössischen Bericht des Fray Celso Garcia (vereinfacht)

T2 Die Zerstörung des Inkareichs

Die Spanier eroberten Cuzco, die Hauptstadt des Inkareiches, im Jahre 1533. Die Stadt bot den Spaniern einen beeindruckenden Anblick. Sie besaß ein geplantes Straßennetz, viele Tempel, großartige Paläste und einige Festungen. In Cuzco lebten zu dieser Zeit ungefähr 200 000 Menschen in ungefähr 20 000 massiven Häusern. Mit der Ermordung Atahualpas und der Eroberung Cuzcos begann der Niedergang des Inkareiches. 1572 wurde der letzte Inka von den Spaniern hingerichtet. Damit existierte das Inkareich nicht mehr.

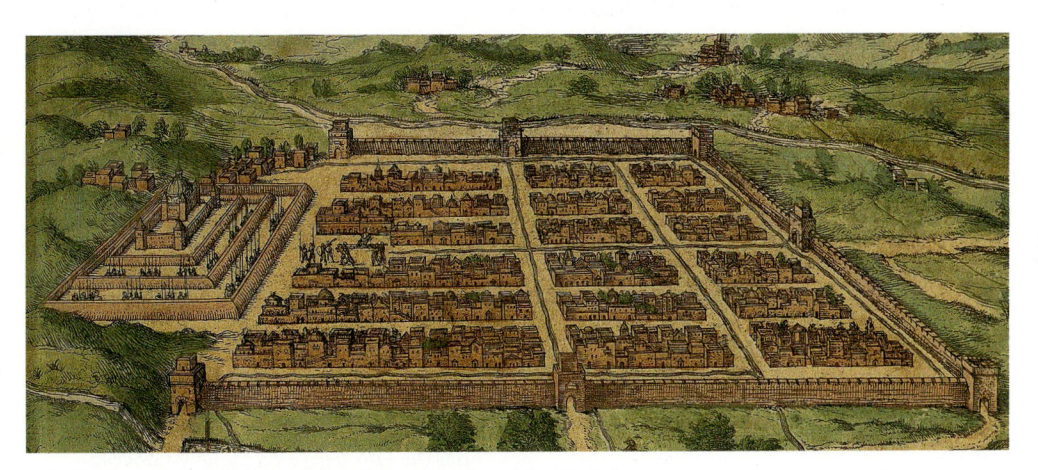

M4 Cuzco – Hauptstadt des Inkareiches (Kupferstich, 16. Jh.)

1 *Beschreibe das Geschehen in M1 oder M2.* Hilfe

2 *Erkläre, warum die Inka trotz ihrer Überzahl den Spaniern unterlegen waren (T1).*

3 *a) Vergleiche die Aussagen von Valverde und Atahualpa (M3).*
b) Beurteile sie.

4 *Atahualpa zahlt Lösegeld, wird aber dennoch getötet. Bewerte das Verhalten der Spanier bei diesem Ereignis.* Marktplatz

5 *Gestalte eine Zeittafel zur Eroberung des Inkareiches (T1, T2).*

6 I *Fasse die Eroberung des Inkareiches in vier Schritten zusammen.*
II *Gestalte einen Bericht zu M1 und M3 aus Sicht eines Angehörigen des Inkareichs.*
III *Bei der Eroberung des Inkareiches wird auch von der „geköpften Kultur" gesprochen. Erkläre diesen Begriff.*

Textquellen vergleichen

Bei der Untersuchung einer Textquelle ist immer zu berücksichtigen, dass der Verfasser eine bestimmte Perspektive, also eine ganz spezielle, persönliche Sichtweise, auf die Ereignisse hat und sie entsprechend bewertet.

Beim Vergleich zweier Textquellen zu einem historischen Ereignis oder einer Entwicklung müssen also stets auch die Perspektiven der jeweiligen Verfasser herausgearbeitet und einander gegenübergestellt werden.

Schritt 1 ●

Angaben zur Textquelle sammeln

→ Werte die beiden Textquellen aus. Benutze dazu die Methodenseite „Textquellen auswerten" auf den Seiten 152/153. Notiere Stichpunkte zu beiden Quellen über Textsorte, z. B. Urkunde, Brief, Chronik usw., Verfasser, Zeitpunkt und Thema der Quelle.

Schritt 2 ●●

Sichtweisen der Textquellen erfassen

→ Fasse den Inhalt beider Quellen stichwortartig zusammen.

→ Erkläre, welche Perspektiven du in den beiden Textquellen erkennen kannst, welche Auffassung der jeweilige Verfasser vertritt. Stimmen sie überein oder sind sie gegensätzlich?

Schritt 3 ●●●

Ergebnisse auswerten und einen Text formulieren

→ Fasse alle Ergebnisse und Erkenntnisse aus deinem Quellenvergleich in einem Text zusammen.

→ Berücksichtige auch, ob sich aus dem Inhalt der Textquellen mögliche Konflikte entwickeln können.

→ Notiere noch offene Fragen.

Juan Ginés de Sepulveda (1490–1573)

Barbaren: abwertende Bezeichnung für rohe und ungebildete Menschen

Sagt, mit welcher Berechtigung und mit welchem Recht haltet ihr diese Indios in so grausamer und schrecklicher Sklaverei? Was ermächtigt euch, so verabscheuungswürdige Kriege gegen diese Menschen zu führen, die friedlich und ruhig in ihrem eigenen Land lebten. Kriege, in denen ihr unendlich viele von ihnen mit ... Mord und Zerstörung vernichtet habt? ... ihr tötet sie, nur um jeden Tag Gold herauszupressen und zu erhalten. Und was kümmert euch, wer sie im Glauben unterweist, damit sie ihren Gott kennenlernen, getauft werden ... Sind sie keine Menschen? Haben sie keine vernunftbegabten Seelen? Seid ihr nicht verpflichtet, sie zu lieben wie euch selbst?

M1 Aus der Predigt eines Geistlichen vor der spanischen Bevölkerung (um 1540)

Dank ihrer Tugenden und der praktischen Weisheit ihrer Gesetze können die [Spanier] ... diese Völker lehren, ein menschliches und tugendhaftes Leben zu führen. Und wenn sie diese Regeln ablehnen, darf man sie ihnen mit Waffengewalt aufzwingen. ..., dass die Spanier völlig zu Recht über die Barbaren der Neuen Welt herrschen, ... die, was Weisheit, Intelligenz, Tugend und Menschlichkeit betrifft, den Spaniern in gleicher Weise untergeordnet sind wie ... die Frau dem Mann. Zwischen ihnen besteht der gleiche Unterschied wie zwischen grausamen, wilden Völkern und den allbarmherzigsten Nationen ... wie zwischen Affen und Menschen.

M2 Der spanische Gelehrte Juan Ginés de Sepulveda 1545 zur Lage in Mittel- und Südamerika

Musterlösung:

Schritt 1 ●

→ M1: Predigtausschnitt – nicht genannter Geistlicher – gerichtet an Spanier in den Kolonien – 1540.
M2: Schrift des spanischen Gelehrten de Sepulveda von 1545.
→ Thema in beiden Texten: Behandlung der Indigenen durch die Spanier.

Schritt 2 ●●

→ M1: Beschreibung von Versklavung und Vernichtung der Indigenen.
M2: Rechtfertigung dieses Verhaltens, Spanier seien wegen ihrer angeblichen Tugend und Weisheit befugt, Indigene auch mit Gewalt zu unterwerfen.
→ M1: Parteinahme für die Indigenen, scharfe Kritik am Verhalten der Spanier.
M2: Rechtfertigungsversuch.
Die beiden Verfasser vertreten gegensätzliche Auffassungen, es handelt sich um unterschiedliche Perspektiven.

Schritt 3 ●●●

→ Text M1 stammt aus der Predigt eines Geistlichen vor den Spaniern in den Kolonien um 1540. M2 ist ein Auszug aus einer Schrift des spanischen Gelehrten de Sepulveda von 1545.
→ In beiden Quellen geht es um die Behandlung der Einheimischen durch die Spanier.
→ In M1 beschreibt der Geistliche die Versklavung und Vernichtung der Indigenen und kritisiert die Spanier heftig dafür. De Sepulveda rechtfertigt in M2 hingegen dieses Verhalten, da die Spanier wegen ihrer angeblichen Überlegenheit berechtigt seien, die Indigenen mit Gewalt zu unterwerfen. Und er vergleicht dazu das Verhältnis zwischen Spaniern und Indigenen mit dem zwischen Menschen und Affen.
→ Die gegensätzlichen Haltungen in M1 und M2 können zu Diskussionen geführt haben. Die Lage der Ureinwohner jedoch wurde nicht verbessert.

Deshalb befehle ich euch, Unserem Gouverneur, dass ihr künftig die Indianer antreibt, mit den Christen Umgang zu pflegen, in ihren Häusern zu arbeiten, Gold und andere Metalle zu schürfen und Landarbeit für die auf der Insel ansässigen Christen zu leisten, und dass ihr jedem für den Arbeitstag Tagelohn ... geben lasst ..., dass ihr jedem [Häuptling] auferlegt, eine bestimmte Anzahl Indianer bereitzuhalten, um sie zur Arbeit einsetzen zu können, und damit sie sich an den Festtagen ... zusammenfinden, um ... über die Dinge des Glaubens zu hören und darin unterrichtet zu werden. Die genannten Verpflichtungen sollen sie als freie Personen leisten ... nicht als Sklaven. Ihr habt dafür zu sorgen, dass die Indianer gut behandelt werden.

M3 Aus einer Anweisung der spanischen Königin vom 20. Dezember 1503

Es ist zu berichten, wie der Gouverneur die Verfügung durchführte ... Der Erziehung, Belehrung und Bekehrung der Indianer wurde nicht mehr Aufmerksamkeit zugewendet, als wenn die Indianer Katzen oder Hunde gewesen wären. ... Die zweite Vorschrift, dass jeder [Häuptling] ... eine bestimmte Anzahl von Leuten zu stellen habe, führte der Gouverneur so aus, dass er die zahlreiche Bevölkerung dieser Insel vernichtete; er übergab nämlich jedem Spanier, der den Wunsch dazu äußerte, dem einen fünfzig, dem anderen hundert Indianer, ... darunter Kinder und Greise, schwangere Frauen und Wöchnerinnen, ja selbst die Könige dieser Völker.

M4 Aus einem Bericht des Bartolomeo de las Casas, Bischof von Chiapas, aus dem Jahre 1552 an den spanischen König

Bartolomeo de las Casas (1484–1566)

1 Vergleiche die Textquellen M3 und M4. Orientiere dich an den Schritten auf Seite 188.

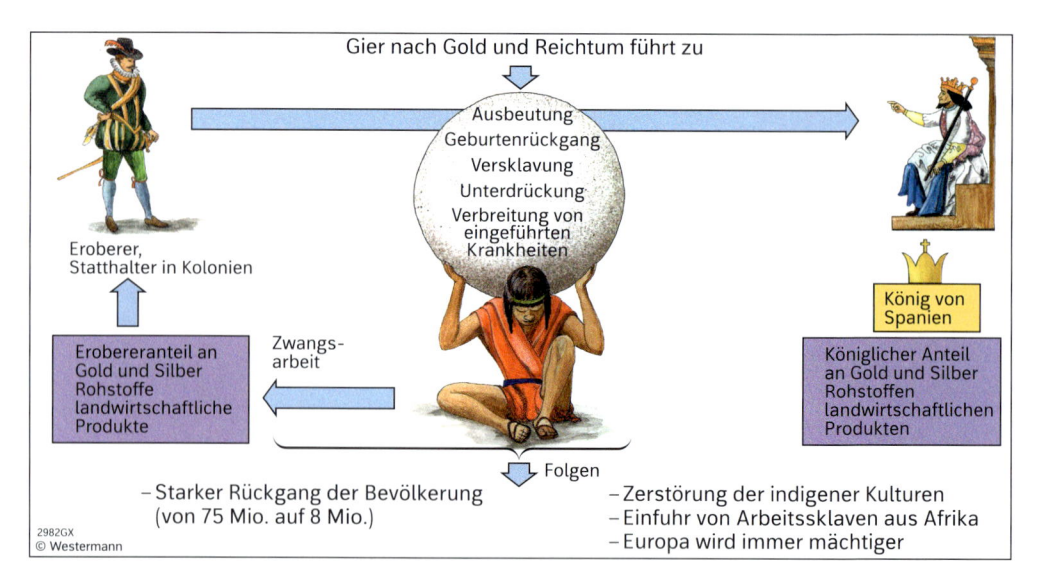

M1 Folgen der Eroberungen für die Einheimischen

Gier nach Gold und Reichtum führt zu

- Ausbeutung
- Geburtenrückgang
- Versklavung
- Unterdrückung
- Verbreitung von eingeführten Krankheiten

Eroberer, Statthalter in Kolonien

König von Spanien

Erobereranteil an Gold und Silber, Rohstoffe, landwirtschaftliche Produkte

Zwangsarbeit

Königlicher Anteil an Gold und Silber, Rohstoffen, landwirtschaftlichen Produkten

Folgen:
- Starker Rückgang der Bevölkerung (von 75 Mio. auf 8 Mio.)
- Zerstörung der indigener Kulturen
- Einfuhr von Arbeitssklaven aus Afrika
- Europa wird immer mächtiger

Die Folgen der Eroberungen

T1 Die Lage der Indigenen

Mit ähnlichen Mitteln wie Francisco Pizarro hatte der Eroberer Hernan Cortez von 1519 bis 1522 im heutigen Mexiko das Reich der Azteken erobert und deren Hochkultur vernichtet. Die Länder Mittel- und Südamerikas wurden von den Spaniern in der Folgezeit zu Kolonien gemacht, planmäßig ausgebeutet und die Ureinwohner zur Sklavenarbeit gezwungen. Die indigenen Völker wurden abwertend Indianer genannt. Vielen Menschen ist nicht bewusst, dass diese Bezeichnung diskriminierend und rassistisch ist. Die Folgen dieser Vorgänge sind noch heute sichtbar, weil die Angehörigen der indigenen Völker nach wie vor in Armut leben.

Die Spanier schleppten die verheirateten Männer zum Goldgraben fort und die Frauen blieben in den Häusern und auf den Farmen zurück, um dort die Feldarbeit zu verrichten. ... So kam es, dass die Geburten fast aufhörten. Die neugeborenen Kinder konnten sich nicht entwickeln, weil die Mütter, von Anstrengungen und Hunger erschöpft, keine Nahrung für sie hatten. Aus diesem Grunde starben zum Beispiel auf der Insel Kuba 7000 Kinder im Laufe von drei Monaten; einige Mütter erdrosselten vor Verzweiflung ihre Kinder. So starben die Männer in den Goldminen, die Frauen auf den Farmen vor Erschöpfung. Weite Gebiete, einst von Menschen mit hoher Kultur bewohnt, sind heute entvölkert.

M2 Bischof Bartolomeo de las Casas an Karl V.

„Indianer" ist eine Fremdbezeichnung. Das bedeutet, dass die indigenen Völker Amerikas sich niemals selbst so bezeichnet haben, sondern die Kolonialisten den vermeintlich barbarischen Ureinwohnern diesen Namen gegeben haben. Damit steht die Bezeichnung auch für die versuchte Ausrottung der indigenen Volksgruppen durch Massenmord, Zwangsarbeit und Deportationen ... Der Hass gegen die indigenen Volksgruppen war so groß, dass in Städten Prämien für ihre Köpfe ausgeschrieben wurden ... Zuletzt wurde den überlebenden Volksgruppen in Reservaten ihre Kultur genommen ... Kinder wurden von ihren Eltern getrennt und in Internate gesteckt, wo ihnen ihre Muttersprache verboten wurde.

M3 Aus einem Internet-Beitrag (27.04.2021)

M4 Sklaventransport in Afrika (Holzstich, 1882)

T2 Der Dreieckshandel

Millionen von Ureinwohnern Südamerikas waren durch die Spanier ums Leben gekommen. Nun fehlten die billigen Arbeitskräfte in Bergwerken, auf Plantagen und Farmen. Deshalb brachten europäische Sklavenhändler Afrikaner als Sklaven über den Atlantik. Die Lebensbedingungen auf den Sklavenschiffen waren so schlimm, dass sehr viele die Reise nicht überlebten.

> Menschen wurden als Waren angesehen, um gegen europäische Produkte ausgetauscht zu werden. Also wurden besonders Schießpulver, Gewehre und Tabak, aber
> 5 auch geringwertige Sachen wie Spiegel, Messer, Nähnadeln, Zwirn und dergleichen nach Afrika gebracht.

M5 Der deutsche Sklavenhändler J. Nettelbeck über den Dreieckshandel (1772)

M6 Schema des Dreieckshandels

---

1 Erläutere die Ursachen für den hohen Rückgang der einheimischen Bevölkerung (M1, M2).
2 Gib wieder, wer Vorteile von der Ausbeutung der Bevölkerung hatte (M1, M2).
3 Diskutiert über die Verwendung der Bezeichnungen Indianer oder indigene Völker (T1, M3).
4 Nenne diejenigen Güter, die im Dreieckshandel nach Europa gelangten (M6).
5 Erkläre, wie der Dreieckshandel mit Waren und Sklaven funktionierte (T2, M5, M6).
6 Beschreibe, wie die Afrikaner behandelt wurden (M4). *Think – Pair – Share*
7 I Beschreibe die Folgen der Eroberungen für die Einheimischen.
   II Erläutere den Zusammenhang zwischen kolonialer Ausbeutung und Dreieckshandel.
   III Beurteile das Verhalten der spanischen Eroberer und der Sklavenhändler.

Erfindungen und Entdeckungen

1. Erfindungen und Entdeckungen

▮▮ Im Rätsel M1 sind zehn Begriffe versteckt, die eine Erfindung bzw. Entdeckung und ihre Folgen bezeichnen. Finde diese Begriffe heraus. Notiere in dein Heft.

▮▮ Jeweils zwei der Begriffe gehören inhaltlich zusammen. Erkläre den Zusammenhang.

▮▮▮ Erkläre anhand dieser Begriffe, warum wir die Zeit um 1500 als den Beginn der Neuzeit bezeichnen.

A	F	M	D	A	C	B	K	A	S	F	Q	W	E	R	P
Q	W	A	Z	U	I	K	O	M	P	A	S	S	O	P	E
Y	V	L	T	R	E	W	P	D	S	F	G	H	J	K	R
M	K	E	A	B	Z	Q	E	E	E	W	R	E	T	T	S
N	B	R	F	Ü	X	V	R	Z	E	R	E	T	Q	A	P
O	L	E	I	C	H	E	N	Ö	F	F	N	U	N	G	E
P	D	I	G	H	E	B	I	A	A	N	E	C	H	T	K
Q	R	P	B	E	I	W	K	E	H	R	T	A	S	H	T
R	U	S	U	R	L	A	U	L	R	U	M	N	U	Y	I
S	C	D	I	Q	U	L	S	A	T	D	F	C	A	N	V
T	K	K	L	W	N	S	S	D	T	R	A	N	M	O	E
V	E	H	M	E	G	E	F	A	P	O	I	U	Z	T	R
W	R	O	C	R	Y	R	B	C	L	K	H	G	F	D	S
N	E	U	E	S	W	E	L	T	B	I	L	D	S	O	S
E	I	R	T	Z	U	I	L	O	P	B	A	W	Q	P	K
Z	O	R	A	D	R	A	E	S	T	U	V	W	X	Z	Y

M1 Rätsel

2. Warum unternahmen die Europäer Entdeckungsreisen?

Aussage	richtig	falsch
a) Kolumbus entdeckte 1492 den Seeweg nach Indien.		
b) Kolumbus reiste im Auftrag des spanischen Königs nach Westen über den Atlantik.		
c) Vasco da Gama umsegelte 1497 das Kap der guten Hoffnung und gelangte so nach Amerika.		
d) Vasco da Gama segelte im Auftrag des portugiesischen Königs.		
e) Magellan benötigte für seine Weltumsegelung sechs Jahre.		
f) Magellan kam wohlbehalten 1521 in Spanien an.		
g) Die Eroberer wollten die indigenen Völker nur zum Christentum bekehren.		
h) Über die neuen Seewege sollten Luxusgüter schneller und billiger nach Europa gelangen.		

▮▮ Entscheide, ob die Aussagen a) bis h) richtig oder falsch sind. Notiere in dein Heft.
▮▮ Korrigiere die falschen Aussagen.
▮▮▮ Bereite einen Kurzvortrag über die Entdecker vor, indem du die richtigen Aussagen verwendest.

600 v. Chr Geozentrisches Weltbild nach Thales

150 n. Chr. Ptolemäus: heliozentrisches Weltbild

1450 Johannes Gutenberg erfindet den Buchdruck

1492 Kolumbus landet auf Guanahani

1494 Vertrag v. Tordesill.

Wissen und Können

3. Wie wurden die Indigenen von den Eroberern behandelt?

Erkläre, auf welches historische Ereignis sich das Logo M2 bezieht.
Arbeite heraus, welche Folgen dieses historischen Ereignisses kritisiert werden.
Beurteile die Aussage des Plakats M3.

M2 Gegner der 500-Jahr-Feier entwarfen 1992 ein eigenes Logo

M3 Demonstration am „Columbus day" am 12. Oktober 2011 in San Juan Capistrano, USA

Ausbeutung   Missionierung
Gold   Kolonien   Macht   Handel

M4 Motive der Entdecker

Erkläre die Begriffe und ihren Zusammenhang mit den Motiven der Europäer für die Entdeckungsreisen.
Verfasse mithilfe der Begriffe einen kurzen Text über die Motive der Europäer für die Entdeckungsreisen.
Nimm Stellung zu den Motiven der Europäer für die Entdeckungsreisen.

1519–1522
Magellan umsegelt die Welt

Eroberung und Zerstörung des Inka-Reichs

Dreieckshandel

1510   1540   1650

WES-101633-706
Lösungen zu Wissen und Können

Worterklärungen

A

Abgaben
Festgelegte Steuern und Anteile an Ernteerträgen und Vieh, die die Bauern an ihren Grundherren abgeben mussten.

Abt
Der Vorsteher eines Klosters, der von den Mönchen gewählt wurde.

Äbtissin
Die Vorsteherin eines Frauenklosters, die von den Nonnen gewählt wurde.

Adelsherrschaft (Aristokratie)
Herrschaft der Besten.

Ädil
Beamter im antiken Rom, der sich um öffentliche Angelegenheiten, Sicherheit und Ordnung kümmerte.

Akropolis
Griechische Bezeichnung für den Burgberg in Athen.

Allmende
Wälder, Weiden, Gewässer und Ödland, die um ein Dorf herum liegen und allen Gemeindemitgliedern gehören. Das Land kann von allen genutzt werden.

Altmensch
Die Altmenschen, auch Neandertaler genannt, lebten vor etwa 250 000 Jahren in Europa. Sie wurden bis zu 1,60 m groß und hatten eine gedrungene Gestalt. Ihr Gehirn war größer als das der Frühmenschen.

Altsteinzeit
Frühester und längster Abschnitt der Steinzeit. Sie begann vor etwa drei Millionen Jahren und dauerte bis etwa 10 000 v. Chr. In dieser Epoche lebten die Menschen als Jäger und Sammler.

Amerika
1492 von Christoph Kolumbus als erstem Europäer auf der Suche nach einem Seeweg nach Indien entdeckter Kontinent, der ab dem 15. Jh. von Spanien und Portugal zunehmend erobert und ausgebeutet wurde.

Amphitheater
Römisches Freilichttheater, in dem z. B. Gladiatorenspiele stattfanden.

Antike
Die Zeit der griechisch-römischen Kultur. In ihr wurden die Grundlagen für die heutigen Demokratien geschaffen. Sie reicht von 500 v. Chr. bis 500 n. Chr. Die Antike bildet gemeinsam mit dem Christentum die Grundlage der abendländischen Kultur.

Apostel
(gr. = Gesandter) Die Apostel sind die zwölf Jünger Jesu.

Aquädukt
Brücken der Römer, auf denen Wasser aus den Flüssen in die Städte geleitet wurde.

Arbeitsteilung
Als Arbeitsteilung bezeichnet man die Aufteilung unterschiedlicher Arbeiten und ihre Verteilung auf verschiedene Berufe. Sie setzt am Ende der Jungsteinzeit ein.

Archäologe / Archäologin
Wissenschaftler, die sich mit dem Aufspüren, Ausgraben und Auswerten von Bodenfunden beschäftigen.

Aristokratie
Staatsform, bei der ein bevorzugter Teil des Volkes herrscht. Herrschaft der „Besten" (Adligen).

B

Bandkeramik
Abschnitt der Jungsteinzeit, in der Tongefäße mit bandförmigem Schmuck verziert wurden.

Barbaren
Bezeichnung der Hellenen für Menschen, die kein Griechisch sprachen.

Bildquelle
Bildliche Überlieferungen der Vergangenheit. Sie können sehr unterschiedlich sein und bis weit in die Menschheitsgeschichte zurückreichen. Zu den Bildquellen zählen Höhlenmalereien, Karten, Fotos, Vasenmalereien, Dias und vieles mehr.

Brache
Unbebautes, brachliegendes Land, das mit Gras oder Unkraut bewachsen ist.
Es wurde zur Erholung des Bodens ein Jahr lang nicht mit Getreide bepflanzt.

Bronzezeit
Epoche zwischen 2500 und 800 v. Chr., in der sich die Verarbeitung von Bronze

für Werkzeuge, Waffen und Schmuck durchsetzte.

Bürgerrecht
Wer das Bürgerrecht besitzt, der kann an politischen Wahlen teilnehmen und auch selbst gewählt werden. Im Mittelalter besaßen nur die freien Stadtbewohner das Bürgerrecht.

C

Chronik
Ein Geschichtsbuch, in dem die Ereignisse nach Jahreszahlen geordnet dargestellt sind.

D

Demokratie
(gr. = Volksherrschaft) So wird ein Staat genannt, in dem die Herrschaft vom Volk ausgeht.

Dreieckshandel
Fachbegriff für den Sklavenhandel zwischen Amerika, Afrika und Europa ab dem 16. Jh. Der An- und Verkauf rechtloser Afrikaner durch europäische Handelskompanien begann. Im Gegenzug erhielten afrikanische Stammesführer Exportgüter aus Amerika.

Dreifelderwirtschaft
Die Dreifelderwirtschaft war ein Anbausystem in der Landwirtschaft, das etwa 800 n. Chr. entwickelt wurde. Es wurde abwechselnd Sommer- und Wintergetreide angebaut. Ein Drittel der Anbaufläche blieb ungenutzt – um den Boden zu schonen.

E

Eiszeit
In den letzten 600 Millionen Jahren kam es auf der Erde zu mehreren starken Abkühlungsphasen, sog. Eiszeiten. Die Gletscher rückten aus Nordeuropa vor.

Epoche
Zeitabschnitt der Geschichte. In der Geschichte ist dieser Zeitraum meistens durch ein herausragendes Ereignis oder eine Person gekennzeichnet.

F

Fellachen
Als Fellachen bezeichnet man die Ackerbau betreibende Landbevölkerung in Ägypten, Syrien und Palästina.

Frondienst
Dienst, den die hörigen Bauern ihrem Grundherrn unentgeltlich leisten mussten.

Fruchtbarer Halbmond
Bezeichnung für das regenreiche Gebiet im Norden der arabischen Halbinsel.

Frühmenschen
Sie lebten etwa 2 500 000 v. Chr. in Gruppen. Sie konnten bereits aufrecht gehen. Mit ihnen begann die Steinzeit, weil sie für ihre Alltagsarbeit verschiedene Steinwerkzeuge benutzten.

Fürsten
Im Mittelalter gehörten Fürsten zum Adel, der an der Herrschaft des Reiches beteiligt war. Unter ihnen gab es Grafen, Markgrafen und Herzöge, die zu den weltlichen Herrschern gehörten, sowie Bischöfe und Erzbischöfe, die zu den geistlichen Fürsten zählten.

G

geozentrisches Weltbild
Das Weltbild nach Ptolemäus ging davon aus, dass sich die Sonne um die Erde als Mittelpunkt des Universums drehte. Diese Theorie war mit dem Wortlaut der Bibel vereinbar.

Germanien
Das von den Germanen bewohnte Gebiet zwischen Rhein und Weichsel, Küste und Alpen. Die Germanen waren kein einheitliches Volk. Sie setzten sich aus verschiedenen Stämmen, wie z. B. den Alamannen und Franken, zusammen. Die Germanen lebten seit etwa 1500 v. Chr. in Norddeutschland, Dänemark und Südschweden. Von dort breiteten sie sich über ganz Europa aus.

Gladiator
(lat.: gladius = Schwert) Schwertkämpfer, der zur Belustigung des Volkes in einer Arena auftrat. Er kämpfte gegen einen anderen Gladiatoren oder gegen Tiere.

Grundherr
Eigentümer des Landes, der zugleich die Herrschaft über die Bauern ausübte, die es bebauten. Der Grundherr konnte ein Adliger, ein Abt oder Bischof sein.

Grundherrschaft
Herrschaft über das Land und die auf ihm wohnenden Menschen. Bauern erhielten vom Grundherren Land. Dafür mussten sie Abgaben und Frondienste leisten.

Gymnasion
Platz in einer Sportschule in den griechischen Städten, in der auch Musik- und Literaturunterricht erteilt wurde.

H

Hanse
Zusammenschluss von Städten im Nord- und Ostseeraum, deren Kaufleute Handel trieben. Gemeinsames Reisen zu Land und zu Wasser ermöglichte einen besseren Schutz gegen Überfälle.

heliozentrisches Weltbild
Die Arbeiten verschiedener Forscher (v.a. Nikolaus Kopernikus) widerlegten das geozentrische Weltbild und erkannten, dass sich die Erde um die Sonne dreht. Die Kirche kritisierte das heliozentrische Weltbild und verfolgte seine Vertreter.

Hellenen
Antike Bezeichnung für die Bewohner Griechenlands (Hellas).

Hieroglyphen
(„Heilige eingegrabene Zeichen") Bilderschrift.

Hochkultur
Kennzeichen einer Hochkultur sind: Arbeitsteilung, Vorratswirtschaft, Entwicklung von Städten, Verwaltung, Religion, Rechtsprechung und Kenntnis einer Schrift.

Hörige
Im Mittelater vom Grundherrn abhängige Bauern, die von ihrem Herrn Land zur Bewirtschaftung erhielten und dafür Abgaben und Dienste leisten mussten.

Humanismus
(lat.: humanus = menschlich) Künstler und Gelehrte sammelten antike Handschriften und schufen neue Kunstwerke und technische Erfindungen. Sie nannten sich Humanisten und waren überzeugt, dass das Studium klassischer Vorbilder die Menschen vervollkommnen würde.

I

Inka
Volk, das im heutigen Peru, Ecuador, Chile und Argentinien lebte und im Verlauf der spanischen Herrschaft kolonialisiert und zu großen Teilen getötet wurde. Die Inka verfügten zwischen dem 13. sowie dem 16. Jh. über eine Hochkultur und ein Großreich in Südamerika.

J

Jetztmensch
Die Jetztmenschen lebten vor etwa 100 000 Jahren in Afrika. Ihr Körperbau entspricht dem heutigen Menschen. Man nennt sie daher Jetztmensch.

Jungsteinzeit
Der zweite Abschnitt der Steinzeit heißt Jungsteinzeit. Er dauerte etwa von 10 000 bis 2500 v. Chr. In dieser Epoche lebten die Menschen von Ackerbau und Viehzucht und wohnten in Siedlungen.

K

Kastell
Kleines befestigtes Truppenlager der Römer.

Katakomben
Weit verzweigte unterirdische Begräbnisstätten für Christen.

Klienten
Personen, die von einem einflussreichen, mächtigen Mann abhängig sind. In Rom waren die Klienten ursprünglich von ihrem Patron abhängig. Zur Zeit der Republik sammelten adlige Senatoren Arme als Klienten um sich, um so ihren Einfluss zu stärken.

Kloster
Wohnort der Nonnen und Mönche, der gegen die Außenwelt abgeschlossen ist. Er besteht aus verschiedenen Gebäuden: Kirche, Versammlungsgebäude, Wirtschaftsgebäude. Die Klostergemeinschaft richtet sich nach den Regeln ihres Ordens (Benediktiner, Zisterzienser, Dominikaner). Vorsteher oder Vorsteherin der Gemeinschaft ist ein Abt oder eine Äbtissin. Im Mittelalter waren Klöster von großer Bedeutung für das geistige, kulturelle und wirtschaftliche Leben.

Kolonien
In der Neuzeit ein von einem europäischen Staat (Mutterland) abhängiges Gebiet ohne eigene Rechte in Asien, Afrika oder Amerika.

Kolonisation
Auswanderung von Griechen und die Besiedelung des Mittelmeerraumes (750 – 550 v. Chr.).

Kolosseum
Römische Arena, in der Kampfspiele durchgeführt wurden.

Konsul
Titel der höchsten römischen Beamten. Sie leiteten die Sitzungen des

Ältestenrates und hatten im Krieg den Oberbefehl über das Heer.

L

Legende
Die Legende ist die Zeichenerklärung einer Karte. In ihr sind die verschiedenen Flächenfarben und Zeichen erklärt, z. B. für Landhöhen, Städte und Flüsse.

Legion
Die größte römische Heeresabteilung.

Leh(e)n
Das Lehen entstand im 8. Jh. im Frankenreich und bildete die Grundlage der politisch-gesellschaftlichen Ordnung im Mittelalter. Der König verlieh seinen Gefolgsmännern Land und Leute als Lehen. Dafür schuldete der Lehnsmann seinem Lehnsherrn lebenslange Treue und Gefolgschaft. Mächtige Lehnsleute verliehen Grundbesitz.

Lehnswesen
Grundlage der politischen Ordnung im Mittelalter. Der König verlieh seinen Gefolgsmännern Land und Leute als Lehen. Dafür schuldete der Lehnsmann seinem Lehnsherrn lebenslange Treue und Gefolgschaft.

Limes
Allgemein die Grenze des Römischen Reiches. Im Besonderen werden so die Grenzwälle am Rhein und an der Donau genannt.

M

Metallzeit
Umfasst die Kupferzeit, Bronzezeit und Eisenzeit. Bezeichnet den Zeitabschnitt in der Geschichte, in der die Menschen begannen, Metalle herzustellen und zu bearbeiten.

Mission
Verbreitung einer Religion und die Gewinnung von Anhängern für sie. Im Frankenreich begann die Mission mit der Taufe Chlodwigs.

Mittelalter
Die Epoche, die zwischen Altertum und Neuzeit liegt. Es beginnt mit dem Ende des Römischen Reiches (um 500 n. Chr.) und endet mit der Entdeckung Amerikas durch Kolumbus (1492).

Monarchie
Herrschaft eines Königs. In der Regel handelt es sich um einen Adligen, der das Amt durch Vererbung bis zu seinem Lebensende innehat.

Mumie
Einbalsamierter Körper verstorbener Menschen und Tiere.

Mythos
Alte Erzählung von den Ursprüngen und dem Wirken der Götter.

N

Neandertaler
Auch als Altmenschen bezeichnet. Sie lebten vor 130 000 Jahren.

Neuzeit
Bezeichnung für die Epoche, die nach dem Mittelalter beginnt. Es ist eine Zeit, in der viele neue Dinge entdeckt und entwickelt wurden. Als Ereignisse gelten z. B. die Erfindung des Buchdrucks oder die Entdeckung Amerikas durch die Europäer.

Nobilität
Die Schicht der herrschenden Familien in Rom.

O

Olympia
In Olympia fanden von 776 v. Chr. an alle vier Jahre Wettkämpfe der Griechen statt. 1896 wurden die ersten Olympischen Spiele der Neuzeit abgehalten.

P

Papst
Oberhaupt der katholischen Kirche. Der Bischof von Rom erlangte eine besondere Macht. Seit dem 5. Jh. erhielt nur noch er diesen Titel.

Papyrus
Schreibmaterial in Blatt- und Rollenform; besteht aus zwei Lagen kreuzweise aufeinandergepresster Streifen des Stängelmarks der Papyrusstaude.

Parthenon
Heiligtum der Athene auf der Akropolis.

Pater familias
(lat.: = Familienvater) Das Oberhaupt der römischen Familie. Er hatte das volle Verfügungsrecht über alle Hausbewohner (Frauen, Kinder, Sklaven).

Patrizier
(lat.: pater = Vater) Die Angehörigen der ältesten Adelsfamilien in Rom.

Patron
(lat.: patronus = Schutzherr) Ursprünglich in Rom der Adlige, der vor Gericht die von ihm Abhängigen (Klienten) vertrat.

Pfalz
(lat. palatium = Palast) Befestigter Königshof, der dem König und seinem Gefolge als Unterkunft und Versorgungspunkt diente.

Pharao
Die Anrede ist die Bezeichnung des ägyptischen Herrschers. Der Name wurde ursprünglich nur für den Palast gebraucht und ging später auf den König über. Der Pharao wurde wie ein Gott verehrt, war Heerführer, Richter und Verwalter.

Plebejer
(lat.: plebs = die Masse) Die Bewohner in Rom, die nicht Patrizier oder deren Klienten waren. Sie erhielten erst nach langen Kämpfen mit den Patriziern die volle politische Gleichberechtigung.

Prätor
Beamter im antiken Rom, der für die Rechtsprechung zuständig war.

Proletarier
(lat.: proles = Nachkommen) Bezeichnung für die Menschen in Rom, die nichts als ihre Nachkommen hatten. Sie bildeten die unterste Schicht der Gesellschaft.

Provinzen
Besitzungen der Römer außerhalb der Halbinsel Italien. Die Bewohner hatten weniger politische Rechte.

Q

Quellen
Quellen vermitteln Kenntnisse über vergangene Ereignisse. Der Aussagewert und die Art von Quellen können sehr unterschiedlich sein. Man unterscheidet zwischen Sachquellen, Bildquellen und Textquellen.

R

Rat der Fünfhundert
Überwachte die Volksversammlung. In ihm saßen Bürger, die für ein Jahr durch das Los bestimmt wurden. Ein Ausschuss von jeweils fünfzig Mitgliedern des Rates führte für ein Zehntel des Jahres die Regierungsgeschäfte.

Renaissance
(franz. = Wiedergeburt) Im 15. Jh. wandten sich viele Gelehrte der römisch-griechischen Vergangenheit zu. Dort suchten sie Vorbilder für ihr Leben: Der Mensch rückte in den Mittelpunkt des Interesses. Er sollte seine Fähigkeiten entfalten und eigenständig denken.

Republik
(lat.: res publica = öffentliche Sache) Staatsform, in der das Volk oder eine bestimmte Schicht des Volkes (z. B. der Adel) die Macht ausübt. Die Römische Republik wurde von den Patriziern beherrscht.

S

Sachquellen
Je weiter man in die Geschichte zurückgeht, desto schwieriger wird es, schriftliche Quellen zu finden, die Hinweise auf das Leben früher geben können. Dann wird auf Gegenstände wie Kleidung, Knochen oder Münzen zurückgegriffen. Diese Materialien nennt man Sachquellen.

Scherbengericht
Verfahren in Athen, mit dem das Volk einen für den Bestand der Demokratie gefährlichen Bürger für zehn Jahre aus der Stadt verbannen konnte. An der Versammlung, auf der die Verbannung beschlossen werden sollte, mussten mindestens 6000 Bürger teilnehmen. Sie schrieben den Namen des zu Verbannenden auf Tontafeln. Die Mehrheit der Stimmen entschied.

Senat
In Rom gehörten die Beamten nach Ablauf ihrer Amtszeit dem Senat auf Lebenszeit an.

Sklave
Unfreier. In der Antike galt ein Sklave als (Sach-)Eigentum des Herrn und hatte keine persönlichen Rechte.

Sold
Lohn für einen Berufssoldaten.

Stadt
Größere Siedlung von Händlern und Handwerkern und eigener Gerichtsbarkeit. Oft hatten Städte vom Stadtherrn besondere Rechte verliehen bekommen. Sie durften Steuern erheben und Märkte abhalten.

Stadtstaat (Polis, Plural: Poleis)
Staatsform im antiken Griechenland. Wirtschaftliche und politische Einheiten, die kaum größer waren als eine Stadt mit dem dazugehörigen Umland.

Stand
Stände sind gesellschaftliche Gruppen, die durch Herkunft, Beruf, Bildung und eigene Rechte abgegrenzt werden. Erster Stand ist die Geistlichkeit (Klerus), zweiter Stand ist der Adel, zum dritten Stand gehören Bürger und Bauern. In den Stand wurde man hineingeboren und man konnte nicht durch Leistung aufsteigen.

Statthalter
Vorsteher einer römischen Provinz als Vertreter des Senats.

Symposium
Im alten Griechenland das auf eine festliche Mahlzeit folgende Trinkgelage mit ernsten und heiteren Gesprächen, oft mit Musik und Tanz.

T

Textquellen
Schriftliche Berichte, wie z. B. Handschriften, Gesetze oder Urkunden.

Thing
Volks-, Heeres- und Gerichtsversammlung der Germanen. Auf ihr wurden alle Rechtsangelegenheiten des Stammes behandelt und über Krieg und Frieden beraten.

Toga
Die Toga war das Obergewand des freien römischen Bürgers, das er über der Tunika trug.

Totengericht
Ob Verstorbene im Jenseits weiterleben durften, entschied nach dem Glauben der Ägypter das Totengericht des Osiris. Der Verstorbene musste vor den Göttern Rechenschaft über sein Leben ablegen.

Tragödie
Trauerspiel auf dem Theater. Eine Tragödie zeigt ausschließlich unglückliche Situationen mit tragischen Katastrophen, welche hauptsächlich den Mächtigen und Adligen passieren.

U

Urgeschichte
Die Urgeschichte ist eine Epoche der Menschen, aus der keine schriftlichen Überlieferungen vorliegen. In Deutschland endet die Urgeschichte etwa um 400 v. Chr.

V

Veto
(lat. = ich verbiete) Die römischen Volkstribunen hatten das Recht, Beschlüsse des Senats und Amtshandlungen der Beamten durch ihr Veto zu verbieten.

Völkerwanderung
Seit etwa 300 n. Chr. drangen germanische Völker in das Gebiet des Römischen Reichs ein. Im Westen ging das Frankenreich aus der Zeit der Völkerwanderung hervor.

Volkstribun
Beamte, die die plebejischen Bürger in Rom vor ungerechtfertigten Maßnahmen schützten.

Volksversammlung
Versammlung aller wahlberechtigten Bürger im antiken Griechenland und Rom. In ihr wurde über Krieg und Frieden entschieden und Gesetze beschlossen.

Vorratshaltung
Da die Bauern in Ägypten einen Teil ihrer Ernte abgeben mussten, konnten Vorräte angelegt werden. So hatten die Ägypter meist genug zu essen, auch wenn die Ernte einmal schlechter ausfiel. Vorratshaltung ist ein Mekmal einer frühen Hochkultur und die Voraussetzung für Arbeitsteilung.

Vormenschen
Bezeichnung für die frühen Menschen. Im Gegensatz zu den Tieren konnten sie Werkzeuge herstellen. Sie lebten vor etwa vier Millionen Jahren.

W

Wesir
Stellvertreter des Pharaos in Ägypten. Als solcher war er sehr gebildet. So konnte er beispielsweise Hieroglyphen lesen und schreiben. Er verwaltete den Palast, den Staatsschatz und ernannte Richter als Schreiber.

Z

Zehnt
Die wichtigste Abgabe, die ein abhängiger Bauer im Jahr an die Kirche oder einen weltlichen Grundherrn zahlen musste. Es war in der Regel ein Zehntel seines Getreides oder Viehbestandes.

Zunft
Handwerker schlossen sich in mittelalterlichen Städten zu Zünften zusammen. In ihnen wurden die Qualität der Erzeugnisse, die Preise, die Arbeitszeit und die Menge der Waren, die produziert werden durften, festgeschrieben.

Hilfen

Hier findest du zu allen Aufgaben mit diesem Symbol Hilfe Hilfen zur Bearbeitung der Aufgaben.

Einführung in die Geschichte

Seite 10, Aufgabe 4
Nutze folgende Formulierungshilfen:
Mich interessiert, wie … – Ich möchte wissen, warum … – Ich frage mich, ob …

Seite 11, Aufgabe 5
Beispiele

Entwicklung von Fortbewegungsmöglichkeiten auf der Erde (von früher bis heute)	Entwicklung von Fortbewegungsmöglichkeiten auf dem Wasser (von früher bis heute)	Entwicklung von Fortbewegungsmöglichkeiten in der Luft (von früher bis heute)
Fußgänger mit Speer (15):		
Fußgänger mit Tragegestell (3):		
Reiter in Rüstung (…):		

Seite 13, Aufgabe 3

Epoche	Urgeschichte			Neu …
Zeitraum	Von ca. 2 500 000 – … vor Christus			
Merkmal	Keine …			

Seite 13, Aufgabe 5
Ich denke, wir leben heute in einer neuen Epoche, weil … . Der Name könnte … sein.

Seite 18, Aufgabe 2

	Sachquellen	Bildquellen	Textquellen
Nummer + Gegenstand	1 = Altes Gebäude/Bauwerk 3 =	2 =	

Leben in ur- und frühgeschichtlicher Zeit

Seite 28, Aufgabe 1
Vor ungefähr 4600 Millionen Jahren entstand die … . Das erste Leben auf unserem Planeten gab es vor … Jahren. Korallen, Quallen und erste Wirbeltiere entwickelten sich … . Danach entstanden … und … und … . Vor … Jahren starben die … aus. Am Ende der Entwicklung entstanden die … vor … Jahren.

Seite 30, Aufgabe 1

	Vormensch	Urmensch	Frühmensch	Altmensch	Jetztmensch
Körperbau					
Gang					
Sprache					
Werkzeuge					
Lebensweise					

Seite 37, Aufgabe 4

	Altsteinzeit	Jungsteinzeit
Wohnen		
Arbeiten		
Gemeinschaft		

Seite 38, Aufgabe 3
Du kannst so beginnen: „Heute war ein guter Tag. Ich habe heute Morgen sofort im Wald …" oder „Ich habe heute zum ersten Mal meiner Mutter geholfen …" oder „Als ich unsere Kuh melken wollte, … ."

Seite 39, Aufgabe 6
Achte dabei auf Größe, Muskelmasse (=Fleischmenge), Fell (=Fläche), Hörner, …

Seite 47, Aufgabe 1
Benutze die Wörter: Feuer + Wasser = Risse in Felswänden – Stützbalken – Brocken heraushämmern – Körbe – Leitern – Gestein zerkleinern – transportieren … .

Seite 47, Aufgabe 2
Nutze die Begriffe: 1. Kupferschmelzofen, 2. flüssig in Erdform, 3. kaltes/hartes Metallstück, 4. erhitzen und schmieden (= biegen/formen) … zu …

Frühe Hochkulturen – Beispiel Ägypten

Seite 57, Aufgabe 3
Nutze den Atlas und verwende eine Karte von Westasien. Suche z. B. die Flüsse Indus, Euphrat und Tigris sowie den Hwang He.

Seite 59, Aufgabe 4
Die Zeichen der Macht, die der Pharao trug, galten unabhängig vom Geschlecht.
Nur wer sie trug, war Stellvertreter Gottes auf Erden. Daher musste Hatschepsut auch alle Machtsymbole tragen.

Seite 61, Aufgabe 3
Die Abbildung M1 zeigt … An der Spitze der Gesellschaft steht der … Er gab seine Befehle an den … Dieser unterstand nur dem Pharao und musste ihm … Der Wesir gab seine … an Priester, … oder …

Seite 62, Aufgabe 3
Wenn Menschen die Natur …, können daraus Schlüsse …, auch … Vorhersagen über … getroffen werden, das … hilfreich für … sein.

Seite 67, Aufgabe 7
Liste alle Handwerksberufe und Informationen, die du über sie auf Bildern und im Text erhältst, auf. Fertige Zeichnungen mit Bildunterschriften ähnlich wie bei einem Kartenspiel an.

Seite 69, Aufgabe 3c
Grundmaterial, Haltbarkeit, Herstellungsprozess, Beschriftungsart, …

Seite 71, Aufgabe 2
Fertige eine Tabelle mit den Überschriften „Arme Ägypter" – „Wohlhabende Ägypter" an. Gib den Spalten die Überschriften: Baumaterial, Größe der Behausung, Wohnbereiche, Ausstattung, … .

Seite 71, Aufgabe 5 I II

Frauen	Männer
Tätigkeiten im Haus: – …	Tätigkeiten im Beruf: – …

Seite 72, Aufgabe 1
Folgende Tabelle kannst du anlegen:

Rolle	Problem/Ziel	Lösung
Pharao	– Pyramide bauen – Arbeiter beruhigen	– Lebensmittel verteilen – …
Meresanch	– …	

Seite 75, Aufgabe 5
Die Ägypter waren … von der Natur, mit der sie lebten. Nach ihrem Glauben … . Ein Gott allein … . Daher hatten sie für … mehrere Götter.

Seite 77, Aufgabe 3 III
Christentum: Auferstehung nach dem Tod durch Nachfolge Jesus Christus
Islam: Weiterleben in der Nähe Gottes mithilfe des Engels Izrail
Buddhismus: Wiedergeburt und endlich Erlöschen im Nirvana

Seite 79, Aufgabe 3b
Bedenke dabei, wie wichtig allen Ägyptern das Leben nach dem Tod und ihr fester Glaube daran war.

Das antike Griechenland

Seite 86, Aufgabe 4 II
Denke daran, wie sich das Wort ableitet, auf welchen Raum sich eine Polis beschränkte, welche Aufgaben und Möglichkeiten die Bürger einer Polis hatten und wie eine Polis organisiert war.

Seite 87, Aufgabe 6
Miss die Länge der Maßstabsleiste mit einem Lineal oder Geodreieck (3 cm = 1000 km). Suche die jeweiligen Mutter- und Tochterstädte, die am weitesten auseinanderliegen (z. B. Miloi — Mainake). Miss diese Entfernung mit dem Lineal (ungefähr 10,5 cm). Teile den gemessenen Wert durch 3 (Länge der Maßstabsleiste in cm). Das Ergebnis musst du mit 1000 multiplizieren. Dann erhältst du die Entfernung zwischen den Städten in Kilometer.

Seite 88, Aufgabe 4 III
Schau dir die Darstellung der Götter (Geschlecht, Kleidung, Gegenstände, Tiere usw.) mit den Ziffern 1–12 genau an. Vergleiche mit den in der Spalte drei in M3 genannten Eigenschaften (erkennbar an ...). Bei Übereinstimmungen kannst du auf einen Gott in Spalte eins schließen.

Seite 89, Aufgabe 6
Achte auf die Interessen der einzelnen Personen in der Götterfamilie. Die Haltung der Götter gegenüber Odysseus ist unterschiedlich. Einige Götter unterstützen ihn, aber ein Gott ist wütend und bestraft ihn.

Seite 90, Aufgabe 1b
Beachte, zu wessen Ehren die Spiele stattfanden, wer alles teilnahm, die Ausdehnung des olympischen Geländes und die Anzahl der dortigen Gebäude, die über den Sport hinausgehenden Veranstaltungen.

Seite 92, Aufgabe 3
Folgende Satzanfänge sind hilfreich:
Die Häuser der meisten Bewohner in Athen waren ...
Nur reiche Athener verfügten ... Häuser. Auf den Straßen ... Handwerker arbeiteten ... Die Menschen versorgten sich ... Zu den gehandelten Waren gehörten ... .

Seite 93, Aufgabe 4b
Folgende Tabelle kannst du anlegen:

	Unterricht im antiken Athen	Unterricht heute
Unterschiede	– Nur Jungen gingen zur Schule. – Nur Rechnen, Lesen und Schreiben, später Sport – ...	– Jungen und Mädchen gehen gemeinsam zur Schule. – Viele Fächer – ...
Ähnlichkeiten	– Schulbesuch begann mit dem 6. Lebensjahr. – ...	– Schulbesuch beginnt mit dem 6. Lebensjahr. – ...

Seite 94, Aufgabe 4
Denke bei deiner Begründung daran, dass möglichst viele freie Bürger in Athen an den politischen Entscheidungen beteiligt sein sollen und dass nicht alle Personen für ein Staatsamt geeignet sind.

Seite 95, Aufgabe 5
Wende die Schritte zum Spielen eines Rollenspiels von Seite 72 an.

Seite 96, Aufgabe 4
Denke daran, wie Alexander mit den eroberten Gebieten umging, und welche Rolle die griechische Sprache und Kultur spielte.

Seite 98, Aufgabe 1
Achte beim Vergleich der Bauwerke z. B. auf die Säulen (Anzahl, Art, Anordnung), den Säulengang, die Abdeckung der Säulen, den Treppenaufgang vor den Gebäuden, die harmonischen symmetrischen Formen.

Seite 99, Aufgabe 6

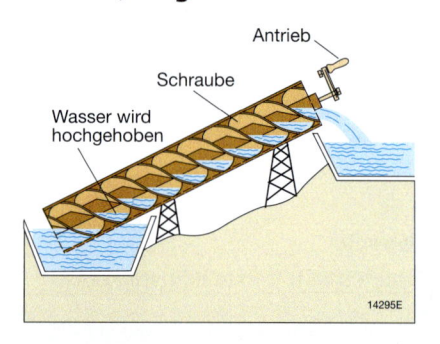

Das römische Weltreich

Seite 107, Aufgabe 7
Wie beschreiben Tacitus, wie Mithridates von Pontos das Verhalten der Römer?

Seite 108, Aufgabe 1 II
Beachte die Rechte/Aufgaben von Volksversammlung, Senat und Konsuln.

Seite 109, Aufgabe 4
Stelle heraus, wie Tiberius Gracchus' über die Feldherren spricht.

Seite 110, Aufgabe 1
Unterscheide zwischen Bewaffnung, Bauwerkzeug, Kleidung und Kochgeschirr.

Seite 111, Aufgabe 6
Berücksichtige folgende Punkte: Aufstehen, Essen, Dienst, Freizeit, Schlafen.

Seite 112, Aufgabe 2
Achte darauf, wann der Legionär seinen Bericht abgegeben hat. Gehe bei der Erstellung der Zeittafel vom Jahr 9 v. Chr. aus und berechne von dort die Jahreszahlen.

Seite 117, Aufgabe 3 II
Recherchiere im Internet, wie deutsche Großstädte für sich werben.

Seite 119, Aufgabe 1 II
Gehe ein auf Wohnungsgröße, Ausstattung, Wasserversorgung und Wohnqualität.

Seite 123, Aufgabe 2
Im zweiten Gesprächsteil erklären die drei Männer, wie sie zu Sklaven wurden.

Seite 123, Aufgabe 3
Wende die Schritte zum Spielen eines Rollenspiels von Seite 72 an.

Seite 125, Aufgabe 5
Gehe ein auf Götter, ihre Aufgaben, Opferriten und Hausgötter.

Seite 125, Aufgabe 6
Verwende dazu eine dreispaltige Tabelle:

Römischer Name	Zuständigkeit	Kennzeichen

Seite 126, Aufgabe 1
Du kannst mehrere Menschengruppen erkennen. Beschreibe, was sie tun.

Seite 127, Aufgabe 8
Wichtige Informationen findest du auch auf Seite 111.

Seite 129, Aufgabe 3
Führe Gemeinsamkeiten aller Germanen an.

Seite 133, Nr. 7 II
Mögliche Themen könnten Handel, Arbeit, Grenzverkehr oder Grenzbefestigung sein, z.B.: Der Germane Aldemar trifft auf den Römer Titus: *Aldemar: Ich habe eine große Auswahl an Fellen zum Tausch mitgenommen. Ich suche Töpfe und Schmuck. Titus: Ich suche Felle, da meine Kinder immer frieren. Ich habe Töpfe und Krüge mitgebracht ...*

Leben im Mittelalter

Seite 139, Aufgabe 7
Denke an die Probleme mit der Versorgung des Gefolges des Königs, an die Ausdehnung des Reichs und die Aufgaben des Königs.

Seite 140, Aufgabe 3 II
Beginne mit dem König. Achte auf die Stehhöhe der Gruppen. Schließe daraus auf ihre Stellung. Beschreibe die Aufgaben der Stände.

Seite 141, Aufgabe 6
Beginne mit dem König. Gehe auf die gegenseitigen Verpflichtungen und Aufgaben der verschiedenen Gruppen zueinander ein.

Seite 142, Aufgabe 3
Überlege, was sich bei der Herrschaft des Königs veränderte, nachdem der Kirchenbann über ihn verhängt worden war.

Seite 145, Aufgabe 2
Gehe auf das gegenseitige Geben und Nehmen von Grundherren und Hörigen bei der Grundherrschaft ein. Nenne jeweils die Aufgaben.

Seite 145, Aufgabe 4b
Vergleiche die monatlich abgebildeten Tätigkeiten mit den genannten Arbeiten (z. B. März – pflügen und säen).

Seite 146, Aufgabe 2 III
Mögliche Satzanfänge:
Die Burg ist von … umgeben. Der Eingang der Burg besteht aus …. Oben auf der Burgmauer befinden sich …. Das Herrenhaus besteht aus …. Der höchste Turm heißt …. Außerdem gibt es in der Burg noch folgende Einrichtungen: …. Diese Einrichtungen haben folgende Aufgaben: ….

Seite 147, Aufgabe 6
Gehe in dem Beschwerdebrief auf die Aufgaben eines Ritters ein. Schildere mögliche Pflichtverletzungen.

Seite 149, Aufgabe 4
Gehe dabei auf deinen Tagesablauf als Mönch oder Nonne ein. Beschreibe verschiedene Tätigkeiten, die du ausübst. Erkläre vielleicht auch ein paar Klosterregeln.

Seite 150, Aufgabe 2b
Denke bei der Wahl der Orte für eine Stadtgründung an die Verkehrslage (Handel) und die Schutzlage.

Seite 151, Aufgabe 5a, b, c
Wende beim Kartenvergleich folgende Schritte an:
1. Informationen zu den beiden Karten sammeln. Das kann in Form einer Tabelle geschehen.
2. Gemeinsamkeiten und Unterschiede formulieren.
3. Ergebnisse benennen. (Was hat sich verändert? Was ist geblieben? Wie bewerte ich die Entwicklung?)

Seite 154, Aufgabe 1a
Gehe bei der Bildbeschreibung auf die Personenzahl, die Lebenssituation und die Kleidung ein.

Seite 155, Aufgabe 5
Gehe bei der Bildbeschreibung zum Beispiel auf die verschiedenen Personengruppen, die Sitzordnung, den Saalaufbau, die möglichen Aufgaben der Beteiligten, die mögliche Bedeutung des Kissens mit Bibel und Schlüsselbund in der Saalmitte ein.

Seite 156, Aufgabe 1a
Lege eine Tabelle für die Personen an. Beschreibe das Geschehen von rechts nach links. Achte auf die Tätigkeiten der Personen und wie sie diese ausüben.

Seite 157, Aufgabe 4
Nenne die abgebildeten Gegenstände, Werkzeuge, Produkte und Tiere. Schließe daraus auf das Handwerk.

Seite 160, Aufgabe 2 III
Gehe in der Geschichtserzählung auf das Marktleben und seine Bedeutung für die beteiligten Menschen ein. Schildere, wer sich dort traf und welchen Tätigkeiten die Menschen dort nachgingen.

Seite 162, Aufgabe 1
Werte das Bild wie folgt aus:
1. Ordne das Bild ein (Ort, Situation, Personen, Ursprung des Bildes).
2. Beschreibe das Bild (Vordergrund, Mitte, Hintergrund).
3. Werte das Bild aus (Zusammenhänge der Einzelheiten, Gesamtaussage, Ziel der Darstellung).

Seite 163, Aufgabe 5
Denke an den Grund des Hansebündnisses, die Transportmöglichkeiten und die Notwendigkeit von sicheren Handelsplätzen.

Erfindungen und Entdeckungen

Seite 168, Aufgabe 1
Achte auf die Linienführung an den Seitenwänden sowie an der Decke des Raumes.

Seite 170, Aufgabe 1
Was ist dargestellt? Wie hängen die Darstellungen miteinander zusammen?

Seite 171, Aufgabe 7
Gehe ein auf Dauer der Herstellung, Anzahl der Exemplare, Besonderheiten, ...

Seite 175, Aufgabe 7
Ihr könnt zu dritt arbeiten. Teilt die Gelehrten unter euch auf, notiert jeweils seine Aussagen und tragt alles in eine Tabelle ein.

Seite 179, Aufgabe 8
Denke nicht nur an Kolumbus selbst, sondern an die spanischen Könige.

Seite 179, Aufgabe 8
Folgende Begriffe: hohe Preise für Luxusgüter, Handelskontrolle der Türken, neue Wege finden, spanische Interessen.

Seite 180, Aufgabe 1
Suche nach Informationen über Schiffe, Besatzung, Dauer der Reise, Gefahren, ...

Seite 183, Aufgabe 5
Wie werden die Spanier in M1 dargestellt? Wie werden sie in M3 beschrieben? Gibt es Übereinstimmungen?

Seite 185, Aufgabe 4
Gehe darauf ein, was gerade geschieht. Zusatzinformationen erhältst du in T2.

Seite 187, Aufgabe 1
Beachte, wie Atahualpa und Pizarro dargestellt sind.

Textquellen

31 M3: Hannoversche Allgemeine Zeitung (HAZ) vom 09.09.2011. Hannover: Verlagsgesellschaft Madsack GmbH & Co. KG, S. 7.

57 M4: Assmann, Jan (Hg.): Ägyptische Hymnen und Gebete. Eingel., übers. von Jan Assmann. Zürich/München: Artemis 1975, S. 500ff.

66 M2: Kurth, Dieter: Was ist was?, Das alte Ägypten. Nürnberg: Tessloff 2000, S. 24.

71 M4: Brunner, Hellmut (Hg.): Altägyptische Weisheit. Lehren für das Leben. Übers. von Hellmut Brunner. Zürich/München: Artemis 1988, S. 199, 205, 210f.

76 M2: Hornung, Erich (Hg.): Das Totenbuch der Ägypter. Übers. von Erich Hornung. Zürich/München: Artemis 1990, aus dem Spruch 125.

87 M3: Herodot; zit. nach: Haussig, Hans Wilhelm (Hg.): Herodot. Historien. Übersetzt von August Horneffer. Stuttgart: Kröner 1963, S. 307.

89 M4: Homer; zit. nach: Bengtson, Hermann: Griechische Geschichte von den Anfängen bis in die römische Kaiserzeit. München: Beck 1960, S. 63 und Pfister, Friedrich: Götter- und Heldensagen der Griechen. Heidelberg: Winter 1956, S. 16.

90 M2: Pausanias, Periegeta: Beschreibung Griechenlands. Übers. und hg. von Ernst Meyer. Bd. 1. München: Deutscher Taschenbuch-Verlag 1972. S. 277f.

93 M2: Pseudo-Aristoteles: Über Haushaltung in Familie und Staat III. In: Rilinger, Rolf (Hg.): Lust an der Geschichte – Leben im antiken Griechenland. Ein Lesebuch, München/Zürich: Piper 1990, S. 205f.

95 M3: Herodot; zit. nach: Haussig, Hans Wilhelm (Hg.). Herodot. Historien. Übersetzt von August Horneffer. 3. Aufl. Stuttgart: Kröner 1963, S. 218f.

97 M5: Strabo: Geographie Kap. XVII, 1. Zit. nach: Lautemann, Wolfgang (Hg.)/Arend, Walter (Bearb.): Geschichte in Quellen Bd. I: Altertum: Alter Orient, Hellas, Rom. München: Bayerischer Schulbuch-Verlag 1978, S. 367.

103 M4: Zit. nach: Lautemann, Wolfgang/Schlenke, Manfred (Hg.)/Arend, Walter (Bearb.): Geschichte in Quellen, Bd. I: Altertum: Alter Orient, Hellas, Rom. München: Bayerischer Schulbuch-Verlag 1978, S. 377

106 M2: Titus Livius; zit. nach: Feix, Josef u. a. (Hg.): Titus Livius: Römische Geschichte, Bd. 1. München: Artemis 1974; S. 7ff.

107 M4: Tacitus; zit. nach: Junkelmann, Marcus: Die Legionen des Augustus. Mainz: von Zabern 1986, S. 75.

107 M5: Lautemann, Wolfgang/Schlenke, Manfred (Hg.): Geschichte in Quellen, Band I: Alter Orient, Hellas, Rom. Bearb. u. übers. von Walter Arend. München: Bayerischer Schulbuch-Verlag 1975, S. 505f.

111 M2: Plutarch; zit. nach: Lautemann, Wolfgang (Hg.)/Schlenke, Manfred (Hg.)/Arend, Walter (Bearb.): Geschichte in Quellen, Bd. I: Altertum: Alter Orient, Hellas, Rom. München: Bayerischer Schulbuch-Verlag 1978, S. 471f.

122 M3: Diodor; zit. nach: Lautemann, Wolfgang (Hg.)/Schlenke, Manfred (Hg.)/Arend, Walter (Bearb.): Geschichte in Quellen, Band 1: Alter Orient, Hellas, Rom. Übers. von Max Pohlenz. München: Bayerischer Schulbuch-Verlag 1975, S. 506.

124 M2: Gnaeus Gellius 10, 23. Übers. und zit. nach: Bodo von Borries: Römische Republik. Weltstaat ohne Frieden und Freiheit? Ein problemorientiertes Unterrichtsmodell für die Sekundarstufen. Stuttgart: Klett 1980, S. 89.

128 M2: Tacitus; zit. nach: Fuhrmann, Manfred (Hg.): Cornelius Tacitus: Germania II. Übers. von Manfred Fuhrmann. Stuttgart: Reclam 1972, S. 5.

129 M4: Tacitus; zit. nach: Germania (lat./dt.) übers. v. Manfred Fuhrmann, Stuttgart: Reclam 1978, S. 9, 31.

130 M2: Tacitus; zit. nach: Germania (lat./dt.) übers. v. Manfred Fuhrmann, Stuttgart: Reclam 1978, S. 25.

134 M1: Diodor, zit. nach: Lautemann, Wolfgang/Schlenke, Manfred (Hg): Geschichte in Quellen, Bd. I, 4. Auflage. München: Bayerischer Schulbuch-Verlag 1989, S. 456.

134 M2: Titus Livius, zit. nach: Lautemann, Wolfgang/Schlenke, Manfred (Hg.): Geschichte in Quellen, Bd. I, 4. Auflage. München: Bayerischer Schulbuch-Verlag 1989, S. 456.

134 M3: Pompeius Trogus, zit. nach: Lautemann, Wolfgang/Schlenke, Manfred (Hg) Geschichte in Quellen, Bd. I, 4. Auflage. München: Bayerischer Schulbuch-Verlag 1989, S. 641f.

140 M2: Schmidt, Heinz Dieter (Hg.): Fragen an die Geschichte, Bd. 2: Die europäische Christenheit. Frankfurt/M.: Hirschgraben 1975, S. 11.

142 M2: Lautemann, Wolfgang/Schlenke, Manfred (Hg.): Geschichte in Quellen, Bd. II: Mittelalter. München: Bayerischer Schulbuch-Verlag 1975, S. 353.

147 M3: Zit. nach: https://tomburgritter.de/?p=3966 (Stand: 10.02.2022)

147 M5: Zit. nach Siebert, Johannes: Der Dichter Tannhäuser. Leben, Gedichte, Sage. Halle: Niemeyer 1934, S. 194ff. (Sprache modernisiert)

149 M4: Steidle, Basilius (Hg.): Die Benediktusregel. Beuron: Beuroner Kunstverlag 1975, S. 35f. (bearbeitet)

152 M1: Cassel, Clemens: Geschichte der Stadt Celle – mit besonderer Berücksichtigung des Geistes- und Kulturlebens der Bewohner. Bd. 1. Celle: W. Ströher 1930, S. 35f. (bearbeitet)

153 M3: Schlesinger, Walter: Zur Gründungsgeschichte von Freiburg. In: Freiburg im Mittelalter: Vorträge z. Stadtjubiläum 1970. Hg. von Wolfgang Müller. Bühl/Baden: Konkordia 1970, S. 48f. (bearbeitet)

155 M5: Zusammenstellung des Verfassers, zit. nach:
1.: Borck, Heinz-Günther: Quellen zur Geschichte der Stadt Hildesheim im Mittelalter. Hildesheim: Gerstenberg 1986, S. 74.
2.: Praxis Geschichte. Braunschweig: Westermann 2/1994, S. 11.
3.: Geschichtsdidaktik 11. 1986, S. 251.
4.: Borck, Heinz-Günther: Quellen zur Geschichte der Stadt Hildesheim im Mittelalter. Hildesheim: Gerstenberg 1986, S. 90. (bearbeitet)

155 M6: Chroniken deutscher Städte. Zit. nach: Lautemann, Wolfgang/Schlenke, Manfred (Hg.): Geschichte in Quellen, Bd. II: Mittelalter. München: Bayerischer Schulbuch-Verlag 1975, S. 747.

156 M2: Zit. nach Fischer, Wolfram: Quellen zur Geschichte des deutschen Handwerks. Göttingen/Berlin/Frankfurt/M.: Musterschmidt 1957, S. 25ff.

157 M4: Zit. nach: Rumpf, Max: Deutsches Handwerkerleben und der Aufstieg der Stadt. Stuttgart: Kohlhammer 1955, S. 88f.

157 M6: Zit. nach: Jacobsen, Jens (Mitwirkender): Quellen zur Geschichte Schleswig-Holsteins, Teil 1: Vom 8. Jahrhundert bis 1804, Kiel: Schmidt und Klaunig 1977, S. 59f.

161 M3: Möncke, Gisela: Quellen zur Wirtschafts- und Sozialgeschichte mittel- und oberdeutscher Städte im Spätmittelalter. Darmstadt: Wissenschaftliche Buchgesellschaft 1982.

169 M2: Codex Atlanticus. In: Reti, Ladislao (Hg.): Leonardo – Künstler, Forscher, Magier. Stuttgart: Büchergilde Gutenberg 1975, S. 7.

170 M3: Zit. nach: Brockhaus-Redaktion (Hg.): Meilensteine der Menschheit. Einhundert Entdeckungen, Erfindungen und Wendepunkte der Geschichte. Leipzig/Mannheim: Bibliographisches Institut & F. A. Brockhaus AG 1999, S. 141.

179 M3: Lautemann, Wolfgang (Hg.)/Schlenke, Manfred (Hg.)/Dickmann, Fritz (bearb.): Geschichte in Quellen, Bd. 3: Renaissance, Glaubenskämpfe, Absolutismus. Übers. von Fritz Dickmann. München: Bayerischer Schulbuch-Verlag 1976, S. 44.

181 M3: Lautemann, Wolfgang (Hg.)/Schlenke, Manfred (Hg.)/Dickmann, Fritz (bearb.): Geschichte in Quellen, Bd. 3: Renaissance, Glaubenskämpfe, Absolutismus, Übers. von Fritz Dickmann. München: Bayerischer Schulbuch-Verlag 1976, S. 58ff.

182 M2: Kolumbus, Christoph: Bordbuch. Übers. von Anton Zahorsky. Zürich: Rascher 1941, S. 53.

183 M3: Lautemann, Wolfgang (Hg.)/Schlenke, Manfred (Hg.)/Dickmann, Fritz (bearb.): Geschichte in Quellen, Bd. 3: Renaissance, Glaubenskämpfe, Absolutismus. München: Bayerischer Schulbuch-Verlag 1966, S. 78ff.

183 M4: de Las Casas, Bartolomé: „Historia de las Indias" In: Fischer-Weltgeschichte. Bd. 22., Süd- und Mittelamerika. – 1. Die Indianerkulturen Altamerikas und die spanischportugiesische Kolonialherrschaft. Hg. u. verf. von Richard Konetzke. Frankfurt/M.: Fischer-Taschenbuch-Verlag 1965, S. 244.

183 M5: Léon-Portilla, Miguel (Hg.): Rückkehr der Götter. Die Aufzeichnungen der Azteken über den Untergang ihres Reiches. Aus d. Náhuatl. Übers. von Angel Maria Garibay K., dt. von Renate Heuer. Frankfurt/M.: Vervuert, S. 43.

185 M5: Albig, Jörg-Uwe: Cuzco – Der Triumph des Weltenwenders. In: GEO Epoche Nr. 15 (2004), Hamburg: Gruner + Jahr 2004, S. 142, 144.

187 M3: Prescott, William: Die Eroberung Perus. Unter Benutzung d. Übers. von Julius Herrmann Eberty aus d. Amerikan. von Barbara Cramer-Nauhaus. Leipzig: Dieterich 1975, S. 49ff.

188 M1: Zit. nach: Gott in Lateinamerika. Texte aus fünf Jahrhunderten. Ein Lesebuch zur Geschichte. Ausgewählt und eingeleitet von Mariano Delgado. Unter Mitarb. von Bruno Pockrandt und Horst Goldstein. Düsseldorf. Patmos-Verlag 1991, S. 147.

188 M2: Dor-Ner, Zvi: Kolumbus und das Zeitalter der Entdeckungen. Übers. von Uta Hass. Köln: vgs 1991, S. 236f.

188 M3: Lautemann, Wolfgang (Hg.)/Schlenke, Manfred (Hg.)/Dickmann, Fritz (bearb.): Geschichte in Quellen: Renaissance, Glaubenskämpfe, Absolutismus. Übers. von Fritz Dickmann, München: Bayrischer Schulbuch-Verlag 1976, S. 68.

188 M4: de Las Casas, Bartolomé: Historia II, Kap. 12–14, zit. nach: Geschichte in Quellen, Bd. 3: Renaissance, Glaubenskämpfe, Absolutismus. Hg. von Wolfgang Lautemann u. Manfred Schlenke, übers. von Fritz Dickmann. München: Bayerischer Schulbuch-Verlag 1976, S. 69.

190 M2: Back, Inga: Warum wir nicht mehr von „Indianern" sprechen (und die Kostüme beerdigen) sollten. Aus: https://www.gofeminin.de/aktuelles/nicht-mehr-von-indianern-sprechen-s4024320.html (Stand: 10.02.2022)

190 M3: de las Casas, Bartolomeo: Kurzgefasster Bericht über die Verwüstung der westindischen Länder. Hg. von Hans-Magnus Enzensberger, übers. von Friedrich Wilhelm Andreä. Frankfurt/M.: Insel 1981, S. 20ff.

191 M5: Zit. nach: Brockhaus-Redaktion (Hg.): Brockhaus. Die Bibliothek. Die Weltgeschichte, Bd. 4: Wege in die Moderne (1650–1850). Leipzig/Mannheim: Biblographisches Institut & F. A. Brockhaus AG 1998, S. 331.

Bildquellen

akg-images GmbH, Berlin: 6.2, 10.1, 10.2, 12.3, 18.2, 18.5, 22.4, 24.2, 25.3, 34.1, 81.3, 126.2, 134.1, 138.1, 140.1, 145.1, 145.2, 145.3, 145.4, 145.6, 147.2, 147.3, 149.2, 154.4, 162.1, 166.1, 167.1, 170.3, 171.1, 171.2, 179.1, 189.1, 191.1 | Bildarchiv Steffens 91.1 | Connolly, Peter 5.2, 104.1 | De Agostini Picture Lib./ L. Pedicini 134.2 | De Agostini Picture Lib./G. Dagli Orti 18.4 | Electa 168.1 | Erich Lessing 31.2, 85.1, 103.1 | Held, André 61.1 | Lessing, Erich 18.1, 22.1, 48.1, 61.2, 63.2, 77.1 | Nimatallah 95.2 | Nimatallah/Vatikanische Museen 113.1 | North Wind Picture Archives 183.1 | O'Dea, Robert 98.1 | Simon Bening 145.5 | Sotheby's 22.3. | Alamy Stock Photo, Abingdon/Oxfordshire: Alenas, Stig 74.1 | Bagnall, David 159.3 | Classic Image 188.1 | FORGET Patrick 72.1 | Granger Historical Picture Archive 141.2 | Lebrecht Music & Arts 126.1 | Lioy, Stephen 74.2 | PRISMA ARCHIVO 64.1, 65.1, 67.2 | public domain sourced/access rights from The Picture Art Collection 153.1 | Realy Easy Star/Spagone, Toni 82.2 | Schoening 17.1 | SOPA Images Limited 167.2 | Topographical Collection 16.5, 17.2 | World History Archive 164.2. | Alamy Stock Photo (RMB), Abingdon/Oxfordshire: Granger Historical Picture Archive 170.1 | P Cox 9.2 | Panther Media GmbH/MONTI, SERGIO 13.6 | Universal Images Group North America LLC 117.1. | Askani, Bernhard Dr., Schwetzingen: 139.2. | Bayerisches Landesamt für Denkmalpflege, München: Luftbilddokumentation, Aufnahmedatum 24.06.1981, Foto Otto Braasch, Archiv-Nr. 7138/499, Dia 1532-4 37.1. | Berghahn, Matthias, Bielefeld: 160.2, 160.3, 160.4, 160.5, 161.1 | Bibliothèque nationale de France - Département de la reproduction, Paris Cedex 13: FRANCAIS 4274 FOL.8V 164.4, 164.5. | bpk-Bildagentur, Berlin: 63.1, 68.1, 76.1, 97.1, 156.1, 182.1 | A. Dagli Orti 187.1 | Braun, Lutz 155.1 | British Library Board 149.1 | Büsing, Margarete 58.1 | Kunstbibliothek, SMB 186.1 | Lichte, Heinrich 22.2 | Liepe, Jürgen 59.2, 67.1 | Museum für Vor- und Frühgeschichte, SMB / Jürgen Liepe 39.2, 51.2 | RMN - Grand Palais/image BnF 143.1 | RMN -Grand Palais / Lewandowski, Hervé 109.1 | Robana Picture Library Titel | Scala 135.2 | Scala - courtesy of the Ministero Beni e Att. Culturali 122.2 | SMB/Antikensammlung/I. Geske 51.3 | SMB Antikensammlung/J. Laurentius 93.1 | Staatliche Kunstsammlungen Dresden/Elke Estel 118.2 | Staatsbibliothek zu Berlin 137.1 | The Trustees of the British Museum 67.3, 67.4. | Bredol, Martin Heinrich, Seeheim-Jugenheim: 99.1. | Bridgeman Images, Berlin: 125.2, 164.1, 164.3 | Ägyptisches Museum, Kairo 59.1 | Germanisches Nationalmuseum, Nürnberg 137.2 | Giraudon 154.1, 154.2, 154.3 | Privatsammlung 186.2. | Carls, Claudia (RV), Hamburg: 25.4, 112.1, 135.3, 150.2, 160.1, 178.1. | Civico Museo Archeologico. Copyright Comune di Milano – all legal rights reserved, Mailand: Inv. A. 0. 9. 1075 135.1. | Colourbox.com, Odense: 24.1. | Deutsches Museum, München: 120.1. | dreamstime.com, Brentwood: Kaufmann, Frenk and Danielle 23.3. | Druwe & Polastri, Cremlingen/Weddel: 19.2. | Ev.-luth. Kirchengemeinde St. Nicolai, Lüneburg: Lüdeking 150.1. | Faust, Alexandra, Meppen: 158.1, 158.2. | Feist, Joachim, Pliezhausen: 51.1. | fotolia.com, New York: a. aperture 159.4 | acanthurus666 159.5 | anastasios71 103.5 | mrr 103.6 | olesiabilkei 23.2 | vitaliy_melnik 103.4 | Xavier 20.3. | Germanisches Nationalmuseum, Nürnberg: 31.1, 31.5. | Getty Images, München: 2016 Getty Images For BMW/Hartmann, Ronny 14.3 | AFP 31.6 | Cardy, Matt 117.2. | Güttler, Peter - Freier Redaktions-Dienst (GEO) Berlin: 184.2. | Hajdu, Rose, Stuttgart: 49.1. | Hofemeister, Uwe, Diepholz: 100.1, 101.1, 101.3. | Imago, Berlin: Schellhorn, Steffen 28.2. | Interfoto, München: ATV 11.1 | Granger 170.2 | imagebroker 159.9 | TV-Yesterday 161.2. | iStockphoto.com, Calgary: Arsgera 4.3, 54.1 | Aurelie1 184.1 | jamessnazell 111.2, 172.7 | pictore 169.1 | puhimec 20.1, 21.1 | romrodinka 20.2 | TerryJLawrence 55.1. | Karto-Grafik Heidolph, Dachau: 99.2. | laif, Köln: Ernsting, Thomas 27.2. | Landesamt für Archäologie Sachsen, Dresden: Aufnahme: U. Wohmann 31.3. | Landesmuseum Natur und Mensch, Oldenburg: 41.2. | Langner & Partner Werbeagentur GmbH, Hemmingen: 15.1, 15.2, 15.3, 15.4, 15.5, 15.6, 15.7, 68.2. | Limesmuseum, Aalen: 105.2, 133.1. | Lücke, M., Hildesheim: 19.1, 19.3, 19.4, 19.5. | LWL, Münster: Brentführer, Stefan 18.7. | Marckwort, Ulf, Kassel: 24.3. | mauritius images GmbH, Mittenwald: Beck, J. 78.1 | imagebroker.net 143.2 | Kaczynski, P. 33.2 | Otto, Werner 19.6 | Rossenbach, Günter 98.3. | Mithoff, Stephanie, Ahorn: 16.3. | Müller, Bodo, Bartensleben: 5.1, 25.5, 41.1, 47.2, 84.1, 90.1, 101.2. | NASA, Washington: 56.1. | National Maritime Museum, Greenwich, London: G201:1/53 (C4568_1) 176.1. | Nußbaum, Dennis, Koblenz: 16.2. | Pankratz, Wolfgang, Wallenhorst: 35.2. | PantherMedia GmbH (panthermedia.net), München: MoWe 98.2 | Rolf Pötsch 159.8. | Pfannenschmidt, Dirk, Hannover: 62.2, 62.3, 62.4, 141.1. | Picture-Alliance GmbH, Frankfurt a.M.: akg-images 25.6 | akg/Forman, Werner 61.3 | dpa/epa/Thissen, Bernd 103.2 | dpa/epu 91.3 | dpa/Ernszt, Peter 147.1 | dpa/Kappeler, Michael 91.2 | dpa/Koch 43.4 | dpa/Landesamt 29.3 | dpa/Langenstrassen, Wolfgang 29.2 | dpa/Melchert, H. 132.1 | dpa/R. Haid 157.1 | dpa/Rainer Jensen 85.2 | dpa/Stratenschulte, Julian 52.1 | Helga Lade/FLAC 105.1 | MAXPPP/© Costa/Leemage 116.1 | SZ Photo/Schicke, Jens 25.1 | ZB 11.2 | ZUMAPRESS.com/Paul Bersebach 193.2. | Roemer- und Pelizaeus-Museum, Hildesheim: Archivfoto 66.1, 81.1. | Römisch-Germanisches Zentralmuseum, Mainz: 109.2. | Schönauer-Kornek, Sabine, Wolfenbüttel: 111.1. | Schwanke + Raasch GbR, Langenhagen: 25.2. | Shutterstock.com, New York: aragami12345s Titel | Faviel_Raven 28.1 | fizkes 23.1 | Venema, Marc 155.2. | Spangenberg, Frithjof, Konstanz: 2.1, 2.3, 3.2, 3.3, 4.1, 4.2, 8.1, 20.4, 26.1, 29.1, 30.1, 33.1, 39.1, 39.3, 43.1, 43.2, 43.3, 46.1, 46.2, 52.2, 55.2, 60.1, 62.1, 69.1, 70.1, 70.2, 71.1, 71.2, 73.1, 73.2, 73.3, 74.4, 73.5, 75.1, 75.2, 75.3, 75.4, 75.5, 75.6, 75.7, 75.8, 75.9, 79.1, 79.2, 79.3, 80.1, 82.1, 88.1, 92.1, 95.1, 103.3, 106.1, 110.1, 110.2, 110.3, 110.4, 110.5, 118.1, 119.1, 120.2, 120.3, 120.4, 120.5, 120.6, 121.1, 121.2, 122.1, 123.1, 123.2, 123.3, 124.1, 125.1, 129.1, 130.1, 131.1, 131.2, 133.2, 139.1, 140.2, 144.1, 146.1, 165.1, 169.2, 172.1, 172.2, 172.3, 172.4, 172.5, 172.6, 173.1, 173.2, 173.3, 173.4, 173.5, 173.6. | Stadt Braunschweig, Braunschweig: Gisela Rothe 159.6. | Stadt Celle, Celle: Stadtarchiv Celle, Urkunde Nr.1 152.1. | Stiftung Neanderthal Museum, Mettmann: 31.4, 35.1, 35.3. | Stiftung Schleswig-Holsteinische Landesmuseen, Schleswig: 18.6 | Museum für Archäologie Schloss Gottorf, Landesmuseen Schleswig-Holstein 47.1. | stock.adobe.com, Dublin: by-studio busse yankushev 16.1 | Child of nature 42.1 | Ilmberger, Andy 27.1 | kameraauge 159.2 | Kathleen 9.1 | Kruse, Udo 159.7 | Picture-Factory 11.3 | pure-life-pictures 159.1 | tornado07 99.3 | UbjsP 14.1. | Südtiroler Archäologiemuseum – www.iceman.it, Bozen: 44.2, 44.6, 50.1 | Hanny, Paul 44.1 | Josef Pernter 44.3 | Wisthaler, Harald 44.5, 44.7, 44.8. | Tonn, Dieter, Bovenden-Lenglern: 2.2, 2.4, 3.1, 3.4, 12.1, 12.2, 13.1, 13.2, 13.3, 13.4, 13.5, 16.4, 52.3, 52.4, 52.5, 52.6, 53.1, 53.2, 53.3, 53.4, 53.5, 53.6, 53.7, 53.8, 53.9, 53.10, 82.3, 82.4, 82.5, 83.1, 94.1, 102.1, 102.2, 102.3, 103.7, 134.3, 134.4, 134.5, 134.5, 135.5, 135.6, 148.1, 154.5, 164.6, 164.7, 164.8, 164.9, 165.2, 165.3, 165.4, 165.5, 192.1, 192.2, 192.3, 193.1, 193.3, 193.4, 193.5. | Trommer-Archäotechnik/Michael C. Thumm, Blaubeuren: 40.2. | ullstein bild, Berlin: adoc-photos 81.2 | Africa Media Online/Iziko Museum 180.1 | Granger Collection 149.3, 181.1 | Granger, NYC 48.2, 185.1, 185.2 | Heritage Images/Museum of London 14.2 | Schellhorn 35.4 | Süddeutsche Zeitung Photo/Scherl 18.3. | Universitätsbibliothek Heidelberg, Heidelberg: Cod.Pal.Germ.164, fol. 22r 142.1. | VG BILD-KUNST, Bonn: Müller, Jörg, Auf der Gasse und hinter dem Ofen. Eine Stadt im Mittelalter | © VG Bild-Kunst, Bonn 2022 6.1, 136.1. | Visum Foto GmbH, München: The Image Works 23.4. | Wolfram Schmidt Fotografie, Regensburg: 40.1.